古典文獻研究輯刊

二四編

潘美月・杜潔祥 主編

第 4 冊

詩經斠詮評譯（四）

蔡文錦 著

國家圖書館出版品預行編目資料

詩經斠詮評譯（四）／蔡文錦 著 -- 初版 -- 新北市：花木蘭
文化出版社，2017〔民 106〕
目 2+248 面；19×26 公分
（古典文獻研究輯刊 二四編；第 4 冊）
ISBN 978-986-404-990-5（精裝）
1. 詩經 2. 注釋 3. 研究考訂
011.08   106001862

ISBN-978-986-404-990-5

9 789864 049905

古典文獻研究輯刊
二四編 第四冊   ISBN：978-986-404-990-5

詩經斠詮評譯（四）

作 者 蔡文錦
主 編 潘美月 杜潔祥
總 編 輯 杜潔祥
副總編輯 楊嘉樂
編 輯 許郁翎、王筑 美術編輯 陳逸婷
企劃出版 北京大學文化資源研究中心
出 版 花木蘭文化出版社
社 長 高小娟
聯絡地址 235 新北市中和區中安街七二號十三樓
        電話：02-2923-1455／傳真：02-2923-1452
網 址 http://www.huamulan.tw 信箱 hml810518@gmail.com
印 刷 普羅文化出版廣告事業
初 版 2017 年 3 月
全書字數 915287 字
定 價 二四編 32 冊（精裝）新台幣 62,000 元

詩經斠詮評譯（四）

蔡文錦　著

目次

卷二十　小雅五

谷風之什

谷風（《浴風》）

習習谷〔浴峪〕風，維〔惟〕風及雨。　　連連的大峪暴風，又是風，又是雨。
將恐將懼，　　　　　　　　　　　　經患難，方是恐懼，
維〔惟〕予與女〔汝〕。　　　　　　　天底下，只有我愛著你！與你分憂！
將安將樂，　　　　　　　　　　　　幸福時，當享受安樂了，
女〔汝〕轉棄〔弃〕予！〔1〕　　　　沒良心，你轉而拋棄予！

習習谷風，維風及頹〔穨隤䪌〕。　　連連的大峪暴風，又是風，又是龍捲
　　　　　　　　　　　　　　　　　風。
將恐將懼，　　　　　　　　　　　　經患難，方是恐懼，
寘予〔我〕于懷。　　　　　　　　　曾並肩攜手，擁抱我於懷不已。
將安將樂，　　　　　　　　　　　　現如今，當享受安樂了，
棄〔弃〕予〔我〕如遺〔隤〕。〔2〕　忘恩負義，你竟然遺棄了予！

習習谷風，維〔惟〕山崔嵬〔巍嵍厜　連連的大峪暴風，只餘下高山崔嵬，
厱岑原〕
無〔何〕草不死？無〔何〕木不萎〔矮〕？　何草不枯死？何樹不枯萎？
忘我大德，　　　　　　　　　　　　全忘了我的大恩大德，
思我小怨。〔3〕　　　　　　　　　　僅記住我的小怨小疵！

【詩旨】

《孔子詩論》簡 24「《谷風》忑（悲）。」案：大約是由於周代政衰而俗薄，朋友之道已絕，貴族、卿、士大夫的遭棄的妻子或良朋的怨詩，詩人（含女詩人）將對方比爲谷風，暴戾的大谷的風，暴風，旋風，抑或爲日益淪喪的社會風氣，發抒對於世風澆薄的不滿，對於忘恩負義、對於「忘我大德，思我小怨」這種帶有普遍性的社會現象的憤慨，抒發了對能共患難不能共安樂的普遍現象的不平。

《詩論》簡 26，「《浴風（《谷風》，案：大約谷古音山峪之峪，峪浴同音，本爲山峪的暴風，旋風，飆，絕非《傳》《箋》《疏》《詩集傳》所訓的東風謂之谷風的谷風，忑。今從李學勤、饒宗頤兩院士訓爲悲，李零讀爲負，劉釗等讀爲背。

〔魯說〕漢・蔡邕《正交論》：「古之交者，其義孰以正，其誓信以固。迨夫周德始衰，頌聲既寢，《伐木》有『鳥鳴』之刺，《谷風》有『棄予』之怨。其所由來，政之缺也。」

《毛序》：「《谷風》，刺幽王也。天下俗薄，朋友道絕焉。」朱熹《詩集傳》：「此朋友相怨之詩。」《編年史》繫於前 772 年。

屈萬里《詮釋》：棄婦之辭。

【校勘】

〔1〕《毛》維，《後漢・朱穆傳》《集解》惟。《毛》女，《韓》《求通親親表》注引《後漢・皇后紀》《群書治要》頁 35 汝，女古字。案：《單疏》《毛》棄，《說文》《漢石經》《唐石經》弃，古字，避唐諱。下同。

〔2〕正字作隤，《毛》《單疏》頹，《魯》《蒼頡篇》《釋天》《說文》《唐石經》隤，《玉篇》穨，頹是隸俗，《歎逝賦》注引《韓》隤。《魯》《正交論》《韓詩外傳》《毛》予，《魯》《新序・雜事》5、《答傅咸詩》、P2978 我，《臨終詩》注引作余，同。《毛》遺，《韓》《歎逝賦》注引作隤，隤猶遺。

〔3〕《毛》維山崔嵬，《魯》惟，維通惟，《說文》厜㕒 cuīwēi，《玉篇》崔嵳，《玉篇》引《韓》作岑原，岑亦高，疊韻詞，通作崔嵬。案：《毛》維無，《魯》《中論・修本》崔巍惟、何。從抒情語氣以何爲上，尤爲強烈，以示該風何其惡劣嚴酷。《玉篇》《毛》萎，《魯》《中論・修本》《齊》《檀弓》注引作委，萎字形省，《說文》𡟥，古字。

【詮釋】

〔1〕案：習襲雙聲疊韻通借 xí，重重，突然襲來。《書‧大禹謨》「卜不習吉」。《傳》《箋》《疏》《詩總聞》《續〈讀詩記〉》《詩集傳》都訓爲東風，誤。《詩論》作《浴風》大約是門徒或傳人、或聽者寫了別字，當是峪，《慈湖詩傳》《詩補傳》《詩緝》訓爲大谷之風。《名物鈔》6「至風之甚，則草木皆萎死，而惟見山之崔嵬爾，此則風之尤暴者也。」及，與。將，方。患難時惟我，與 yǔ，相親與。轉 zhuǎn，轉而，反而；棄，遺，遺棄。

韻部：雨懼女（汝）予，魚部。

〔2〕頹隤穨隤 tuí，如風從上而下突然襲來。寘通置；予余 yú，我；寘置，擁抱。女，汝；轉，反而；遺 yí，遺棄。《傳疏》：「將恐將懼，窮也；將安將樂，達也。」

韻部：隤（頹隤）懷遺（隤），微部。

〔3〕維，惟，通餘，只剩下，極言當時社會風氣澆薄已甚，朋友道絕，夫妻情寡。《玉篇》引《韓傳》：岑原，山巔也。崔嵬、厜㕒、崔峗 cuīwéi，疊韻詞，高峻貌。萎矮瘝 wěi，枯萎。《欽定詩經傳說匯纂》12 引呂大臨云：「急則相求，緩則相棄，恩厚不知，怨小必記，此小人之交也。」忘大德，記小怨，舊時普遍性社會惡習。《詩志》4「惻然悁然，語語從忠恕流出，而偷薄世態已自說盡。」

韻部：嵬，萎，微部；怨，元部。微、元合韻。

【評論】

晉‧陸雲《谷風詩序》：「《谷風》，懷思也。君子在野，愛而不見，故作是詩，言其懷思之也。」《詩緝》：「首章，興也。來自大谷之風，大風也。又習習然連續不斷，繼之以雨，喻連變恐懼之時，猶後人以震風淩雨喻不安也。當處變之時，且恐且懼，維予與女，同其憂患。及得志之後，且安且樂，女反棄我，交道薄矣。次章，頹，暴風也。不斷之風，又加以暴風，喻事變愈甚。恐懼之時則置我於心而不忘；安樂之時，則棄我如遺物，不復省存也。末章，大風摧物，維戴土之石山崔嵬獨存，而其山之草木無不萎死矣！喻大患難也。此時賴朋友以濟，今豈可忘我共患難之大德而思我小怨乎！」《七經小傳》：「天地之功有所不足，奈何忘我大德，思我小怨乎？」《原解》：「短章疊詠，如此篇之類，猶是風體。」《批評詩經》：「道情要眞切，以淺境妙。末兩句道出受病根由，正是詩骨。」案：詩人善於刺譏，此詩善於用比，藉端託寓，以山峪大風比社會中喜新厭舊，以忘大德、記小怨揭示帶有普遍性的

世風澆薄現象，善於抒情，卒章揭示了帶有普遍性的社會問題，詩人的「棄予」之歎，「忘我大德，思我小怨，」本應嚴於律己，寬以待人，卻過份要求於人的甚多，稍有不滿則「維風及雨」，「維風及穨」。故具哲理性。《文心雕龍・風骨》：「練於骨者，析辭必精；深乎風者，述情必顯。捶字堅而難移，結響凝而不滯。」旨哉斯論！

蓼莪〔蓼儀蓼義翏莪〕

〔原來是一片青蒿，心中充滿憂惱，竟把青蒿都看錯了。〕

蓼蓼者莪〔義儀羲〕，匪莪伊蒿〔高〕。
哀哀父母，
生我劬〔佝〕勞。〔1〕

長長大大抱娘蒿，不是莪蒿成老蒿。
最最哀痛我父母，
生我育我太辛勞！

蓼蓼者莪，匪莪伊蔚。
哀哀父母，
生我勞瘁〔悴頒萃〕。〔2〕

長長大大是莪蒿，不是莪蒿是牡蒿。
最最可憐我雙親，
生我養我太辛勞！

缾〔缾瓶〕之罄〔窒〕矣，維罍〔罍罍〕之恥。
鮮〔斯〕民〔𡰪民〕之生〔矣〕，
不如死之久矣！
無父何怙？
無母何恃？
出則銜〔唧〕恤，
入則靡至！〔3〕

小瓶空空，大酒罍也羞愧。
孤子生計已窮，
不如早死心瘦。
沒有父親沒怙恃，
沒有母親沒恃依，
出門服役含憂去，
回家依歸少雙老！

父兮生我，
母兮鞠〔鞠〕我。
拊〔撫〕我畜〔育慉〕我，
長我育〔畜〕我，
顧〔顧〕我復我，
出入腹〔復抱〕我。
欲報之德〔恩〕，
昊〔暤〕天罔極！〔4〕

父親生我多辛苦，
母親生我太辛勞，
撫我愛我百般苦，
養我教我千般勞。
照顧庇護天天有，
抱我疼我處處好心腸，
念念欲報雙親此恩德，
上天無極降凶難終養。

南山烈烈〔巁巁列〕，　　　　　南山高峻聳入雲，
飄〔票〕風發發〔拂汲〕，　　　　回風寒冽冷透心，
民〔尸民〕莫不〔何〕穀〔穀〕，　雙親哪能不贍養，
我獨何害！　　　　　　　　　　我卻服役難以盡孝心。
南山律律〔崒硉〕，　　　　　　南山突兀三千丈，
飄風弗弗〔拂拂〕，　　　　　　回風冽冽多寒涼。
民〔尸〕莫不穀〔穀〕，　　　　父母誰人不贍養，
我獨不卒！〔5〕　　　　　　　我獨在外難終養。

【詩旨】

《詩論》簡 26「《翏（蓼）莪》，又（有）孝志。」《孔叢子・記義》引孔子云：「於《蓼莪》，見孝子之思養也。」案：感恩父母這是人的天性良知，在王室昏亂，戰亂頻仍、行役不止的西周晚期，詩人不能贍養父母，這是詩人用細節描寫用特別親情的詩歌語言，特寫此難忘父母深恩的惻惻悲悼不已的詩篇。孝爲本，如果說《邶風・凱風》是周朝京畿關於宣導孝親精神的民歌，那麼《蓼莪》則是關於孝親精神的文人詩。《編年史》繫於前 772 年。

〔魯說〕《中論・夭篇》：「感《蓼莪》之篤行。」《漢故司隸校尉魯峻碑》「悲《蓼義》之不報，痛昊天之靡嘉。」

〔齊說〕「夫父母於子，同氣異息，一體而分，三年乃免於懷抱。先聖緣人情而著其節，制服二十五月，是以《春秋》臣有大喪，君三年不呼其門，閔子雖要絰服事，（孔子弟子閔子騫遭喪，從軍他要絰而服，返，致位喪次），以赴公難，退而致位，以究私恩，故稱『君使之非也，臣行之禮也』。周室陵遲，禮制不序，《蓼莪》之人作詩自傷曰：『瓶之罄矣，惟罍之恥。』言己不得終〔養〕竟子道者，亦上之恥也。」（《後漢・陳忠傳》）

《毛序》：「《蓼莪》，刺幽王也。民人勞苦，孝子不得終養爾。」朱熹同。

分章依宋・蘇轍《詩集傳》。

【校勘】

〔1〕《單疏》蓼莪，《詩論》翏莪，翏翏、蓼蓼音義同。《平都相蔣君碑》《衡方碑》儀，古義儀莪音同。《毛》莪、蒿，《法藏》20/304、莪、高，高是蒿的省寫。《說文》有佝有勮 jù 無劬 qū，《說文新附》有劬。《毛》瘁，《齊》《說文》頛，《齊》《漢・敘傳》《魯》《天問敘》《九歎注》《三國志・王基傳》《考文》悴，《釋文》本又作萃，瘁悴頛萃字異音義同。

〔2〕《三家》《說文》釾缾窑，缾窑古字，磬或體。《毛》維，《齊》《陳忠傳》作惟，維惟古通。《毛》鮮，阮元《釋鮮》「鮮」即「斯」字。

〔3〕《毛》缾、磬、維罍，P2978 缾甇，罍，《三家》《說文》瓶瓶（瓶）、窑，《陳忠傳》惟。《唐石經》《毛》生，《齊》《大戴·用兵》生矣。《毛》民，《唐石經》罒，《單疏》民，又作民，避唐廟諱，下同。《毛》銜，《群書治要》啣，俗字。

〔4〕《韓詩外傳》8 同《毛》。《單疏》《唐石經》鞠，《華嚴經音義》掬，《定本小箋》鞠，「鞠，訓窮，也訓養」。案：《毛》《陳情表》注引作鞠，鞠亦有養義，《魯》作鞠，與上句父兮生我正相承，「母兮鞠我」，《魯》《釋言》「鞠，生也」，生、鞠正是《詩經》中字異義同之例，父母生我，此乃常識，鞠讀如鞠。案：本字作撫，《四家詩》撫，《陳情表》注引《毛》撫，《毛》拊，《單疏》《三家》《後漢·梁竦傳》《類聚》26 撫，拊通撫。《毛》顧，《玉篇》晉《張朗碑》顧，俗字。《初學記》17《類聚》20《唐石經》復，《單疏》覆，復通覆。《考文》《毛》腹，讀如抱，古本注：「腹，懷抱之也」。《毛》昊，《魯》《漢·鄭崇傳》暤，同。

〔5〕案：本字作巕，《毛》烈，《說文》巕，《玉篇》巀，《法藏》20/304 列列，重言形況字；《釋文》P2927 票，古字。《單疏》《毛》發發，《玉篇》《廣韻》颰，《說文》冹冹，發發颰颰讀如冹冹。《法藏》《唐石經》穀通穀。《韓》《責躬詩》《考文》《毛》昊，《魯》《漢·鄭眾傳》暤，同。《毛》德，P2927恩。《毛》律律，《玉篇》硉，《集韻》崒，讀如硉崒。《毛》飄弗弗，《釋文》飄，本又作票，《魯》《怨思注》拂拂。《毛》穀，《兩漢全書》《唐石經》《單疏》P2927 穀，穀通穀。《毛》不，《法藏》作何。

【詮釋】

〔1〕蓼，翏翏、蓼蓼 lùlù，長大貌。莪 é，莪蒿，抱娘蒿，葉可食，可蒸，香美似蔞蒿，主治破血下氣。匪，非；伊，繫，是；蒿 hāo，菊科蒿屬植物。哀哀，恨不能侍養好雙親，回報他們的深恩。《魯》《釋訓》「哀哀、悽悽，懷報德也」。佝 kòu 勞、劬 jū 勞、劬勞，連語，勞苦。

韻部：蒿勞，宵部。

〔2〕蔚 wèi，牡菣，牡蒿，雄而無籽的馬新蒿，全草入藥。《藥海》P47，Artemisia Japonica Tbunb. 疏風、清熱、解毒，殺蟲解毒、疥癬、瘧疾。勞瘁，連語，勞苦。

韻部：蔚瘁，微部。

〔3〕設爲孝子想像之詞。鉼缾瓶同，瓶甕。瓶小罍 léi 大，罍大一斛，瀉酒於瓶，罄罄古今字，罄 qìng，空。恥 chǐ，恥辱。鮮民，孤子，無怙恃者，詳《詩考正》《後箋》《傳疏》。又訓孤。《韓詩章句》：「怙，賴也；恃，負也」，怙恃，依靠。出，出門服役；恤 xù，憂，入則無所依歸。《單疏》：「『銜恤』、『靡至』，是親沒之辭。」之，其；德，恩德。

韻部：矣恥久矣，之部。恃，之部；至，脂部。之、脂合韻。

〔4〕案：生、鞠，字異義同之例，《魯》《釋言》《單疏》鞠 jū，生也。《方言》：鞠，養。拊撫 fǔ，撫育，愛撫；畜慉嬌 xù，愛；又通慉 xù，養，《洞簫賦》注引《韓》：畜 xù，養。長，養；育，教育；顧，照顧呵護；復通覆，庇護，又復保聲近通借，保護；《考文》：「腹，懷抱之也。」之，代詞，代父母。其德之大如昊天無邊。《通論》：「實言所以『劬勞』、『勞瘁』，勾人淚眼全在此無數『我』字。」

〔5〕案：烈烈、列列、嶻嶻、嶻嶻、律律、崒崒、硉硉，高聳險峻貌。發發 bōbō，弗弗、拂拂、冹冹 bōbō，重言擬聲詞，狂風呼嘯聲。穀通穀 gǔ，贍養。卒 zú，終養。《詩童子問》：「我何爲而遭此害也哉？我何爲而不得終養也哉？此兩句最宜玩！」飄風，飆風。魏源：「迫爲流涕之訴。用代陳情之疏。」

韻部：我我我我我，歌部。極，職部。歌、職通韻。烈（列嶻）害，祭部，發（冹）月部。祭、月合韻。律（崒硉）拂（弗），脂部。卒，術部。脂、術通韻。

【評論】

《晉・王裒傳》：「父儀爲司馬文王（司馬昭）所誅，裒痛父不以命終，絕世不仕，每讀《詩》至『哀哀父母，生我劬勞』，未嘗不反覆流涕，受業者爲廢《蓼莪》篇。」《單疏》頁 220「爲罍者恥，以喻王恥也。」《單疏》：「罍器大，缾器小，酌酒者當多酌罍、少酌缾，不使小缾先竭。今缾之既盡矣，而罍尚盈滿，是爲酌罍者之恥也，以興民有富而多丁貧而寡弱，治民者當多役富，少役貧，不使貧者先困。今貧者既困矣，而富者尚饒裕，是王之恥也」。《詩集傳》12，「民人勞苦，孝子不得終養，而作此詩。」《詩誦》3「《蓼莪》爲孝子所自作。終天抱恨，創巨痛深，遂爾滿紙皆血。『銜恤』，無可告愬也。『靡至』，無所依歸也。孤子煢煢，形狀眞實如是，哀哉！……《蓼莪》詩連下九『我』字，一字一呼，一聲一哭，直不知是血是淚，此皆以至性發爲至

文。」(《續修》58/523)《後箋》:「唐太宗生日,亦以生日承歡膝下永不可得,因引『哀哀父母,生我劬勞』之詩。」《原始》11「此詩爲千古孝思絕作。」「一代至文。」黃焯《平議》:「此詩全篇皆爲孝子恨其不得終養,因致怨於王之辭。」案:雙親痛逝,詩人一慟如斯。此開漢・蔡文姬《悲憤詩》的先河。此詩擅長用動詞,用對比技法,用深情抒寫,比《凱風》則文辭瞻蔚而靈動多變,頌美中國傳統的孝親精神、母愛精神、父愛精神,抒發了詩人對父母怙恃的感恩之情,對不能贍養奉侍的歉疚的情,千古以來感人至深,晉・潘岳《寡婦賦》:「覽《寒泉》之遺歎兮,詠《蓼莪》之餘音。情長感以永慕兮,思彌遠而逾深。」固然謠、諺、民歌是文學的乳娘,然而文人在大量吸收民間文學的乳汁後,似又高於民歌,在藝術技法、藝術語言與藝術魅力方面都勝於《凱風》,誦《蓼莪》而愴然淚下。

大　東

有饛〔蒙〕簋飱〔飧〕,有捄棘〔棘棘〕　　簋裡飯菜滿又滿,棗木飯匕長又彎。
匕〔朼鈚〕。

周道如砥〔底厎〕,　　　　　　　　周道平如磨刀石,
其〔惟〕直如矢〔夭〕。　　　　　　道直好比那箭杆。
君子〔之〕所履,　　　　　　　　　官差飛馳官道上,
小人〔之〕所視。　　　　　　　　　小民一旁望望看。
睠〔睠眷〕言〔焉然〕顧之,　　　　時時回頭再回顧,
潸焉出涕。〔1〕　　　　　　　　　淚水爲之潸潸然。

小東大東,　　　　　　　　　　　東方邦國命運同,
杼〔梣〕柚〔軸筘 kòu〕其空。　　織機織布盡繳空。
糾糾葛屨,　　　　　　　　　　　糾糾結結葛布鞋,
可以履霜。　　　　　　　　　　　何以踩霜過嚴冬。
佻佻〔茗嬥〕公子,　　　　　　　輕薄苟且的貴公子,
行彼周行〔道〕。　　　　　　　　往來於行周道,
既往既來,　　　　　　　　　　　來來往往太惹眼,
使我心疚。〔2〕　　　　　　　　　惹我內心直病疚。

有洌〔冽〕汜〔屚汎〕泉,無浸〔寖〕　　寒寒冽冽側出泉,莫用泉水泡樓薪!
穫〔樏〕薪!

契契〔挈挈〕寤歎〔嘆〕,　　　　　此生憂苦常嗟歎,

哀我憚〔癉〕人！
薪〔浸〕是穫〔檴〕薪，
尚可載也。
哀我憚〔癉〕人，
亦〔不〕可息〔休〕也？〔3〕

可憐咱們勞苦人。
浸此劈此檴薪當官柴，
可讓大車來運載，
可憐咱們勞苦人，
咱們不該休息來？

東人之子，
職勞不來〔勑〕；
西人之子，
粲粲〔燦〕衣服；
舟〔周〕人之子，
熊羆是裘〔求〕；
私人之子，
百僚〔寮〕是試。〔4〕

東國男女太辛勤，
只勞無人來慰勞；
西京貴族子弟們，
服飾奢華超萬戶。
西周貴族子弟們，
追求熊羆的皮裘；
家臣皁隸子弟們，
任爲百官樂悠悠。

或以其酒，
不以其漿〔牀、牂〕。
鞙鞙〔鞙瑒〕佩〔珮〕璲〔遂縫綫〕，
不以其長，
維天有漢，監〔鑑〕亦有光。
跂〔歧〕彼織女，終日七襄。〔5〕

有人日日飲美酒，
不以爲酢漿，
寶石佩綫富貴氣，
佩綫悠悠長又長。
想那太空有銀河，寶鑒也自有光芒，
織女三星也幫忙，一日七次落機忙。

雖則七襄，不〔可〕成報章！

雖則一日七落機，難反覆織成紋理錦章！

睆〔晛皖睆〕彼牽牛，不〔可〕以服箱〔相〕！

明明牽牛星，不可用咱運車箱！

東有啓〔開〕明，
西有長庚。
有捄天畢，
載施之行！〔6〕

早上東有啓明星，
夜晚西有長庚星，
長長彎彎天畢星，
空空張設在空中！

維南有箕，不可以簸揚！
維北有斗〔枓〕，不可以挹〔酌斟〕酒、漿！
維南有箕，載翕〔吸〕其舌；
維北有斗，西柄之揭。〔7〕

南箕四星如簸箕，哪能用來簸米糠！
北斗七星如枓杓，不可以用來舀酒、漿！
南箕四星如簸箕，箕舌斂財莫太長！
北斗七星如枓杓，爲何枓柄向西方？

【詩旨】

〔魯說〕《潛夫論‧班祿》：「賦斂重而譚告通。」《編年史》繫於前 841 年，《竹書紀年集徵》前 780 年。

〔齊說〕《古今人表》：譚大夫注：西周末期東方譚國大夫因國困于役而傷於財，作《大東》之詩以刺。《易林‧否之豐》：「賦斂重數，政爲民賊，杼軸空盡，家去其室。」《大有之夬》：「我家黍粱，積委道旁。有囊服箱，運到我鄉，藏於嘉倉。」

《毛序》：「《大東》，刺亂也。東國困於役而傷於財，譚大夫作是詩以告病焉。」《讀書記》8，「譚在濟南平陵縣西南，去周京二千餘里，錄東人之詩，則天下無不困於勞役可知也。」

【校勘】

〔1〕《毛》餱，《後漢‧張衡傳》注引作蒙，義同。《釋文》《單疏》飧，《唐石經》飱，本字作飧，飧飱異體。《毛》匕，古字，漢人作枇。馬王堆漢簡 166 作鉳。《魯》《招魂章句》《說苑‧至公》《單疏》《唐石經》砥，《魯》《孟‧萬章》底，底通砥，底砥同。《說苑‧至公》《毛》「君子所履，小人所視」，《墨‧兼愛下》：「《周詩》曰：『其直若矢，其易若底，君子之所履，小人之所視。』」異本。《毛》夭，《唐扶頌》夭，隸文。P2978 履，俗字。本字作眷，《毛》其，《唐扶風碑》惟。《唐石經》《單疏》睠言，《三家》《荀‧宥坐》《離世注》《說文》眷焉，《後漢‧劉陶傳》眷然，《龍龕手鑒》《台》20/305 睠，睠隸寫，睠俗字，言焉同然。《毛》潸焉，《姜子盉壺》潸潸。

〔2〕案：本字作軸，《三家》《五經文字》、P2978 軸，《音義》《單疏》《唐石經》《五經文字》杼柚，《宋書‧武帝紀》《文賦》李注引《毛》杼軸，《玉篇》杼作梭（梭），《通俗文》梭，《齊》《易林》《張納碑》《張壽碑》軸，《字彙補》作筘，《釋文》：柚，本亦作軸，柚古字，今作筘。杼梭梭古今字。《毛》糾，P2978 作糺，同。《唐石經》《法藏》佻佻，《魯》《西京賦》《九歎‧離世注》苕苕，《說文》、《史‧春申君傳》《集解》引《韓》嬥嬥，苕嬥，古旁紐雙聲。案：《唐石經》周行，當依《魯》作「道」，與「疚」協韻，且兼顧首章。

〔3〕《單疏》冽，《釋文》《唐石經》20/304 宋版洌，當作冽，《疏》引《說文》《玉篇》《廣韻》《字林》《時興》注引《毛》曰作冽，《七月》《下泉》作冽。《單疏》氿，《法藏》20/P305 汎，《說文》厬，厬氿古今字。《毛》浸，《釋文》寖，本又作浸，P305 㳘，《說文》濅，古字。案：本字作檴，《唐石

經》《單疏》P2978 穋，當依《魯》《釋木》樊光注《箋》《釋文》《廣韻》樏，《單疏》樏，木名，則當爲樏，樏通樏。《單疏》《唐石經》契契，《廣雅》挈挈，《魯》《漢石經》《九歎注》挈挈，挈，古字通作契，重言形況字，字異音義同。《毛》歎，歎嘆同，哀歎之歎作嘆，喜樂之歎作歎，當作嘆。《毛》薪是，《毛詩音》：「薪疑浸之訛。」案：本字作癉，《單疏》《唐石經》憚，當依《魯》《說文》《釋詁》郭注《釋文》《白帖》28《群經音辨》癉，憚通癉。《毛》穋，當依《魯》樏。憚通癉。《毛》亦可息也，《考文》作「亦可休息也」，疑《考文》是將《箋》「哀我勞人，亦可休息」移爲經文，與上下文例不合。《釋文》：本亦作息。「休」字衍。「亦可息也，」「亦」當作「不」，詳《毛詩音》。

〔4〕《毛》來，古字《說文》《廣雅》勑。《毛》粲粲，《單疏》《唐石經》粲粲，粲同粲。案：本字作匊、求，P2978 職作腏，來作來，粲作粲，罷作罷，私作穛。寮僚。《毛》舟裘，《說文》《玉篇》匊，古周字。《箋》《單疏》舟當作周，《說文》《玉篇》匊或作周。案：古字作求，《箋》求，裘通求。《毛》僚，《魯》《釋詁》20/305 寮，《釋文》僚，字又作寮，寮古字。

〔5〕《毛》漿，p2978「不可挹酒漿」，《說文》牑將牑將與漿古今字。《毛》鞙鞙，《三家》《釋言》作琄琄，鞙通琄，刺素食。本字作鞙佩，《齊》《韓》《御覽》691 珮，《說文》有鞙無琄，通作鞙。《魯》《釋器》《疏》琄琄佩璲，《箋》《五經文字》《單疏》鞙鞙佩璲，《唐石經》鞙，俗字，p2978 作隊，《說文》有繸無璲，《魯》《釋訓》《疏》《齊》《御覽》691 絹，《釋文》：字或作琄，絹鞙通琄。《毛詩音》古衹作遂；隊璲讀爲繸，《後漢・輿服志》注引作鞙繸。《毛》監，監鑑古今字。《毛》跂彼，《說文》𧻚，《韓》彼作厥，跂通𧻚；，彼厥同。

〔6〕本字作睆，《毛》睆、箱，「不以服箱」，《三家》《釋天》睆，同，《思玄賦》李注引「《毛》曰：『睆彼牽牛，不可以服箱』」，《法藏》睍、相，睆睆同，睍讀如睆。「不成報章」當作「不可成報章」，「不以服箱」本作「不可以服箱」。相是箱字之形省。《唐石經》《詩考補遺》引《三家》《說文》啓，《魯》《天官書》《索隱》引《韓》《釋天》啓，《魏都賦》注引《毛》啓爲啓，同。P2978 啓、栱，《齊》《大戴禮記・四代》易啓爲開，啓開避漢景帝諱。啓啓同。《毛》庚，《書・益稷》《正義》引作賡，異體。

〔7〕《毛》維，《韓詩外傳》4 惟。《毛》斗，古字，《韓詩外傳》4、《說文》料。《毛》「不可以挹酒漿」，P2978「不可挹酒漿」。正字作𣂁 jū，《毛》

挹訓爲斛,《說文》《毛詩音》斛,《廣雅》郪,《三國名臣序贊》引《傳》:挹,斛也,《釋文》酌,本又作斛,《單疏》斛,《慧琳音義》斛,挹通斛。斛斛同。《毛》翕,《玉篇》《韓》吸,翕吸音義同。

【詮釋】

〔1〕一二章寫聚斂。〔齊說〕《易林‧離之萃》:「苛政日作,螟食華葉,割下啖上,民被其賊,秋無所得。」有饛,饛饛蒙蒙 méngméng,滿貌。簋 guǐ,食器。飧 sūn,熟食。有捄,捄捄 qiúqiú、觓觓、觓觓 qiúqiú,長而彎;棘 jí,酸棗木;匕 bǐ,長柄淺斗的取食器具,木製作柶,銅製作鈚。底砥 dǐ,質細而平的磨刀石。矢,箭杆,直。履,行。睨,一旁看。睠讀如睠睠言、眷然,眷眷 juànjuàn,深情回顧。涕,淚;潸焉,潸潸 shānshān,淚流貌。劉向《說苑‧至公》:「夫公生明,偏生暗,端愨生達,詐僞生塞,誠信生神,誇誕生惑。此六者,君子之所愼也,而禹、桀之所以分也。」

韻部:匕(柶)砥(底底)矢視之涕,之部。

〔2〕小東、大東,周東方大國小國,齊是大國,譚是小國,譚故址在今濟南市東龍山鎮附近。杼柚、杼軸,雙聲詞,杼 zhū,梭,梭 suō,裝緯線;柚、軸、筘 kòu 疊韻通借,織布機機件,用以控制織物經密和把緯線推向織口,舊用竹製,新式用鋼片編織成梳齒狀以便經線通過。裝經線的筘;其空,空空。《通論》:「唯此一句,實寫正旨。」「糾糾葛屨 jù,可(可通何)以履霜」,狀下層窮人之苦,穿葛布草鞋過秋冬,言被西周貴族搜括殆盡。《單疏》認爲履霜者公子。佻佻、苕苕、嬥嬥、趯趯,上古旁紐雙聲,重言形況字,《韓》嬥嬥,往來貌,探下而訓。一訓輕佻貌。一訓美好貌。案:當從《魯》,行當爲道,方叶韻,周道如吸血管。古本注:空竭運送。疚攵 jiù,雙聲疊韻通借,貧病。

韻部:東空,東部;霜行,陽部;道,幽部;疚(攵),之部。幽、之合韻。

〔3〕三四章寫困於役。有洌,洌洌,寒洌貌。屭氿 guǐ,側出泉。無,勿;檴通樺 huò,椰榆,木可作杯器,皮可作索、帶;薪,砍作柴。契契、挈挈 qìqì,感感 qīqī,憂愁悲傷貌。痯嘆,喟歎。憚通癉 dàn,勞苦,勞病。下同。薪,劈析;是,此;薪,柴。息,休息。蘇轍:「薪已獲矣,而復漬之,則腐;民已勞矣,而復事之,則病。故已艾,則庶其載而畜之;已勞,則庶其息而安之。」

韻部：泉嘆（歎），元部；薪人薪，眞部。眞、元合韻。載息，之部。

〔4〕用對比格。職 zhí，只；不，無；來勑 lài，勞徠，慰撫。《原解》22：西人，西京之人。粲粲，鮮盛貌，借喻貴族穿著奢華、生活豪華卻不恤政事。案：舟 zhōu 周古今字，舟讀如周，代指兩周權貴們。舟通周。《管・輕重甲篇》「立大舟之都」。馬其昶《毛詩學》訓爲商賈，《談經》訓爲朝，似不若前說。《讀書記》8，「以周爲舟，乃廋詞也。欲言之無罪也」。今依《箋》裘通求，田獵以求熊羆之皮爲裘裝。私人之子，家臣、皁隸、家奴之子。寮僚，官；試，重用。黃焯《平議》：西周之人好賈趨利，多以致富，故得罘是裘。

韻部：子來（勑賚）子服子裘子試，之部。

〔5〕或，有人；以，以爲，用。不、不，助詞。漿，酢漿，酸性飲料。絹絹、鞙鞙、琄琄 xuànxuàn，佩玉累垂貌，楊愼《升菴外集》：佩玉之長貌。《魯》《釋訓》：「臬臬、琄琄，刺素食也。」《單疏》引某氏曰：「鞙鞙無德而佩，故刺素飧也。」珮，佩。隧，璲縫通緣，貫串佩玉的長絲繩。《魯》《釋器》璲 suì，瑞玉。漢，銀河。監古字，鑑，古鏡子，視。跂通垁 qì，織女三星成正三角形。《考正》：「織者之行緯，一往爲有，如是而成布帛。經緯有章故曰報章。織女雖日更七次，有往無復，非實能成絲縷之章。報者，復也，往來之謂也。」《唐抄文選集注彙存》1.46 引《毛詩》：「終日七襄，不成報章也。」此詩人飛騰想像。從早至暮七襄，一日七次落機，不停織布。《思玄賦》注引《韓詩章句》：襄，反。

韻部：漿長光襄，陽部。

〔6〕雖則，織女星，天孫星屬天市垣，織女一、二、三即天琴座（vega）α、ε、ζ 組成等邊三角形，合稱織女三星，望之歧然，織女一的光度 60 倍於太陽，在河西與河東牽牛星相對。此詩以神話傳說中的織女星變仙女，其中漸臺一、漸臺二、漸臺三和織女三共四星組成一梭形，仙女爲人間織布。報 bào，重複；章，花紋、花布的經緯紋理。雖然有織女「終日七襄」那樣整日辛苦相助織布，「不成報章」，「不可成報章」，也不能織成太多太多有圖案美的花布以供貴族們貪得無厭的需求。（高晉生：「報借爲紑（tū，布或粗綢），……章，花紋。二句指織女天天在織布機上，然而織不出布匹，徒具虛名。」）睆通晥，晥晥 huānhuān 明亮；牽牛星，河鼓星（玄武七宿的第二宿，牛宿，牛郎星，天鷹座（Aquila），有星六顆在河東。「不可以服箱」，牽牛星不可用服箱，服，負，運；箱，代車。金星，又名曉星、長庚星、太白星、黃昏星，

太陽系八行星之一，《魯》《釋天》啟明星，啟明、長庚，金星。《史・索隱》引《韓說》：太白晨見東方爲啟明，昏見西方爲金星。有捄，捄捄、觓觓、觓觓 qiúqiú，長而彎。畢 bì，畢星，白虎七宿的第五星，有星八顆如長柄網。張設空中，並不能掩兔。載，則；施，張設；行，星宿之列。

韻部：襄章箱明庚行，陽部。

〔7〕南箕，詳《巷伯》注。如箕（jī）伸展向前的舌，但不可以用南箕來簸揚米糠。北斗星，在北，玄武七宿的第一星宿，屬大熊星座（Uiea Maijor），α、β、γ、δ、ε、ζ、η 在北半球排列成斗杓形的七顆亮星，天樞、天璇、天璣、天權、玉衡、開陽、瑤光北斗七星柄部有三顆星稱斗柄，一至四爲魁，五至七爲杓，如料勺，漿（浆）jiāng，古代一種微酸的飲料，但也不能用如斟酌酒美酒舀酢漿，斗古字。挹通斟，舀取。翕 xī，吸引。西，朝西。柄，斗柄。揭 jiē，舉。《詩誦》3「翕舌」、「揭柄」，已說到聚斂身上矣。

韻部：揚漿漿，陽部；舌揭，月部。

【評論】

《韓詩外傳》4，「《詩》曰：『維南有箕，不可以簸揚；維北有斗，不可以挹酒漿。』言有位無其事也。」《疏》：「周室之幽王無得稅斂我譚國也……哀憐我譚國勞苦之民人，不欲使周人極斂（即《史・張耳陳餘傳》所言「頭會箕斂」）之，極斂人則困病不堪其事也。」《詩童子問》：「二章、三章以下，文意奇逸，其辭雖若闊疏，而意脈實相聯屬。作此詩者，非唯怨得其正，其亦老於文墨者歟？」《升菴詩話》：「傷暴斂，則曰『維南有箕，載翕其舌』。」《原始》11：「詩本詠政賦煩重，人民勞苦。入後忽歷數天星，豪縱無羈，幾不可解。不知此正詩人之情，所謂『光焰萬丈長』也。……後世李白歌行，杜甫長篇，悉脫胎於此，均足以卓立千古，《三百篇》所以爲詩家鼻祖也。……〔五章〕以下大放厥詞，借仰觀以洩胸懷積憤。與上『杼柚』、『酒漿』等字若相應若不相應。奇情縱恣，光怪陸離，得未曾有。後世歌行各體從此化出，在《三百篇》中實創格也。」《會通》「文情俶詭奇幻，不可方物，在《風》、《雅》中爲別調。開詞（辭）賦之先聲，後半措辭運筆，極似《離騷》，實三代上之奇文也。」案：歌德《慧語集》：「詩指示出自然界的各種秘密，企圖用形象（durchs Bild）來解決它們」，詩人綜觀東國被周王朝貴族搜括殆盡，皆出以形象與強烈的抒情語言、繪寫技法，將廣闊的生活畫面展示出來，而將政治內容暗寓其中。此詩顯示了詩人對

國民的終極關心，詩人沒有迷失，以摹繪靈動的藝術語言，由周道寫到東方各國「杼軸其空」，「哀我癉人」，勞役不均，任用懸殊，誠如宋‧蘇軾「爲文以反常合道爲趣」又以浪漫主義手法，飛騰想像寫到連天上織女也無法相助，牽牛星也無以襄助，雖天有北斗南箕無以相助，詭奇而深刻犀利，極具特色，抨擊權貴們的欲壑難填、貪心難厭，既具有強烈的時代氣息，又詩味盎然，耐人尋味。與《節南山》、《北山》、《十月之交》爲《小雅》傑構，均可目爲周代「詩史」。下啓屈原《天問》《九章》、三曹建安七子、唐‧李白《古風》《登高丘而望遠》《鳴皋歌送岑徵君》與杜甫三吏三別諸詩。

四　月

四月維夏，六月徂暑。　　　　　　　四月初夏，六月開始是溽暑。
先祖！匪人，　　　　　　　　　　　先祖！我非他人？
胡寧忍予〔子〕？〔1〕　　　　　　　　何以忍心讓我如此苦！

秋日淒淒〔棲悽〕，百卉具〔俱〕腓　　秋季西風淒淒，百花都枯萎，
〔腓痱〕，
亂離瘼矣〔斯瘼莫〕　　　　　　　　　我經傷亂都離散，
爰〔奚〕其適歸？〔2〕　　　　　　　　可憐今我何所歸？

冬日烈烈〔栗列列〕，飄〔票〕風發發，　冬季朔氣冽冽，飄風泼泼寒砭骨，
民〔𡊊民〕莫不穀〔穀〕，　　　　　　誰不想安穩生活？
我獨何害〔𠳐〕？〔3〕　　　　　　　　爲何我獨遭此害！

山有嘉卉，侯〔侯維惟〕栗侯〔侯維　　山花爛漫花木好，栗、梅一樹樹。
惟〕梅，
廢〔忕癈〕爲殘賊，　　　　　　　　　大爲摧殘多可歎，
莫知其尤〔尤〕。〔4〕　　　　　　　　誰人推究誰之過！

相彼泉水，載清載濁。　　　　　　　看那泉水，有時清清有時濁。
我日構〔遘〕禍，　　　　　　　　　　日日我竟遭禍害，
曷〔何〕云能穀〔穀〕？〔5〕　　　　　　到何日？我有幸福？

滔滔江漢，南國〔北〕之紀。　　　　　長江漢水滔滔，南國百川此綱紀！
盡瘁〔萃頴悴〕以仕〔士〕，　　　　　　我本憔悴已盡責，
寧莫我有。〔6〕　　　　　　　　　　　竟然無人相親友。

非鶉〔鷻鷻〕匪鳶〔鳶鳶〕，翰飛戾　　那雕那鷗多自由，高飛至天樂顛顛。
〔瘨〕天。

匪鱣〔鯉〕匪鮪，　　　　　　　　那鯉那鱘也自在，
潛逃〔逃〕于淵〔涙淵〕。〔7〕　　　　　爲防人害匿深淵。

山有蕨薇〔嶔〕，隰有杞〔杞〕桋〔黃　山上紫其野豌豆，濕地有枸杞與女桑，
荑〕，

君子作歌，　　　　　　　　　　我自吟成詩一首，
維〔惟〕以告哀。〔8〕　　　　　　　訴說內心的悲傷。

【詩旨】

案：二、三章，六、七章狀寫行役之苦，這大約是行役詩人逾期不能回家奉養老人，不能奉祭祖先而悲吟成此深摯沉痛的歌。《新注》：「從『莫知其尤』、『盡瘁以仕』云云看，詩人不像是遷謫之人，倒很像是因朝中傾軋被迫外放邊地就職的人。詩人只有遷謫之實，而無遷謫之名。如此，詩中的『盡瘁以仕，甯莫我有』才符合身份，才顯得骨鯁忠誠。果然如此的話，此詩則稱得上中國古典文學中遷客騷人題材的肇始之作。」《編年史》繫於前772年，《竹書紀年集徵》繫於前864年。

〔齊說〕《易林·夬之解》：「登高望家，役事未休。王事靡鹽，不得逍遙。」

〔魯說〕《說苑·政理》「『亂離斯瘼，爰其適歸？』此傷離散以爲亂者也。」《中論·譴交》：「古者行役，過時不反，猶作詩怨刺，故《四月》之篇，稱『先祖匪人，胡寧忍予？』。」

〔韓說〕《讀詩記》引董氏云：「《韓序》：『嘆徵役也』。」

《毛序》：「《四月》，大夫刺幽王也。在位貪殘，下國構禍，怨亂並興焉。」

《讀詩記》「大夫遭亂，欲遁世而作詩也。」朱熹「遭亂自傷之詩」。《詩解頤》：「大夫行役而憂時之亂，懼及其禍之辭也。」《原始》：「逐臣南遷也。」

【校勘】

〔1〕P2978予作子，訛字。

〔2〕《毛》淒淒，《釋文》本亦作棲一作悽，重言行況字，字異音義同。案：本字作痱，《詩考補遺》引《三家》痱，《漢石經》《唐石經》具腓，具通俱，《爲范尚書讓吏部封侯第一表》注引《毛》《法藏》20/305「腓腓」，《釋詁》《玉篇》謝靈運《九日從宋公戲馬臺集送孔令詩》俱痱，注引《韓》作俱腓，薛君曰：腓，變也。毛萇曰痱，病也。今本作腓，非。」《魯》《釋詁》《玉篇》

痱，腓通痱。案：本作「亂離斯瘼」，《三家》《釋詁》注、《左傳・宣 12》、《說苑・政理》《昌言・法誡》《後漢・仲長統傳》趙壹《刺世疾邪賦》潘岳《關中詩》注引作「亂離斯瘼」，p2978、《唐石經》亂離瘼矣。潘岳《關中詩》注引《韓》：「『亂離斯莫，爰其適歸』，薛君：莫，散也。」案：本字作奚，作爰非。《韓》《箋》《左傳》《唐石經》宋版《九經》爰，一本作奚，《魯》《說苑・政理》《齊》《孔子家語・辨政》《華陽國志》《詩集傳》奚，二字相似。馮登府校云：作「爰」，誤。

〔3〕本字作冽，《毛》烈飄，《魯》蔡邕《九惟文》栗栗，《法藏》列、票。槀古字。《毛》莫穀，《法藏》瘼穀，當作莫穀。《唐石經》《單疏》蘇轍本作穀，穀通穀。下同。《毛》害，《法藏》害，俗字，同害。

〔4〕《漢石經》《毛》侯，《法藏》侯，俗字。《白帖》99 維，《毛》廢訓爲忕，《毛》尤，《魯》《釋詁注》《列女傳・漢霍夫傳》《韓詩外傳》7《唐石經》「廢爲殘賊，莫知其尤」，20/305 癈、尤，尤尤古今字，作癈、龙誤。

〔5〕《毛》載清載濁，20/305「載飢載渴」異本。《玉篇》《韓》《毛》穀，《單疏》、《唐石經》、《法藏》20/305 穀，穀通穀。《毛》曷，《箋》何。

〔6〕《毛》「南國之紀」，《魯》《風俗通義・窮通》「南北之紀，」師受不同。徐璈《廣詁》：「漢在北，江在南，故云『南北之紀』。詩人蓋從事於江漢間也。」案：本字作頓，通瘁，《漢石經》瘁，《說文》顇頓，《漁父》憔悴，《玉篇》醮頓，《左傳・成 9》蕉萃，音義同《釋文》瘁，本又作萃。案：悴萃通瘁。《唐石經》仕，《考文》士，士仕通事。

〔7〕《毛》鶉、鳶，《說文》《廣雅》鷐，隸省爲鶉。當依《說文》鶉鳶，鳶俗體，《正字通》、20/305 鳶，《毛》戾，《東都賦》注引《韓》屬，音義同。《單疏》淵，《唐石經》「洀」，避唐諱。

〔8〕案：本字作梽、黃 tí，《魯》《釋木》《說文》《釋文》20/305、《集韻》《單疏》梽，《毛》杞梽，《唐石經》杞梽，杞杞當作杞，《釋文》梽，本又作黃。《毛》維，《魯》蔡邕《袁滿來碑》唯，同。

【詮釋】

〔1〕漢・王肅：爲行役缺祭之作。夏四月，維，是。夏六月，徂祖，始；徂暑，倒文便韻；暑，盛暑。先祖，祖先神靈。《毛傳》離，憂也。《韓詩章句》離，散也。《詩稗疏》頁 131，「其云非人者，猶非他人也。《頍弁》之詩曰『兄弟非他』，義同此。自我而外，不與己者親，或謂之他，或謂之人，皆

疏遠不相及之詞，猶言『父母生我，胡俾我瘉』也；」《稽古編》云：先祖乎！我獨非人乎？何忍使我遭此亂！呼天呼祖，總是怨極而無可控告之詞耳！」(《四庫》經部 85/531)《通釋》人讀仁人之人。案：首章主詞是我（予），「忍予」，爲協韻，我「徂暑」，我非人，「胡寧忍予」。則依《左傳・文 13》注：「思歸祭祀」。王肅《孔叢・記義》引孔子語：「於《四月》見孝子之思祭也」，春夏秋冬四季祭祖，詩人因行役在外，不能歸家，而呼先祖之靈：「先祖！〔我〕匪人？胡寧（何以竟）忍予？」非人，非他人，《頍弁》「兄弟非他」。朱熹：「我先祖豈非人乎？何忍，使我遭此禍也？無所歸咎之詞也。」馬其昶《毛詩學》：「徂暑猶言暑徂，謂當盛暑之時而往，行役甚病苦，故下曰：『胡寧忍予』也。」

　　韻部：暑予，魚部。

　　〔2〕悽悽，淒淒，冷。具通俱；腓通痱 féi，病，枯萎。《六臣注文選》頁 499、896 引《毛》《韓》，均作瘼音莫，散。詩人經亂離散而有感而吟。《魯》《釋詁》：瘼 mò，病。爰 yuán，於何，詳《擊鼓》《桑中》《碩鼠》注，到何時。朱熹奚 xī，何。

　　韻部：淒（悽），脂部；痱（腓）歸，微部。脂、微合韻。

　　〔3〕烈烈、栗栗、列列、冽冽、洌洌 lièliè，寒冷。發發 bōbō，汰汰 fúfú，寒風聲。穀通穀，生。我何受此寒苦。「四月」、「六月」、「秋日」、「冬日」，近一年在外服役，未能侍養雙親時之久。

　　韻部：烈（栗列冽）發（汰），月部；害，祭部。祭、月合韻。

　　〔4〕感物自傷。侯，助詞。《魯》《釋詁》廢 fèi，大，又廢，忕 shì，習慣於；殘賊，惡；尤，過。朱熹：「廢，變。……在位者變爲殘賊，則誰之過哉？」

　　韻部：梅尤（尤），之部。

　　〔5〕相，視。載，又。日，日日；構通遘 gòu，遭。曷 è，遏逮，及；云，助詞；穀讀如穀 gǔ，改善。

　　韻部：濁穀（穀），屋部。渴，月部。月、屋合韻。

　　〔6〕案：詩人經江漢而起興。滔滔，水勢廣大。紀，綱紀。《毛》南國，《魯》南北，義近。紀，統系，約束。案：萃通瘁悴，盡 jìn 憔 qiáo 同爲從母，盡通憔，憔悴，勞累疲憊。士、仕讀如事，以仕，以盡職事。「鞠躬盡瘁」本此。寧，何；莫，無人；有通友，相親有，友愛。《詩解頤》：「由夏而秋，由秋而冬，則見其經歷之久。由西周而南國，由豐、鎬而江漢，則見其跋涉之遠。此行役之證也。」

韻部：紀仕有（友），之部。

〔7〕匪，彼。鶉 tuán，鶉通鷻，金雕。鳶（鳶）鳶 yuān，鷂鷹。翰飛，高飛；戾厲，至。鱣 zhān，鯉魚。鮪 wěi，鱘魚。

部：鳶，元部；天淵，眞部。元、眞合韻。

〔8〕蕨 jué（Pteridium aquilinum var.latiusculum），茶，多年生，嫩葉，可食，根莖含蕨粉，供食用、釀造，藥用有去暴熱、利尿、利濕之效。薇 wēi，野豌豆，可食。一說大巢菜，多年生草本，嫩苗名巢芽，可食。杞 qǐ，枸杞（Lycium chinense），嫩葉可食，中藥材。子、根、皮入藥，子治目眩昏暗、腎虛腰痛，根皮清虛熱、涼血、虛勞、盜汗、咯血。栘 yí，櫧 zhū，殼斗科，常綠喬木，種子苦，櫧子可食，可磨苦櫧豆腐，好叢生山中，木質堅韌，可作車轂、枕木、榨油設備，農具。作房柱不腐。案：此處當依《魯》作黃，《釋文》栘，本又作黃 tí，黃栘 tí，黃桑，女桑，嫩桑，濕地宜栽桑。朱熹訓栘赤棟。非。君子，詩人自稱。作，吟成。維唯，是；告，傾瀉；哀，憂，《齊》、《易林·大有之賁》：「作此哀詩，以告孔憂」。《補傳》：「自言君子，猶《左氏傳》稱君子曰：蓋假君子之言，冀王之聽歌而改過也。」

韻部：薇，微部；栘（黃）哀，脂部。脂、微同韻。

【評論】

《左傳·文 13》：「苟利於民，孤之利也。」「命在養民」，杜預注：「《四月》……義取行役逾時思歸。」孫毓：「貪殘之人而居高位，不可得而治。賢人大德而處潛遁，不可得而用。上下皆失其所，是以大亂而不振。」（《續修》1201-348）《原始》11：「〔一章〕冒暑而行。〔二、三章〕歷經三時（季）。〔四章〕獲罪之冤，實爲殘賊人所擠。『廢』字乃全篇眼目。〔五章〕召禍之由。〔六章〕遠謫南國。〔七章〕禍無可逃，妙以譬喻出之。〔八章〕結始點明。」芮城《匏瓜錄》「通篇用意，在『廢爲殘賊，莫知其尤』，『盡瘁以仕，甯莫我有』四句，餘皆危疑懼禍之詞。蓋作此詩者必常仕於本朝，有憂於民，勞於國，但主昏政亂，功罪不明，賞罰無章，橫見貶黜。」案：「滔滔江漢，南國之紀」，說明對南國尤其江漢地區的極端重視，詩人是愛國的國士，又如屈原《柚思》：「結微情以陳詞兮，矯以遺夫美人（君王），」詩微辭以諷刺，誠如宋·李昴英《文溪集·代李守作柳塘詩序》所云「士處沉鬱頓挫之極，不能無酸楚憤激之辭，」又抒寫了逐臣的憋屈牢騷，由於用比，極具意象，意境幽深。

北　山

陟〔陟〕彼北山，言采其杞〔杞〕，　　登上那北山，採那枸杞，
偕偕士〔仕〕子，　　　　　　　　　壯健的士子們，
朝夕從事，　　　　　　　　　　　　夙興夜寐忙著公事，
王事靡盬〔固〕，　　　　　　　　　朝廷的公事忙不止，
憂我父母。〔1〕　　　　　　　　　　我憂慮著父母！

溥〔專普〕天之下，　　　　　　　　全國的地，
莫非王土〔玉〕；　　　　　　　　　哪塊不屬帝王家？
率〔樂〕土之濱〔顀賓濱濱頻〕，　　沿版圖之內，
莫非王臣。　　　　　　　　　　　　哪個不是國王的臣民？
大夫不均〔莫非王事〕，　　　　　　官員們苦樂極不公平，
我從事獨賢〔勞〕。〔2〕　　　　　　我的公務最為辛勤！

四牡〔牡〕彭彭〔骍骍〕，　　　　　四匹公馬天天奔忙，
王事傍傍。　　　　　　　　　　　　朝廷的公差異常繁忙。
嘉我未老，　　　　　　　　　　　　嘉許我富於春秋，
鮮我方將〔壯〕，　　　　　　　　　稱許我年富力強，
旅〔旅〕脅力方剛〔罻〕，　　　　　力大，又剛強，
經〔經〕營〔勞〕四方。〔3〕　　　　委命我操勞經營四方。

或〔或〕燕燕〔宴宴〕居息，　　　　有的人為私安安逸逸，
或〔或〕盡〔蕉憔〕瘁〔悴萃穎〕事國。　　有的人為國鞠躬盡瘁，
或〔或〕息偃在牀，　　　　　　　　有的人安睡在床上，
或〔或〕不已于行。〔4〕　　　　　　有的人奔忙不息在官差上。

或〔或〕不知叫〔詂嚻嚻〕號〔號䛂〕，　　有的人不懂何為煩惱，
或〔或〕慘慘〔懆懆〕劬勞。　　　　有的人憂鬱辛勞，
或〔或〕棲遲〔遲〕偃〔偃〕仰〔卬〕，　　有的人優哉遊哉，
或〔或〕王事鞅掌。〔5〕　　　　　　有的人忙得手腳不仁，繁忙煩勞。

或〔或〕湛〔湛酖媅〕樂飲酒，　　　有的人整日淫樂酗飲，
或〔或〕慘慘〔懆懆〕畏咎。　　　　有的人憂愁畏首畏尾。
或〔或〕出入風議〔儀〕，　　　　　有的人放言議論朝政，
或〔或〕靡〔羡〕事不為。〔6〕　　　有的人無事不為！

【詩旨】

士大夫訴說勞逸太不平均，而王事無止，未能侍養父母。〔魯說〕《後漢·楊賜傳》《疏》：「勞逸無別，善惡同流，《北山》之詩，所為訓作」。以下三首《編年史》繫於前 776 年。

《毛序》「《北山》，大夫刺幽王也。役使不均，己勞於從事，而不得養其父母焉。」《詩集傳》：「大夫行役而作此詩。」

【校勘】

〔1〕《唐石經》陟、杞，士、鹽，《詩集傳》杞，當作杞。20/305 作陟、杞、仕、固，士仕古通。作固是把《傳》移作經文。

〔2〕案：本字作尃，後作溥，普通尃。通作普。《毛》土、率，20/305 作圡、率，圡，俗字，率，古字。《單疏》《唐石經》溥，《三家》《韓詩外傳》1《後漢·桓帝紀》班固《明堂詩》注引《毛》《史·司馬相如傳》《白虎通·公侯》1《孟·萬章》《新書·匈奴》普，《詩論》尃，通作普。案：本字作頻，《單疏》《唐石經》濱，20/305《樊敏碑》濱，漢代作濱，俗體，《毛》濱，《說文》頻隸變為瀕，《說文繫傳》頻瀕，《魯》《新書·匈奴》《難蜀中父老》濱，《漢·王莽傳》賓，讀如濱，李注引《毛》濱，本或作賓。頻瀕古今字。《王莽傳》賓。《孔叢子》《唐石經》、P4072「我從事獨賢」案：本字作臤，作賢為協韻。《單疏》《唐石經》賢，《說文》《類編》作臤，臤賢古今字，《魯》《孟·萬章上》作「莫非王事，我獨賢勞」，《齊》《鹽鐵論·地廣》「莫非王事，而我獨勞」，賢通勞。

〔3〕《毛》彭彭，《詩考》《說文》駍駍、騯騯，《季德碑》旁旁，彭騯旁雙聲通借。《毛》將，《毛詩音》將讀壯。《眾經音義》方強。案：本字作膌，《說文》《廣雅》膌，《毛》牡、旅、經營，《疏證》旅通膌。20/305 経、營、勞，牡作牡，旅作族，剛作剅，俗字。

〔4〕《毛》或，20/305 或，同或。《唐石經》《考文》燕燕，《三家》《釋訓》疏《漢·五行志》漢·孔融《喻邴原書》宴宴。燕宴讀如安。案：據《說文》本作顇頼，《三家》《漢·五行志》《潛夫論》《慧琳音義》34、《考文》盡頼，《唐石經》《白帖》78、盡瘁，《左傳·昭 7》作憔悴，義同。《魯》《齊》顇頼，《答賓戲》蕉悴，《小司寇》鄭注引《左傳·昭 7》漢《嚴舉碑》憔悴，《左傳》古文本作盡頼，盡憔雙聲通借，《成 5》焦萃，字異音義同。案：《唐石經》巳，巳當作已。

〔5〕《毛》叫，《說文》作𩔜，古字。《釋文》叫，本又作嚚，盧本、阮《校》作嚚。嚚同囂 yín。《毛》湛，《說文》酖、媅。《魯》《潛夫論・邊議》憯憯，案：本字作懆，理由有二，一、《釋文》字又作懆。盧氏《考證》同。二、20/305 傮，傮讀懆。本字作勮，後作劬。《唐石經》《單疏》劬，《說文》作勮，《毛》仰，字亦作印，印古字。《毛》遟、偃，20/305 遟偃，異體。《單疏》號，《唐石經》號，20/305 作𡂡，避唐諱。

〔6〕本字作媅，《毛》湛，《唐石經》湛，避唐敬宗諱，當從《魯》《齊》《說文》酖、媅，湛通酖，又通媅，後作妉，《釋詁》妉。媅古字。案：本字作懆，《魯》懆，《毛》憯，《釋文》：字亦作懆，憯讀如懆，《五經文字》下、20/305 懆。《集注》《定本》《單疏》《唐石經》《毛》議。俗本作儀，誤。儀通議（《續修》1201 冊）。《毛》靡，20/305 羑，讀如靡。

【詮釋】

〔1〕一章抒寫人的天性，「憂我父母」；案：在封建社會「朕即天下」，這是反動的。應當公天下，天下乃天下人民之天下，詩人抒發不平之聲。北山，北邙山，在今河南省洛陽市東北。言，語詞。皆偕 xiéxié，偕偕、嘉嘉，強壯貌。士子，出仕的知識分子，此處當如《通論》所訓，士子，作者。朝夕，夙興夜寐，盡瘁於此。鹽，止。詳《鴇羽》注。

韻部：杞子事母，之部。

〔2〕二章寫王臣眾多，極不公平，而我勞事獨多；溥 pǔ 專普同聲通借，全，全國。率率古今字 shuài，沿著；賓讀如濱，頻瀕 bīn，邊境。臣，臣民。《參考消息》2015.5.13 載國防大學教授金一南《全民抗戰——百年沉淪中的民族覺醒》引嚴復之論：「顧其所利害者，亦利害於一家而已，未嘗爲天下計也。」嚴復這段話點出了中國至弱之源。2000 多年封建制度統治，「溥天之下，莫非王土，率土之濱，莫非王臣」觀念的影響在中國根深蒂固。案：賢勞，連語，勞苦，臤，本字，多才多財多勞，賢臤 xián；勞 láo，賢通勞，《管・大匡》：「用力不農，不事賢。」案：《毛》「大夫不均，我從事獨賢」，均賢叶韻，《魯》《孟・萬章上》「莫非王事，我獨賢勞」，《齊》《鹽鐵論・地廣》「莫非王事，而我獨勞」，似當從《魯》《齊》。賢勞，連語。《廣雅疏證》：「賢勞，猶言劬勞。」《魯》《孟・萬章上》賢勞，《慧琳音義》22 引「故《詩》曰：『王事鞅掌』，不敢告勞（官吏休假）也。」朱熹：「不斥王而曰大夫，不言獨勞而曰獨賢，詩人之忠厚如此。」

韻部：下土，魚部；濱臣均賢，眞部。

〔3〕三章寫壯年的我經營四方。駉駉 jiōngjiōng、騯騯 péngpéng、彭彭 bēngbēng、旁旁、傍傍 pángpáng，忙碌不已貌。一說馬強壯貌。朱熹：彭彭然，不得息；傍傍然，不得已。嘉、鮮，善，嘉許。將讀壯。旅通膂 lǔ，膂力，勇力，體力，周代常語，見《秦誓》《周語》《君牙》。經營，營建，操勞奔走。

韻部：彭（騯）傍（旁）將剛方，陽部。

〔4〕彼則宴宴息息；此則盡瘁事國。或，有人。燕、宴通安；居息，連語，閒居，休憩。盡憔雙聲通借，顇瘁古今字，盡瘁、盡悴、盡萃與憔悴、顑頷、蕉萃、瘯瘰、憔瘁 qiaocui，同爲從，雙聲詞，困苦，瘦弱。《左傳·成12》：「爭尋常以盡其民」，瘁，病。事國，爲國。息臥，仰臥。已當作已，已，止。行 háng，路上。

韻部：息國，之部；牀行，陽部。

〔5〕彼則在家好自由；此則繁忙不止。叫號，疊韻詞，哭號，有人不知苦難、哭號是何滋味。劬勞、勦勞，廣義疊韻詞，連語，辛勞。慘通懆 cǎo，愁不申。卬古字，棲遲偃仰，逍遙自在貌。案：鞅（快）掌，是比較寬泛的雙聲疊韻詞，煩勞以至手足麻木不仁、倉皇失措貌。央掌、快悵、鞅掌、狂攘、倉皇，疊韻連綿字，負荷太重，繁忙，以至失容，憂懼。《莊·庚桑楚》：「擁腫之與居，鞅掌之爲使。」

韻部：號勞，宵部。卬（仰）掌，陽部。

〔6〕湛通酖媅 dān，沉溺于淫樂飲酒。慘讀若懆，懆懆 cǎocǎo，憂不安。畏咎，怕犯過錯。儀通議，風放雙聲通借，風議，放言議論。一說風，諷也。靡事不爲，什麼正事也不做。

韻部：酒咎，幽部；議爲，歌部。幽、歌合韻。

【評論】

《魯傳》《孟·萬章上》：「勞於王事，而不得養父母也。曰『莫非王事，我獨賢勞』也。」《齊傳》、《鹽鐵論·地廣》：「《詩》云：『莫非王事，而我獨勞。』刺不均也。」《詩童子問》：「〔二章以下〕則方言其不均之實，然亦不過以其勞逸者對言之，使上之人自察耳。但言之重，辭之複，則其望於上者，亦切矣。『詩可以怨』，謂此類也。」《治齋讀詩蒙說》2：「《縣》卒章，《北山》四、五、六章，純乎五言矣，且開後人排調。」《通論》：「『或』字作十二疊，

甚奇；末句無收束，竟住，尤奇。」案：這大約是周代一位集政府官員與詩人、政治家於一身的上層正直的官員的不平之聲，正直耿介之音，奴隸社會、封建社會朕即天下，親民的詩人以及後來的孟子在《萬章》等篇提出公天下、仁政，與民同樂，天下者人民之天下，天下人之天下。在這首賦體詩中，詩人用對比與排筆，以澀苦悲憤而峻切激烈的詩句又於君不免多婉的筆致，從勞逸不均揭示周代社會的痼疾，前三章是賦，後三章是亂詞，是總要，又是全篇的藝術與思想的昇華，詩人吟諷時，樂師歌唱時迴環詠唱，於複疊詠歌中耐人尋味，一遍又一遍詠歌，給予讀者群、受者群以深刻的藝術魅力與思想震撼。下啓《荀·成相·雜詩》、漢·韋孟《諷諫詩》、蔡琰《悲憤詩》、三國·魏·曹植《贈白馬王彪》、嵇康《幽憤詩》、阮籍《詠懷》、唐·韓愈《南山》、盧仝《北魚》等現實主義詩歌藝術。

無將大車〔贊〕

無將〔牂〕大車〔輿〕，祇〔祇祇〕自塵兮！	扶進大車，只會蒙一身灰塵啊！
無思百憂，	去想種種憂慮，
祇〔祇〕自痻〔底疧疢痕底瘖〕兮！〔1〕	那只會加重憂病啊！
無將大車〔輿〕，維〔惟〕塵冥冥〔宜〕。	扶進大車，只會弄得灰塵眛眛。
無思百憂，	去想種種憂慮，
不出于熲〔疢耿〕。〔2〕	不得光明只在闇蔽。
無將大車〔輿〕，維塵雍〔雝壅〕兮。	扶進大車，只會使塵土壅蔽啊！
無思百憂，	去想種種憂慮，
祇〔祇多〕自重兮！〔3〕	那只會使自累不及啊！

【詩旨】

《詩論》簡 21「《贊〔將〕大車》之囂也，則呂（以）爲不可女可（如何）也。」繫於前 776 年。《新詮》：「作者大概是個憂國憂民之士，憂之過甚，病且不堪，所以寫了這首詩以自寬解。」案：役者悲吟，或國士不平之歌。

〔魯說〕《荀·大略》：「取友善人，不可不愼，是德之基也。《詩》曰：『無強大車，維塵冥冥。』言無與小人處也。」

〔齊說〕《易林·井之大有》「大輿多塵，小人傷賢，皇父司徒，使君失家。」

《毛序》：「《無將大車》，大夫悔將小人也。」《箋》：「周大夫悔將小人。幽王之時，小人眾多，賢者與之從事，反見讒害，自悔與小人並。」《詩集傳》：

「此亦行役勞苦而憂思者之作。」《會歸》頁 1372：「此蓋大夫薦進小人任職，其行不善，愆尤及己，深悔扶進之咎，累及憂思之重，此詩之所爲作也。」

【校勘】

〔1〕《毛》《無將大車》，與《詩論》簡 21 作《贊大車》。《毛》將，《說文》牂，古字。《齊》《易林》輿，車輿古通。《箋》《疏》《唐石經》祇痕，《法藏》20/305、蘇轍本作祗，祗當作祇，朱熹本作秖。《白文》祇，下同。本字作痕，《說文》痕，《說文》無痕（痕同胝）。《三家》《爾雅》《說文》《玉篇》《毛詩音》《五經文字》《單疏》《唐石經》蘇轍本、朱熹本、阮《校》《白文》痕。案：作祗、痕非，《說文》痕，痕讀如痕。本字作疹，痕讀如疹，痕通疹。《魯》《思玄賦》疹。《慧琳音義》51 注引《毛傳》：「疹，病也」，《慧琳音義》，不僅考定字音，在訓釋字義時又參考《說文》《字林》《玉篇》《字統》《古今正字》《文字典說》《開元文字音義》，又兼考經史注釋與訓詁典籍，此處所引《毛》疹 zhěn。《注疏》本作痕，誤。劉敞《七經小傳》破字解經，易痕爲痕，誤。案：《五經文字》《詩經小學》痕，痕、瘠不見於《爾雅》《說文》。《爾雅》《說文》《玉篇》《毛詩音》《唐石經》、蘇轍本、朱熹本、阮《校》俱作痕。《唐石經》、通志堂本誤作痕。《毛》痕，20/305 底，誤。

〔2〕《毛》冥，P2978 真，同冥。《毛》潁，《玉篇》潁，亦作耿，潁 jiǒng，同炯 jiǒng，耿。潁耿古今字。

〔3〕《毛》《箋》《唐石經》小字本、閩本、明監本、阮《校》雍，《釋文》雍，字又作壅，《考文》壅，《爾雅》《九經字樣》、相臺本作雝。案：雍古字。《唐石經》祇，20/305 多，異本，祇俗字。

【詮釋】

〔1〕無，襯音助詞。《孔子詩論》簡 21 作《將大車》可見。下同。將，牂 jiāng，扶進。祇，只。塵，蒙灰塵。痕 qí，疹 zhěn，痕通疹，疹，病，苦。《箋》：「將猶扶進也，祇，適也。鄙事者，賤者之所爲也。君子爲之，不堪其勞。以喻大夫而進舉小人，適自作憂果。故悔之。」

韻部：塵，眞部；痕，支部；疹，諄部。眞、諄合韻。眞支通韻。

〔2〕無，助詞。維、惟，語詞。冥冥，迷蒙。冥眛雙聲通假。不，助詞；出，離開。潁 jiǒng，炯，耿。《箋》：「思衆小事以爲憂，使人蔽闇，不得出於光明之道。」

韻部：冥熲（耿），耕部。

〔3〕雝雍通壅 yōng，壅蔽。重 chóng，《魯傳》《九章注》：重，累。一再受累。

韻部：雍（壅）重，東部。

【評論】

《詩故》7，「周室大亂，垂欲滅亡，君子憂之，無可奈何之詞也。」鍾惺《詩經》：「詩以『熲』字言憂已妙矣，又曰『不出於熲』，其妙更不可言。熲者，沈憂之人胸中若一物，而又無可指，『不出』者，即沈之意。《衛風》『如有隱憂』，細玩『如有』二字，可得『不出』二字之意。」《原始》11：「此詩人感時傷亂，搔首茫茫，百憂並集，即又知其徒憂無益，祇以自病，故作此曠達、聊以自遣之詞。」

小明（少明）

明明上天，照臨下土。	昭昭的上蒼，照耀着全國大地，
我征徂西，	我遠行到西陲喲，
至于艽野。	到這西陲邊荒地。
二月初〔初〕吉，	二月之初啊，
載離寒暑。	才經歷酷寒之苦，
心之憂〔憂〕矣，	我內心的憂鬱啊，
其毒大〔太〕苦。	勞役之苦太苦！
念〔念今〕彼共〔恭恭〕人，	我思念敬業的同事，
涕〔薾〕零如雨。	不禁淚流漓漓！
豈不懷歸〔歸〕？	我難道不想回朝廷？
畏此罪罟〔辠眾皐〕！ 〔1〕	怕這罪網觸及！
昔我往矣，	想當初我出征，
日月方除〔塗〕。	正當夏曆四月。
「曷云其還〔旋〕？	「何時才能回歸？
歲〔歲〕聿云莫〔暮〕！	不覺又到歲末。
念〔念〕我獨兮，	可憐我獨勞啊，
我事孔庶。	任務太多。
心之憂矣，	內心真是憂鬱，
憚〔癉〕我不暇〔暇〕。	使我勞苦從未休息。

念〔念〕彼共〔恭〕人，
睠睠〔眷睠〕懷顧〔歸〕。
豈不懷歸？
畏此譴怒！」〔2〕

思念敬業正直的同志，
情殷殷，情依依。
哪能不想回歸？
怕這上司發怒責備」。

昔我往矣，
日月方奧〔燠〕。
「曷云其還〔旋〕？
政〔其〕事愈蹙〔戚慼〕。
歲〔歲〕聿云莫〔暮〕，
采蕭穫菽〔茮〕。
心之憂〔憂〕矣，
自詒〔貽〕伊〔緊〕戚〔慼慼慼〕。
念〔念今〕彼共〔恭〕人，
興言出宿。
豈不懷歸？
畏此反覆！」〔3〕

想當初我來啊，
天氣轉暖，
「何日方能迴旋？
公事又急又繁。
不覺又到年底，
割蒿收豆正煩。
內心如此憂鬱，
自留此慼連連。
思念我那同志，
起而出宿外邊，
哪能不思迴旋？
害怕上司多變！」

「嗟爾君子，
無恒〔恒毋常〕安處。
靖〔靜〕共〔龏恭〕爾位〔立〕，
正直是與。
神之聽之，
式穀〔穀〕以女〔汝〕。」〔4〕

「眞感歎啊同事，
莫要常常安止，
靜心恭慎盡職責，
唯交正直的同事，
神明如能聽知，
會用福祿位賜與！」

「嗟爾君子，
無恒〔恆垣毋常〕安息。
靖〔靜〕共〔龏恭〕爾位〔立〕，
好〔肝〕是正〔貞〕直〔植〕。
神之聽之，
介〔夰〕爾景福。」〔5〕

「眞感歎啊君子，
莫要常常安止，
靜心恭慎盡職，
好交正直同志，
神明如有聞知，
祈求您的大福祉！」

【詩旨】

案：《單疏》：「經五章皆悔仕之辭。」大約是一位正直的官員在被派遣到西部邊陲荒遠之地，歷年不歸，寫給他當年的知音，「靖恭爾位，正直是與」的同僚的詩束。繫於前776年。

元·陳櫟《句解》:「此詩因己之久役於外,而僚友之安處於內者,且與己無賢勞之恨,而謂憂感之有詒,於彼無憎疾之辭,而勉以為正直之是助,哀而不傷,怨而不怒,視《北山》之詩稍庶幾焉。《北山》辭極哀怨,《小明》辭頗和平。」

《詩論》簡 25「《少(小)明》不(以下脫)」。滬博《緇衣》簡 1「醜子(好)是正植(直)。」

《毛序》:「《小明》,大夫悔仕於亂卋(《唐石經》作卋,卋卋避唐諱)也。」《詩本義》否定此說。《詩集傳》12:「大夫以二月西征,至於歲莫而未得歸,故呼天而訴之。復念其僚友之處者,且自言其畏罪而不敢歸也。」《詩故》7,「蓋賢大夫被讒見放之詞也。芜野則所放之地也。」

〔齊說〕《鹽鐵論·執務》「若今則繇役極遠,盡寒苦之地,危難之處,涉胡越之域,今茲往而來歲旋……故一人行而鄉曲恨,一人死而萬夫悲……。念彼恭人,涕零如雨。豈不懷歸?畏此罪罟』。」

【校勘】

〔1〕《毛》大,P2978 太,大讀如太。《毛》小明,《詩論》簡 25《少明》《唐石經》念,P2978 今,今當是念字之省,《唐石經》念,俗字。下同。《毛》憂,《漢石經》愛。《毛》共,共讀如恭,《魯》《齊》《鹽鐵論·執務》恭,《釋文》共,音恭。《楊統碑》作恭。共古字。《毛》初、大、罟,《釋文》音泰,P2978 祤太罟,罟,俗字。《漢石經》罪,《詛楚文》《惜往日注》辜。秦始皇改辜為罪,《毛》罟,《新證》罟,辜的借字。

〔2〕《毛》除,《魯》《釋天》塗,《單疏》引《爾雅》作余,塗、除同。《毛》還,還讀如旋,P2578 旋。《毛》歲,《唐石經》歲,同。《毛》莫,古字 P2978 暮。下同。《毛》憚,《釋文》憚,本亦作癉。憚通癉。《毛》共,《齊》恭。《毛》睊睊懷顧,《魯》《離世注》《潛夫論·班祿》王粲《從軍詩》《登樓賦》《西陵遇風獻康樂》注引《韓》睠,《在懷縣作》卷,卷通睠,睊睠同。

〔3〕案:本字作燠、旋,《唐石經》奧、還,《單疏》《考文》、P2978 燠、旋,還讀如旋。《毛》莫,古字 P2978 暮莫。「自詒伊戚〔慼感〕」,《毛》戚,《說文》慼,《左傳·僖 24》感,戚慼感古今字。段氏《定本》戚,《毛》詒、戚,詒通貽,戚通慼、感,《考文》貽慼,P2978 慼當是感,《左傳·僖 24》自詒繄慼。《唐石經》念同念,P2978 今,今當是念。《毛》共,《齊》《鹽鐵論》恭。《毛》奧,P2978 燠,奧古字。

〔4〕《毛》無恒,作毋常避漢文帝諱。《唐石經》恒,避唐穆宗諱。《齊》

《董仲舒傳》《春秋繁露・祭義》「毋恆常（凌本作）、靜」，無毋同。《單疏》靖共爾位，楚竹書《緇衣》簡 2 作「靖龏爾立，玨是正植」，郭店楚簡《緇衣》「好氏貞植」，《魯》《荀・勸學》《說苑・貴德》：「靖共爾位，好是正直」，《魯》，《中論・法象》恭，「式穀以汝」。《帝堯碑》靜恭；《齊》《漢・淮陽王欽傳》《表記》《緇衣》作恭，《漢・宣元六王傳》靖恭《春秋繁露・祭義》靜，無作毋，《齊詩》「無恒」作「毋常」，是避漢文帝諱；《齊》《鹽鐵論》《韓詩外傳》4 作靜恭，陸雲《答兄機》注引《毛》恭，P2978 共。靖古字；龏共通恭；爾，爾；立是位字之省；植通直。《毛》穀，《魯》《三家》《表記》《韓詩外傳》4、《唐石經》、P2978 穀，穀通穀。《答賓戲》注引作汝，女古字。

〔5〕《魯》《荀・勸學》無恒，漢武帝《制》：「嗟而君子，母常安息，神之聽之，介爾景福」這是《左傳》以來習見的節引。《唐石經》𢘋，避唐穆宗諱。《齊》《漢・董仲舒傳》「毋常」，避漢文帝諱。「靖共爾位，好是正直」，滬博《紵（緇）衣》作「靜龏尔立，玨（好）是正植（直）」，《魯》《說苑・貴德》《漢・淮陽王欽傳》元帝璽書引作「靖恭爾位，正直是與」。《齊》《緇衣》《表記》《韓詩外傳》4、7「靖恭爾位，好是正直」，靖又作靜，《繁露・祭義》靜恭，《帝堯碑》竫，《毛》介，《漢石經》尒，《修華嶽廟碑》、《說文》乔，乔古字。《毛》「好是正直」，郭店楚簡《緇衣》簡 3 作「情氏貞植。」

余師（1963）《關於改詩問題》：《小明》有拼湊，是兩首詩。

【詮釋】

〔1〕一、二、三章悔仕。明明，昭昭。下土，大地，全國。征，遠行，往西部邊陲。芃 qiú 野，荒遠邊野。二月，周曆二月，夏曆十二月。初吉，初一至初八日。案：載，才；離，歷；寒暑，偏義複詞，寒。毒 dú，害，痛。指徵役。大，太。案：共人，同事，恭敬職責，「靖恭爾位」的同事。有人訓為妻子，依據為下句「豈不懷歸」。其實只有從宋徽宗才有定制，中散大夫、中大夫妻為恭人。當依李樗、輔廣、朱熹訓為僚友。涕 tì，淚。懷，思。辜罪罪同。罟 gǔ 辜 gū，雙聲疊韻通借，辜罟 zuìgǔ，罪辜，連語，刑罰。

韻部：土野暑苦兩罟（辜），魚部。

〔2〕除，夏曆四月。曷，何。云，語詞。還讀如旋，回歸。聿，語詞。莫，暮。獨，獨勞。事，任務；孔庶，很多。憚通癉，勞苦。不暇，無空。念，思念。睠是眷的異體，眷眷然，悁悁然，殷勤思念，反覆顧戀；懷顧，連語，懷思。此，統治者。譴（谴）qiǎn 怒，譴責，怒罵。

韻部：除（塗）莫（暮）庶顧怒，魚部。

〔3〕日月偏義複詞，日，天氣；奧讀如燠 yù，暖。曷，何；云，語詞；其，助詞；愈，更加；戚靡古今字 cù，迫促。云，其。蕭，蒿；菽，大豆，則當九月（西曆十月）。詒貽，遺留；伊，是；戚通慼 qī，憂愁，悲切，憂懼。共人，同事。興，起；言，而；出宿，離開客舍。反覆，反覆無常。朱熹：傾側無常。嚴粲：幽王賞罰無常。臺灣學者屈萬里《詮釋》：伐期屢變。

韻部：奧（燠），沃部；戚（慼），覺部；菽戚宿覆，沃部。沃、覺合韻。

〔4〕四、五章勉同事敬業。嗟乎，感歎詞。君子、恭人，同事。無，毋，勿；恒，常；安處，安然休息。靖（埩靜 jìng，謀；共恭 gōng，從、見準鄰紐，耕、東通韻，這是比較寬泛的雙聲疊韻詞，敬業而且謹慎做好本職工作。正直是與，正己之心，正人之曲。與，賜與。神，神明，一訓為慎。式，用；穀通穀 gǔ，祿；以，與，相交；女，汝。四、五章末二句是亂詞。《箋》《疏》：若見正直善人，於是與之為朋友，用此福祿以與汝也。

韻部：處與女（汝），魚部。

〔5〕安息，安然休息。好，愛，喜；是，此；正直，正直之人。介通匄 gài，祈求。景，大。《詩說解頤正釋》19「大夫正直露才，為人所忌，畀之以難，為之事使困於征役而不得歸，故作詩以自咎，而戒其僚友之不妒賢也。」

韻部：息直福，職部。

【評論】

漢元帝《賜淮陽王欽璽書》：「《詩》不云乎：『靖恭爾位，正直是與』。王其勉之！」《齊傳》董仲舒《舉賢良對策》：引末六句，云：『正直者得福也，不正者不得福，此其法也，以《詩》為天下法矣。」明‧黃佐《詩傳通解》：「人情與正直之士共處，各能樹立，朝與聞邪之人相處，易得隨風而靡，切戒之。一則曰：『正直是與』；二則曰：『好是正直』，不求人合，當為神明所佑，而福祿至矣。」《詩誦》3「末二章曲終奏雅，《小雅》之《小明》，《邶風》之《雄雉》，一也。」《原始》11：「大夫自傷久役，書懷以寄友也。……前三章因久役而思友。末二章勖友以無懷安，首尾義意自相環貫。」《會通》：「此詩明為行役怨困之詩，詞義甚明。『念彼共人』者，念古之勞臣賢士，以自證而自慰也。末章所謂『無恆安處』，亦自慰勉之詞，而反若泛戒凡百君子者，此所謂『深隱（深奧隱晦）』，所謂『微至』，正古人之高文也。」案：此詩宣傳了敬業與正直兩方面，詩人直面社會現實，表現出醇正的藝術良知，藝術

解剖刀的高度精湛，結構嚴密，長於賦陳，長於抒懷，揭示社會內核的矛盾，對虛應故事、怠忽職守的執政者予以譴責，以憂戚與共打動讀者。

鼓鍾〔鐘〕

鼓〔皷〕鍾〔鐘〕將將〔鏘鎗〕，　　　敲起編鍾鏘鏘鏘，
淮水湯湯。　　　　　　　　　　　淮河之水流湯湯，
憂心且傷。　　　　　　　　　　　我的心兒憂且傷，
淑〔汹〕人君子！　　　　　　　　英明的國王啊，
懷允不忘！〔1〕　　　　　　　　　思念不能忘。

鼓鍾〔鐘〕喈喈〔鶛鶛〕，　　　　敲起編鍾很和諧，
淮水湝湝。　　　　　　　　　　　淮河湝湝浪澎湃，
憂心且悲。　　　　　　　　　　　我的憂愁而且悲，
淑人君子，　　　　　　　　　　　英明的國王啊，
其德不回〔𡙧〕！〔2〕　　　　　　大德不違有光輝。

鼓鍾〔鐘〕伐鼛〔臯臯〕，　　　　敲起編鍾擊大鼓，
淮有三洲〔州〕。　　　　　　　　樂器演奏在三洲，
憂心且妯〔悼疛陶怞〕。　　　　　我的憂愁且鬱陶。
淑人君子，　　　　　　　　　　　英明的國王啊，
其德不猶〔瘉〕。〔3〕　　　　　　大德無瑕疵，樂悠悠。

鼓鍾〔鐘〕欽欽，　　　　　　　　敲起編鍾聲律妙，
鼓瑟鼓琴，　　　　　　　　　　　彈奏古瑟彈古琴，
笙磬同音。　　　　　　　　　　　吹笙擊磬諧和音。
以《雅》〔夏〕以《南》，　　　　吹奏雅樂、南方樂，
以籥〔龠〕不僭。〔4〕　　　　　　籥舞翩翩從不亂。

【詩旨】

　　此詩是宮廷詩人為周幽王在前 722 年盟於河南太室所作大型宴飲時吟成的樂歌。據《左傳·昭 4》古本《竹書紀年》《編年史》繫於前 772 年。

　　〔齊說〕《疏》引《中候·握河紀》鄭注：「昭王時，《鼓鐘》之詩所為作者。」（《玉海》卷 38 歸之於《韓詩故》）

　　《毛序》：「《鼓鐘》，刺幽王也。」

《毛》《箋》幽王說。《古本竹書紀年》,《左傳・昭 4》:「周幽王爲大室（在嵩山）之盟,戎狄叛之。」前 772 年幽王會諸侯,都與淮河有關。《疏》、《續〈讀詩記〉》同。朱熹《詩集傳》引王安石:「幽王鼓鍾淮水之上,爲流連之樂,久而忘反。聞者憂傷,而思古之君子不能忘也。」屈萬里《詮釋》:「此疑悼南國某君之詩。」繫於前 772 年。

【校勘】

〔1〕《漢石經》皷鍾淑。《毛》鼓鍾、將、淑,P2978 皷,古字,淑作沞,俗字。《說文》鎗,《考文》鏘,《毛詩音》將即鎗,擬聲詞,將鏘鎗古今字。本字作鍾,《魯》《太玄》《滑稽列傳》「鼓鐘於宮」,《說文》《釋文》《正字通》《周禮》《唐石經》、P2978 鍾,《漢志》《單疏》《考文》鐘,鍾鐘通。

〔2〕《毛》喈,《說文》鍇,《魯》《太玄》喈,擬聲詞,鍇喈古今字。《毛》回,《說文》𢌞,古字。

〔3〕《魯》《淮南・主術》高注、《單疏》鼛,《考工記》臯,《齊》《周禮・鼓人》注引作皋,鼛古字。《毛》洲,《毛詩音》州,今作洲,《說文》《考文》、P2978 州,古字。《毛》妯,《正字通》疛 chóu,《方言》妯,《箋》悼,《魯》《說文》怞,《眾經音義》12、《文選注》34、《後漢・杜篤傳》81 引《韓》陶。妯悼怞陶聲近義通。《單疏》猶,《箋》《單疏》瘠,猶讀如瘠。

〔4〕《毛》簫,《韓》《說文》龠,古字,P2978 蕭,俗字。案:《毛》雅,《文物》1989.4 載江蘇省丹徒縣大港背山頂出土編鐘銘:「我以夏以南」,夏讀如雅。

【詮釋】

〔1〕將讀如鏘,將將鏘鏘鎗鎗 qiāngqiāng,擬聲詞。案:鍾鐘古字通 zhōng,古樂器,以槌擊發聲。鼓鐘,當依《魯》作鐘鼓,金奏、鳴鼓。此是寫在淮上關洲舉行的王庭級大型音樂舞蹈盛會,有奏鐘鳴鼓,敲擊編鍾,彈琴鼓瑟,吹笙奏磬,而且和諧宛轉,又有籥舞,既有中夏雅樂,又有南方之樂,顯示了中華各民族文化的相互融攝。湯湯,水勢浩大貌。淑,善。君子,周宣王。前 822 年,召穆公帥師伐淮夷,王帥師伐徐戎,皇父休父從王伐淮戎,次於淮。這大約是周宣王六年親征徐戎、淮戎,駐紮於淮上,在關洲舉行的御用軍樂團的盛會。懷,思念;允,語詞。朱熹訓爲信不忘,追念明王英主,永誌不忘。

韻部:將〔鏘鎗〕湯傷忘,陽部。

〔2〕案：鶛鶛、喈喈 jiējiē，諧諧 xiéxié，擊鐘敲鼓，奏樂的諧和聲。湝湝 jiējiē，水流盛大貌。回，違，邪，邪僻；正直不阿，無邪僻，不違悖，不邪曲。

韻部：鶛（喈）湝，脂部；回，微部。脂、微合韻。

〔3〕《魯傳》《齊傳》《周禮・鼓人》鄭注：「以鼛鼓，鼓役事。」鼛臯（皋）gāo，古代用于役事的大鼓，長丈二，主進止。《魯傳》《淮南・主術》高注：敲鼛鼓，王者之食樂。三洲：黎邱（在壽春縣）、關洲（在霍邱縣北）、南鬱洲（在海州）。怞，怞怞 chóu chóu，傷悼。妯 chōu，（古）透幽；怞 chóu，㤽 chóu，（古）定幽；悼 dào，（古）定宵；陶 táo，（古）定幽，透定鄰紐，宵幽通轉，妯陶怞通悼，傷悲，恐懼。《韓》：陶，暢也。《廣雅・釋言》陶，憂也。《魯》《九辯注》：鬱陶，憤念蓄積，盈胸臆也。案：猶、瘉雙聲通借 yù，病，瑕疵，過失。《述聞》6：《爾雅》猶，已也。言久而彌篤，無有已時。《南山有臺》：「德音不已」。據《呂覽・音初》、《禮記・文王世子》、《韓詩章句》、《傳》、《箋》，南是南方少數民族樂曲名。張一清《十二個漢字品歷史》：「南」本是一種樂器。僭 jiàn，亂，超過，差失。蘇轍：「始言湯湯，水盛也；中言湝湝，水流也；終言三洲，水落而洲見（現）也。言幽王之久於淮上也。妯，動；猶，若也。言不若今王之荒亂也。」

韻部：鼛洲妯（怞悼陶）猶，幽部。

〔4〕欽欽，編鐘聲，很有節律感，很有藝術的美感。編鍾，擊奏體鳴樂器，商代已有，西周中晚期增至 8 件一套，總音域達 5 個 8 度，半音齊全，很有節奏感與藝術的美感。鼓樂、金奏諧和歡欣。鼓，彈奏。笙 shēng，民族簧管樂器，東方之樂。磬 qìng，擊奏體鳴樂器，用石或玉或金屬製成的打擊樂器，東方之樂，後來還有編磬。同音，和諧。以雅以南，案：雅 yā，雅正之聲，編鐘銘文「以夏以南」，雅，中國雅正之歌，一說《雅》萬舞。以〈古〉餘之；爲，〈古〉匣歌，餘匣准鄰紐，以通爲，演奏，吹奏；南，隋・劉炫《述義》南，《周南》，南方歌曲，《文選・魏都賦》注引《韓詩內傳》：「王者舞六代之樂，舞四夷之樂，大德廣之所及。」《後漢・陳禪傳》注引《韓詩章句》：「南夷之樂曰『南』，四夷之樂唯《南》可以和於《雅》者，以其人聲音及籥不僭差也。」此句「南夷之樂曰南」，則是，泛指江漢以南音樂文化，含《二南》而不等同於二南，至於後半句「唯……」則絕對化，須知詩人寫詩此處協韻則用南。《雅》，王者貴族之樂。《南》，南夷民間之樂，《疏》《南》亦舞

（南方少數民族的樂舞）。寫「南」作爲代表，顯示周代實現了中華各民族文化藝術的大融攝。一說南，形似鈴的樂器。籥舞，籥 yuè，三孔，吹奏樂器，吹之以節舞，其時有定制，王、侯等籥舞的人數都有限定。僭 jiàn，亂，同，諧和。末章多種樂器的大型協奏曲，寫詩、歌、舞相諧和。

韻部：欽琴音南僭，侵部。

【評論】

明·沈守正《說通》：「三章皆婉刺之詞，鼓鐘伐鼛，宜其樂也，而見之者反憂作樂者，今之人也。而憂思者，古之淑人君子也。是所以爲刺也。末章，見我之憂傷者，所樂故也。」《顧炎武全集·五經同異中》：「熊朋來曰：《鼓鐘》之卒章『鼓瑟鼓琴』之下特言『笙磬同音』，何也？此詩人妙達音樂而後能爲此詩。」《稽古編》14，「《詩緝》亦言，古事固有不見史，而因經以見者，詩即史也。斯皆篤論。」《會歸》頁 1388，「前三章寫鼓鐘淮上，於樂於地，並無諷意，蓋樂正而德不能比，爲用樂者之過，其過全蘊於憂傷悲妯之語中，含蓄深隱，不作顯刺，所謂溫柔敦厚者是也。末章美先王德與樂比，寓德於狀樂盛象之中，託意於言辭之表，所謂言近旨遠者是也。而寫樂舞神韻悠緲，寓刺旨情意隱微，詩本賦體，乃悉以含蘊取境，有類全體之興，故文境窈渺不盡，格亦奇矣。」案：此詩言簡意賅，擅長對比與描繪，摹寫貴族樂器的多樣化與活潑的樂舞場面，巧用疊韻，情韻婉轉，故典重而和美。

楚　茨

楚楚者茨〔蒺藜〕，	叢叢密密的蒺藜，
言抽其棘〔棘莉〕，	剷除荊棘。
自昔〔告〕何爲？	從前除草爲什麼？
我蓺〔藝埶〕黍〔秬〕稷〔齊〕。	種植黍稷，
我黍與與，	黃黍長得旺盛，
我稷〔襖〕翼翼。	穀子長得旺盛，
我倉〔箱〕既盈，	倉廩裡滿滿當當，
我庾〔庚庚〕維〔惟〕億〔億意臆意〕。	露積囤滿滿，入倉爲安。
「以爲酒食，	「用來釀酒作食，
以享〔亯饗〕以祀，	用來祭祀神明先祖，

以妥以侑，
以介景〔景〕福〔禠〕。」〔1〕

濟濟蹌蹌，
絜爾〔爾〕牛羊。
以往烝、嘗〔嘗〕。
或剝或亨〔𩱡䰿享烹〕，
或肆或將。
祝祭〔祭祀〕于祊〔閉繄〕，
祀〔我〕事孔明。
先祖是皇〔暀㫰〕，
神保是饗。
「孝孫有慶，
報以介福，
萬壽無疆！」〔2〕

執爨踖踖，
爲俎孔碩。
或燔或炙，
君婦莫莫。
爲豆孔庶，
爲賓〔儐〕爲客。
獻〔戲〕醻〔酬〕交錯〔迗遧〕，
禮儀〔義〕卒度，
笑語卒獲〔矱〕。
神保〔寶〕是格〔佫〕，
「報〔執〕以介福，
萬壽攸酢！」〔3〕

我孔熯〔戁謹〕矣，
式禮莫愆。
工祝致告：
「徂賚孝孫。
苾〔馥苾苾〕芬孝祀，
神嗜〔耆〕飲食，
「卜爾百福，

安坐好，勸酒食，
以祈求大福。」

大夫濟濟士蹌蹌，儀禮從容，
洗淨了祭牲牛羊，
送往秋祭冬祭，
有的剝皮解體，有的烹煮，
有的陳列，有的進獻忙，
廟門外祭先祖，禱神明，
祭事齊備又崇敬。
先祖們都往，
先祖神靈來歆饗。
「主祭人（周成王）有賞賜，
回報以宏福，
乃至萬壽無疆！」

御廚小心有條理，
俎的肉肝很肥美，
有的燒肉，有的烤肉，
群婦虔誠靜默而努力，
木梪禮品很豐盛，
只見諸侯貴賓，
向賓客敬酒，交錯敬酒，
儀禮盡合法度，
連談笑無不合乎儀禮。
先祖神靈來至，
「說是回報以宏福，
所報的是萬壽巨福！」

我很恭敬很謹慎，
當用禮從無差錯，
司儀致告詞：
「且賜主祭。
用香美酒食享祀，
神明先祖喜歡酒食的香馥，
「報以您等百福！

如幾如式，　　　　　　　　如期如程序，
既齊〔茨齋〕既稷〔褑〕，　　準備祭品齊等、迅速，
既匡〔筐〕既勑〔敕〕。　　　既端正，又整飭 chì，
永錫爾〔爾〕極，　　　　　　永遠賜給您極大福祉，
時萬時億〔意〕！」〔4〕　　是千萬，是萬億！」

禮儀既備，　　　　　　　　　禮儀已經完美，
鍾〔鐘〕鼓既戒，　　　　　　鐘鼓已經齊備，
孝孫徂位，　　　　　　　　　國王來到其位，
工祝致告：　　　　　　　　　司儀傳達國王心意：
「神具醉止。」　　　　　　　「神明先祖都醉。」
皇〔星〕尸載起。　　　　　　神尸已經起身，
鼓鍾〔鐘鼓〕送尸，　　　　　擊鼓敲鍾送尸。
神保聿〔遹〕歸。　　　　　　大巫於是回歸。
諸宰君婦，　　　　　　　　　御廚們與群婦，
廢徹〔觱撤〕不遲。　　　　　立即撤席不遲。
諸父兄弟，　　　　　　　　　同宗伯叔兄弟，
備〔俻〕言燕私〔穩〕。〔5〕　都來私家宴飲敘情誼。

樂具入奏，　　　　　　　　　樂器奏起來，
以綏〔安〕後祿。　　　　　　安穩地享受以後的福祿。
爾〔我〕殽〔肴〕既將，　　　我把佳餚獻上來，
莫怨！具慶！　　　　　　　　無人說怨言！一齊慶賀！
既醉既飽，　　　　　　　　　喝醉了吃飽了，
小大稽首：　　　　　　　　　長幼都來叩頭：
「神嗜〔者〕飲食，　　　　　「神明先祖喜歡酒食，
使君壽考。　　　　　　　　　致使國王長壽！」
孔惠孔時〔是〕，　　　　　　很仁惠，很善良，
維其盡之。　　　　　　　　　惟盡心於國家的大業！
子子孫孫，勿替！引之！」〔6〕千秋萬代，莫廢替！永延伸！」

【詩旨】

　　案：由滬博楚竹書第四冊《采風曲目》簡 1《君壽》進一步證明此歌是周成王時卿大夫祭祀時的樂歌、祝壽歌。以下四篇《編年史》繫於前 1035年。

　　李山（1999）《詩經的文化精神》認爲此詩與《載芟》《良耜》《生民》《思文》《公劉》《信南山》《甫田》《大田》繫於周恭王世。

　　《孔叢子·記義》引孔子云：「於《楚茨》，見孝子之思祭也。」

　　《毛序》：「《楚茨》，刺幽王也。政煩賦重，田萊多荒，饑饉降喪，民卒流亡，祭祀不饗，故君子思古焉。」《箋》《疏》同。朱熹《詩集傳》：「此詩述公卿有田祿者力於農事，以奉其宗廟之祭。」朱熹《詩序辨說》指出「無諷刺之意。」案：此詩無諷，歌詠豐收，描繪宗廟祭事的樂歌。清·范家相《詩瀋》：「天子時祭之樂歌也。」清·淩廷堪《詩楚茨考》：「言王朝卿大夫之祭禮也。」

【校勘】

　　〔1〕《毛》茨，《魯》《離騷注》薋，《齊》《玉藻注》《說文》《韓》薺，正字作薺，茨薋通薺。《毛》棘，《單疏》《唐石經》棘，古作茦，茦古字。《唐石經》昔蓻、倉，《法藏》20/305 告蓺，告是昔字之訛，蓺俗字，本字作蓻，《說文》蓻，蓻蓺古今字。《毛》黍稷，《三公口山碑》、P2978 黍褉，同。《說文》穧古字。《御覽》35 箱，箱讀如倉。《毛》庾，《單疏》庾，《唐石經》庾，本字作庾。《毛》維、億，古字億，《說文》《玉篇》意，《方言》臆。《籍田賦》注引作惟，維惟古通。《漢石經》《類聚》《唐石經》「酒食以享」，《說文》亯，《單疏》作饗，亯饗享古字通。《毛》景福，P2978 景福，俗字。

　　〔2〕《毛》嘗，P2978、《唐石經》嘗，同。案：正字作鬺 shāng，《毛》亨，《漢石經》鬺，疑爲鬺，20/305 享亯讀如鬺。正字作禜，《廣雅》《單疏》《唐石經》祊，P2978 作祭祀于祊，《熹平石經殘字集錄續編》、《釋宮》「祝祭于閍」，唐寫本《切韻》殘卷、《說文》禜，同。《漢石經》我，《毛》祀，師受不同。《毛》皇，《箋》《釋文》暀，皇讀如暀，《說文》㞷，㞷暀同。

　　〔3〕《唐石經》爲賓爲客，獻醻，古字。20/305 脫「爲賓」，作爲客獻醻，《單疏》《詩集傳》酬，《釋文》字又作酧，醻。同。《唐石經》交錯，《說文》逪造。《毛》儀，《韓詩外傳》4《詩考》引《韓》作義，義讀如儀。《漢石經》「神寶是佫」，《楚辭》靈保、《玉篇》《費鳳碑》佫，《毛》神保是格，寶通保，格通佫。《漢石經》《唐石經》報爾，20/305 執，執當是報字之訛。

　　〔4〕案：本字作戁，《唐石經》《五經文字》熯，《三家》《釋詁下》《說文》戁，熯通戁。案：正字作蚻，《埤蒼》《慧琳音義》30 蚻（《續修》196-606），《說文》《毛》苾，《廣雅》馝。《眾經音義》14、蘇武《古詩》注、《景福殿

賦》注引《韓》馥，通作馥，苾馥雙聲通借。《毛》嗜，《讀詩記》引《釋文》20/305 耆，古字。案：本字作茨、稷，《漢石經》茨，齊茨與齋（粢）𪗉雙聲疊韻通借。《毛》既齊稷，《法藏》20/3055 𪗉稯，稯讀如稷。案：本字作筐《毛》匡勑，《箋》《考文》、20/305、孫詒讓《校勘記》筐，《釋文》筐，本亦作匡。《疏》匡、敕，《少年饋食禮》《疏》《唐石經》作勑，敕勑古今字。案：本字作億，《三家》《說文》《易林》《樊敏碑》《張納碑》䔾，《毛》億，同。

〔5〕《毛》聿，《宋書・樂志》遹，聿遹同。《毛》皇，20/305 星，皇字之訛。《單疏》《毛》廢徹，《說文》癈㣪，古字，《說文》無撤，本字作徹，904 年抄《玉篇》引《毛》撤，《毛詩音》徹即撤，約南朝・梁才增撤字。案：本字作鍾，《單疏》鼓鐘，《宋書・禮志》兩引、唐初本作鐘鼓，《唐石經》小字本、相臺本作鼓鐘。《毛》備戒，P2978 俻，戒俗字。戒戎同戒。

〔6〕案：本字作我。《漢石經》我，《唐石經》爾，《毛詩音》綏、妥聲義通，《考文》肴，20/305 肴、耆胹，胹讀如時，殽肴同，耆通嗜。《毛詩音》時即是。

【詮釋】

〔1〕楚楚，茂盛貌。薋薺 cí，（茨薋），蒺藜。朿古字，刺；案：言、我，助詞。《會歸》訓爲我，國民。下同。案：抽，chōu，（古）徹幽；除 chū，（古）澄魚，上古齒上音徹，澄鄰紐，抽通除，除去薋、棘。棘，蒺藜爲刺。何爲，爲什麼。主張法先王、周文王等重農。齋稷古今字，稷 jì，小米，不粘的一種；埶蓺藝 yì，種植。與與、稶稶、薁薁 yùyù、翼翼 yìyì，旺盛貌。庾，露積糧囤，案：億 yì，安，糧食豐收，入倉爲安。一說意億臆意 yì，多，滿。《說文》：億，十萬。以爲，用糧食煮酒。以，用以；享，孝；饗享 xiǎng 祀，獻，祭。妥，安坐；侑，勸酒。介通匄 gài，祈求。景，大。

韻部：棘（朿）稷翼億（意臆）食福，職部。

〔2〕案：《曲禮》：「大夫濟濟 qíqí，士蹌蹌 qiāngqiāng。」表示莊重敬慎有儀容。由此可推斷祭祀時的主人是大夫，也有士參加。絜 jiè，洗淨後殺牲。秋祭曰嘗，嘗新穀。冬祭曰蒸，蒸，進也，進品物。或，有的；剝，剝皮解體；亨通烹 pēng，烹煮。肆 sì，陳列；將，奉進。祊閍同鬃 bēng，廟門外祭。案：《毛》門內祭，誤。詳《齊傳》《郊特性》《禮器》《祭統》敦煌唐寫本《切韻》十三與焦循《宮室圖》許嘉璐師校孫詒讓《十三經校勘記》均訓爲門外祭。孔明，十分完備。祀當是我字之訛，我，咱們；事，敬祀。先祖，先祖

的神靈；神保，靈保，尸，祭祀時充當先祖神靈或神明的附體，代指先祖神靈；是，助詞；格，至。饗 xiǎng，享祭，嗅聞祭品的香氣。孝孫，《禮》：「君子抱孫不抱子」，孫子可以爲王父（祖父）尸。皇尪，wǎng 尪 wǎng 往。剝 bo，剝皮，宰割。肆，陳列；將，進獻。一說肆讀如剔 tì，剔骨治肉。將 jiāng，分齊。案：以下三句是祝嘏辭。孝孫，主祭人，周成王。慶 qìng，賞賜，褒美。介，求；景，大。

韻部：蹌羊嘗將祊（閟鬃）明皇饗慶疆，陽部。

〔3〕此章寫廟祭第二日的繹祭。爨 cuàn 炊，御廚；踖踖 qíqí，恭敬貌。俎 zǔ，禮器上的肉肝；孔碩，很肥美。燔 fán，燒肉；炙 zhì，烤肉。君，群；莫莫 mòmò，虔敬貌，莫慔懋，雙聲通借，勉勉。豆，桓，盛穀物的禮器；孔庶，很多。賓客，連語。獻主祭人敬來賓酒；醻，酬，來賓回敬主祭人酒。交逜、錯遣，交叉敬酒。卒度，盡合法度。神保，對先祖神靈的美稱，在祭祀時由孫輩充祖輩。獲 huò，通矆 yuē，度，合度。案：後二句嘏詞。格讀洛 gé，古今字，格洛，至。詳楊筠如《商書覈詁》。格洛，饗同義。萬壽攸酢，攸，所；酢 zuò，報，神報主人。

韻部：踖碩炙莫庶客錯（遣）度獲格酢，鐸部。

〔4〕我，孝孫。熯 rán，戁 nán，謹肅，恭敬。《新證》：讀『我孔謹矣，式禮莫愆』，則語調適。式，當。莫，不；愆，過錯。工祝，祭祀時專司儀者；致告，致告詞。徂讀如且，賚 lài，賜。孝孫，主祭人，周王。以芬芳祭品獻祭。苾馥同聲通借，苾芬，苾苾 bìbì 芬芬 fēnfēn，濃香。孝，享。蘇武《古詩》注引《韓說》馥，香貌。嗜 shì，喜歡享受祭品的香氣。卜 bǔ 報雙聲通借，如幾如式，適期，合禮法。案：齊茨讀如齋 zī，穀子；稷即 jì 雙聲通借，急速。粟，祭品。匡勑 chì，勑通飭 chì，整治謹嚴。案：連語，精誠嚴肅，整飭 chì 誠正。以下嘏詞。錫通賜；極，至。時，是；蘐億 yì，十萬，又訓滿。

韻部：熯（戁）愆，元部；孫，文部。元、文合韻。食福式稷勑（勑）極億，職部。

〔5〕戒 jiè，備（備）。徂位，回到原位。具，俱；止，助詞。工，官員；祝，巫祝。此處偏義在祝，巫祝的祝禱詞。致告，傳達國王心意。尸，臣下或由晚輩象神而立，代替先祖受祭者；皇，讚美之人；載，則；起，離開。神醉而神尸起。鼓，敲鼓；鐘，擊鐘；奏樂送皇尸。神保，對先祖神靈的美

稱；聿，助詞；歸，回。諸宰，膳 shàn 夫，御廚們，朱熹訓為家宰（家臣）。君婦，貴族群婦。廢莢、廢徹 fèichè，連語，撤去。諸父兄弟，同姓伯叔以及同宗兄弟。備言，全部；言，助詞；燕，宴；私，此處為叶韻而倒文，私家宴飲宴請親屬。

　　韻部：備戒，之部；告，覺部。之、覺通韻。止起，之部；尸遲弟私，脂部；歸，微部。脂、微合韻。

　　〔6〕樂具，所有樂器奏樂。綏 suī，安。後祿，後福。案：祿 lù〈古〉來屋；肉 ròu，〈古〉日沃，聲近通借。《魯》《呂覽・懷寵》高注：「祿，所受食。」一說國王以外有爵祿者。爾當作我，殽（肴）yáo，美味佳餚；將，獻。一說將通臧 zàng，善，美。一說將 jiàng，陳列。莫怨，無人有怨言；具，俱；慶，慶喜，慶賀。小大稽首，幼長叩頭，向國王叩頭說：神明、先祖都喜歡所備酒席，致使國王長壽。孔惠孔時，很順利很善。維通惟，「惟其」表因果關係，惟其盡心於國事。《魯》《釋言》：替，廢。案：末句當讀成「勿替！引之。」本為引之勿替，此處為叶韻而倒文。朱熹：「子子孫孫當不廢而引長也。」勿替，周之通語，《康誥》「勿替敬警」，勿替！莫廢止；引，引而伸之，世世昌盛。朱熹：子子孫孫當不廢而引長也。末四句是慶詞。末句，《通解》作八字句：「子子孫孫勿替引之！」

　　韻部：奉祿，屋部；將慶，陽部；飽首考，幽部；盡引，眞部。

【評論】

　　宋・呂祖謙：「《楚茨》，極言祭祀所以事神受福之節，致詳致備。所以推明先王致力於民者，盡則致力於神者詳。觀其威儀之盛，物品之豐，所以交神明、逮群下，至於受福無疆者，非德盛正修。何以致之？」《詩序辨說》下：「詞氣和平，稱述詳雅。」《批評詩經》：「氣格鉅集麗，結構嚴密，寫祀事如儀注，莊敬誠孝之意儼然。有境有態，而精語險句，更層見錯出，極情文條理之妙，讀此便覺三閭（屈原）《九歌》，微疏微佻。」

　　《詩志》5「此篇敘述祭祀之事，最為詳備，直如一則禮經。然意思篤厚，情致生動，終不是呆疏禮書也。」〔俄〕阿甫基耶夫著，王以鑄譯《古代東方史》：「在著名的《詩經》裡，保存了遠古的許多斷片。」在貴族家穀物滿滿以至露天糧囤裡都盈盈滿滿後，主祭人在宗廟舉行隆重的祭祀儀式，有儀禮，有細節描繪，有場面描摹，有排筆，對話描寫，有祈福心理刻畫，宏博而深

刻，諧暢韻腳密集，是一首難得的完備的遠古祭祀之歌。清·淩廷堪《詩楚茨考》：「《小雅·楚茨》凡六章，言王朝卿大夫之祭禮也。首章言黍稷爲酒食之用，遂及正祭之妥侑也。二章言牲牢爲鼎俎之用，遂及祊祭之饗報也。三章言儐尸於堂之禮也。四章言尸嘏主人之禮也。五章既祭而徹也。六章言既徹而燕（宴飲）也。」王國維《宋元戲曲史》由《宛丘》《東門之枌》《楚茨》，論及戲曲起源，巫覡歌舞，此詩是「後世戲曲的萌芽」。案：詩人以莊嚴典則而活龍活現的詩歌語言，先狀寫豐收景象，大臣們恭肅的儀禮，準備祭品，奉請先祖的神靈歆享，祝嘏辭，御廚們、貴婦們忙而不亂，行止無不合度，祈福無不敬肅，祝禱，鐘鼓適時伴奏，更顯莊嚴肅穆，無不叩首祝福，將祭祀文化、祈福心理、場面描寫、細節描繪交織融合，故給人以情致靈動、和平詳雅的藝術愉悅。

信南山

信彼南山，　　　　　　　　　綿綿延延終南山，
維禹〔雨〕甸〔敶〕之。　　　大禹治理曾封疆，
畇畇〔畝均畓〕原隰，　　　　秦川平坦又廣闊，
曾孫田〔佃〕之。　　　　　　成王籍田親種糧。
我疆〔畺彊〕我理，　　　　　劃分田界挖溝渠，
南東其畝〔畂畞晦〕。〔1〕　種田要取南東向。

上〔尚〕天同雲，　　　　　　天上彤雲密層層，
雨雪雰雰〔雲紛雱〕，　　　　下起雪來飛紛紛，
益之以霡霂。　　　　　　　　更加瀟瀟小雨下，
既優〔憂漫〕既渥，　　　　　漫漫渥渥田潤足，
既霑既足〔浞〕，　　　　　　田裡雨水滋潤足，
生我百穀〔糓〕。〔2〕　　　長我今年豐百穀！

疆〔彊〕場〔易場〕翼翼，　　田界整飭成井田，
黍〔秬〕稷或或〔惑稢〕。　　黍稷長成綠郁郁。
曾孫之穡，　　　　　　　　　主祭今年大豐收，
以爲酒食。　　　　　　　　　製成酒食宴賓客。
畀〔卑〕我尸賓〔賓濱〕，　　賜給大巫與嘉賓，
壽考萬年。〔3〕　　　　　　壽長萬歲好快樂。

中田有廬，	田中有小屋，
疆〔彊壃〕場〔塲〕有瓜〔[illegible]〕。	溝渠長有瓜，
是剝是菹〔葅〕，	削了醃製好祭品，
獻〔虘戈〕之皇祖。	獻祭給黃祖。
曾孫壽考，	國王能長壽，
受天之祜〔祐〕。〔4〕	承天賜大福。
祭〔粲〕以清酒，	用清酒祭神，
從〔䢗〕以騂牡〔牨〕，	用大紅牛作獻牲，
享于〔亯以〕祖考。	獻祭給祖考。
執其鸞〔鑾〕刀，	御廚手執鸞刀，
以啓〔啓〕其毛，	除去毛，
取其血膋〔膫〕。〔5〕	放血，取下脂膏。
是烝〔蒸〕是享〔[illegible]祊烹〕，	烝祭，祊祭，
苾苾〔馥〕芬芬〔芳芳〕。	酒食、祭品馥鬱芬芳。
祀〔杞〕事孔明，	祀事很大但停停當當，
先祖是皇〔㞷迋暀〕，	先祖個個歸往。
報以介福，	用宏福來回報，
萬壽無疆。〔6〕	國王萬壽無疆。

【詩旨】

案：聯繫末二句，此是爲周成王冬祭籍田禮時上所作的祈豐年、祈永壽的樂歌。周初農事詩。繫於前 1035 年。

《魯說》《新書・修正語上》：「大禹曰：民無食也，則我弗能使也；功成而不利於民，我弗能勸也。」

《毛序》：「《信南山》，刺幽王也。不能修成王之業，疆理天下，以奉禹功，故君子思古焉。」檢《詩》並無刺意。《單疏》「經六章皆陳古而反以刺今。言成王能疆理天下以奉禹功，而幽王不能修之。」《續讀詩記》2「《信南山》，言稼穡之事，極至於奉祭祀。」

《古義》《通論》都認爲《楚茨》、《信南山》一時之作。

【校勘】

〔1〕《唐石經》禹疆，20/305 雨、彊，彊疆字之訛，作雨誤。《毛》《聲類》甸，《詩考》引《韓》《周禮・稍人》注引作敶。本字作均，《魯》《釋訓》《毛》畇畇，《字林》均均，《玉篇》《韓》《齊》《周禮・均人》注引作畇畇，

《釋文》畇音匀，又音昫。或體字作畇昀嘗，通均，字異音義同。《毛》田，一作佃，作佃，俗字。本字作畮，《說文》畮，《毛》畂，《玉篇》《單疏》《唐石經》畞，畞畂同畮。

〔2〕《毛》上、雺，20/305 尙、雲，《御覽・天部》紛紛，《類聚》雺雺，P2978 雺雺，《三家》《歲華綱目》《白帖》2、6 雨雲紛紛。「雲」當作「雪」。雺紛字異音義同。案：正字作瀀，《唐石經》優，20/305 憂，《三家》《說文》瀀，憂優讀瀀。《毛》霑，《齊》《周禮・鮑人》沾渥，《堯廟碑》《御覽》837 沾。《毛》足，足讀浞。《唐石經》穀，通穀。《毛》穀。

〔3〕《毛》黍，P2978 秝，同。《毛》或彧，古字作戜戜。《玉篇》彧彧，《廣韻》稢稢音義同。《毛》賓，《單疏》《唐石經》賨，同，P2979，畀作畀，俗字。

〔4〕《單疏》《唐石經》疆場，《韓詩外傳》4 壇場。20/305 彊塲，彊塲當是疆場，《齊》《漢・食貨志》易，易是場字省借。《單疏》《唐石經》《箋》瓜，《唐石經》爪，20/305 爪，爪同瓜。《毛》菹，《眾經音義》13 葅，同。《考文》《唐石經》《毛》、小字本、相臺本、《詩集傳》獻祜，閩本、明監本作祐，20/305 作獻祐，獻，俗字，祐屬幽部，祜屬魚部，當爲祜，祐是祜字形訛。

〔5〕《唐石經》享於，《三家》《說文》《御覽》524 亯以，亯古字，於通以。《毛》騂，《說文》觲，觲騂古今字。《毛》鸞，904 年抄《玉篇》引《毛》作鑾，《考文》《東京賦》鑾，鑾通鸞。《單疏》《毛》脅，《三家》《說文》膫，同。20/305 祭作癸，牡作牡，從作彿，啟作啟，俗字。

〔6〕《玉篇》《廣雅》《埤蒼》馝，《毛》苾，《魯》《釋訓》《臨晉侯楊公碑》《廣雅・釋訓》馥。苾馥雙聲通借。《毛》芬屬諄部，似當作芳與享明皇疆協韻。《毛》祀，《唐石經》杞，當爲祀。《毛》是烝是享，《漢石經》是烝是祁，左旁爲示，右則殘，疑爲祊 fāng。本字作繫，祊或體。《楚茨》「祝祭於祊」，《毛》壇，《說文》《周禮》《神君碑》《韓詩外傳》4 壇，《眾經音義》13 作「墠」，墠古字，壇是別體。

【詮釋】

〔1〕案：在全球洪水時期，禹是全中國人擁戴的偉大英雄與領袖，《舜典》云：「伯禹作司空」，「棄，黎民阻飢，汝后稷播時百穀」，「〔契〕作司徒，敬敷五教在寬。」中國的英雄歷史傳說從大禹治水開始，禹又成爲中國部落聯盟的偉大領袖。據《大禹謨》：虞舜大帝 28 年任命禹爲司空，舜嘉許禹治

水成功，「惟汝賢」。在周代典籍中，周人尊崇禹，禹帶領人民宣導「天下爲公」，長期治水墾殖，據《世本》《孟子》，都陽城，在今河南省登封縣東南告成鎮，黃、淮、長江流域成爲當時文明程度比較高的地域，商部落在帝丘、漳、薛、鬲之間，而周部落則是在甘肅、陝西、山西隸屬於禹夏部落。周始祖后稷任禹農業大臣，所以《周書》《逸周書》、吉金、《詩》《論語》多有禹、稷並尊。《益稷》云：「暨稷播，奏庶艱食鮮食」，民以食爲天，后稷播種，載於《虞夏書》。《泰誓》的主導思想「天矜（憐）於民，民之所欲，天必從之。」「惟天惠民」與《皋陶謨》：「安民」，「天聰明，自我民聰明。天明畏，自我民明威。」一脈相承。《逸周·商誓解》：「在昔后稷，惟上帝之言，克播百穀，登禹之稷。」《𪭢公盨》：「天命禹敷土，墮山濬川，乃疇方設正，降民監德。」《詩經》中有《信南山》《生民》《文王有聲》《韓奕》《公劉》《時邁》《思文》《閟宮》八首詠及禹、稷。《論語·憲問》：「禹、稷躬稼而有天下」。信讀如伸，綿延不斷的終南山，又名中南山，秦嶺主峰。甸 diàn，治理。營營畇畇 yúnyún，均，開墾、治理規劃。曾孫，周成王，周太王曾孫，主祭人。《箋》：自孫之子而下（即對曾孫以下的統稱）。《周語》「宣王即位，不籍千畝。」虢文公諫曰：「不可！夫民之大事在農，上帝之粢盛於是乎出，民之蕃庶於是乎生，事之供給於是乎在，和協輯睦於是乎興，財用蕃殖於是乎始，敦厖純固於是乎成，是故稷爲大官。」此處寫籍田禮。田、甸，字異義同之例。我，助詞。疆理，劃分疆界，治理耕作。晦（畝）mǔ，一市畝。朱熹：畝，〔田〕壟。南東其畝，依據河水流向，而決定或縱或橫田畝的南北向、東西向。

韻部：甸田，眞部；理、畝，之部。

〔2〕《類聚》2引《韓傳》：同雲（彤雲），雪雲。雨 yù，降雨降雪，雰雰 fēnfēn，紛紛，盛。霢霂 màimù，雙聲詞，小雨；益，加上。優優通澆，渥渥 yōu wò，連語，水份充沛。足通涿 zhuó，霑涿 zhān zhuó，沾渥 zhānwò，土質濕潤。穀通穀 gǔ，穀（谷）物。

韻部：雲雰（紛），文部；霂渥足（涿）穀，屋部。

〔3〕翼翼 yì，整齊。或或 yùyù，郁郁，旺盛。黍，粘性黃黍；稷，不黏的穀子。案：《箋》：「斂稅爲穑」，《單疏》：「稅斂曰穑」。穑 sè，收穫穀物，啓下句釀酒。朱公遷《疏義》「畀尸賓，獻皇祖，皆預擬於其前，至烝享苾芬而祀事始成。」畀 bì，賜予。尸，受祭人。賓，助祭人。

韻部：翼彧（戜彧）穧食，職部；賓年，眞部。

〔4〕案：此章寫祭祖，又寫古人重視田地利用，無休廢，空地栽瓜。中田，田中；廬 lú，田中廬舍。李湑甫平《毛詩　義》曾釗《詩毛鄭異同辨》周有稅瓜。剝，削；菹 zū，醃製，酸菜，酢菜。皇祖。對祖先的美稱。祜 hù，福。

韻部：廬（蘆）瓜菹祖祜，魚部。

〔5〕亯享 xiǎng，進獻；以，用。從 cóng，獻；騂 xīng，周人尙赤，以赤色公牛爲犧牲。鸞 luán 刀，有銅鈴的刀。孫可以爲祖父之尸。兩手持刀，以明割牲之意，又有《商持刀祖詥卣》《周持刀寶彝》，當是商、周宮庭祭祀用器。詳張掄《紹興內府古器評》。啓毛，割開皮毛。膋膫 liáo，取血，取牛腸脂，周人尙臭，用脂膏、黍稷、蕭製成有香味的燃料。

韻部：酒牡考，幽部；刀毛，膋（膫），豪部。

〔6〕案：享字當作祊 fáng 祊，祭四方神。苾、馥雙聲通借，苾苾、苾苾、馥馥，香味濃。秬釀成的酒，又有鬱金香草煮，美酒芳香。孔明，很完備。《詩總聞》：薦新之祭。皇 wǎng，歸往。一說皇 huáng，美大，讚美。

韻部：祊祥享，陽部；芬，諄部（似當爲芳，陽部）。陽、諄合韻。明皇（坣迋眰）疆（畺），陽部。

【評論】

與《虞夏書・舜典》相應，《詩經》中頌美大禹、契、后稷三王的詩篇頗多，《信南山》是《小雅》頌美大禹的佳什。《詩志》5，「通篇所述，推本田事，以孝享祖考也。每章寥寥數言，質厚深醇，最爲高古。」《通論》：「上篇鋪敘宏整，敘事詳密；此篇則稍略而加以跌盪，多閒情別致，格調又自不同。」此詩以籍田禮前的多祭、祈豐爲主線索，以一千多年的歷史跨度，擅長賦寫，簡潔而有神，先憶「禹甸」，後寫「曾孫田之」，有《論語・學而》曾子所云，「愼終追遠，民德歸厚矣」的重要思想，寫禹、周成王雖簡古而深刻，畿內農業整飭有序，寫雪、雨「上天同雲，雨雪紛紛，益之以霢霖，既霑既渥，既沾既溰」26 個字，歷歷如繪。成王籍田，公卿力田，宏整而詳密，寫獻品，寫鸞刀，以細節見長，實際上雖是祭祀詩寫出了周代以農業立國的眞諦，詩中寫節約用地，因地制宜田埂長瓜，寫農業如此眞切，前所未有，寫祭祀，寫醃製，寫祭牲，細緻入微，非體恤民情、深知農業者寫不出。

卷二十一　小雅六

甫田之什

甫　田

倬〔箌莉〕彼甫〔圃〕田，　　　　廣廣闊闊那大田，
歲〔歲〕取十千。　　　　　　　　什一賦稅繳收成。
我取其陳，　　　　　　　　　　　我用那陳糧，
食我農人。　　　　　　　　　　　給予那庶人、農夫、農奴人等。
自古有年。　　　　　　　　　　　古來豐收年景。
「今適〔適〕南畝〔叞〕，　　　　「今大家到向陽公田，
或〔或〕耘〔芸蒭積耘〕或籽〔秄芋〕，有人除草，有人壅根，
黍〔秂〕稷〔襖〕薿薿〔儗嶷〕。　禾稷長勢都茂盛。
攸介〔尔〕攸止，　　　　　　　　休憩，經營農業有成，
烝〔蒸〕我〔我〕髦士！」〔1〕　進用俊士賢良人！」

以我齊〔齋齍粢〕明〔盛〕，　　　〔仲秋祭〕用禮器盛滿稻粱，
與我犧羊〔牛〕，　　　　　　　　用純色羊作犧牲，
以社以方。　　　　　　　　　　　祭祀社神、四方神。
我田〔四〕既臧，　　　　　　　　公田土質既肥美，
農夫之慶。　　　　　　　　　　　農民哪個不歡喜？

琴瑟擊鼓〔鼔〕，　　　　　　　彈奏琴瑟擊大鼓，
以御〔迓迎〔御〕田祖：　　　　結隊成群迎田祖后稷：
「以〔㠯〕祈甘雨！　　　　　　「祈求上蒼降甘雨！
以介〔戒〕我稷〔禝〕黍〔𥠌〕！　佑助咱的稷與黍！
以穀〔穀〕我士女！」〔2〕　　　好養咱們男和女！」

曾孫來〔勑徠〕止。　　　　　　主祭來慰勞了。
以其婦子，　　　　　　　　　　農夫因其妻子，
饁彼南畝〔𤳊〕。　　　　　　　饋送到南畝。
田畯〔俊〕至喜〔饎〕，　　　　田俊來則吃酒食。
攘〔讓饟〕其左右，　　　　　　進食給左右人，
嘗〔甞〕其旨〔言〕否？　　　　嘗嘗旨味美不美？
禾易〔延〕長畝〔𤳊〕，　　　　莊稼長滿了田地，
終善且有。　　　　　　　　　　既好又多有。
曾孫不怒：　　　　　　　　　　國王見了挺滿意：
「農夫克〔剋〕敏！」〔3〕　　　「農人都能敏捷忙農事！」

曾孫之稼，　　　　　　　　　　周成王收穫的莊稼，
如茨如梁，　　　　　　　　　　如屋頂啊，如高堤，
曾孫之庾〔庚〕，　　　　　　　主祭人的穀倉，
如坻〔阺〕如京〔亰〕。　　　　如山阺啊如山岡。
乃求千斯倉，　　　　　　　　　「尤求千餘穀倉，
乃求萬斯箱〔䉣〕。　　　　　　尤求萬餘車箱。
黍〔𥠌〕、稷〔禝〕、稻、梁〔粱〕，黃黍、穀子、稻子、粱米，
農夫之慶。　　　　　　　　　　這是庶人的吉祥！
報以介福：　　　　　　　　　　神明賜予大福報：
「萬壽無疆〔彊〕！」〔4〕　　　「國王將萬壽無疆！」

【詩旨】

　　案：商、周以來自然神崇拜，這是前 1035 年周成王時重農力農，祭祀社神、四方神與農業神后稷、饁禮勸農時的樂歌。周以農業立國，此歌故被周代中央文化機關作爲樂歌、雅正之樂，得以流傳。《禮記・表記》：「殷人尊神，率民以事神，先鬼而後禮……周人尊禮尚賢，事鬼敬神而遠之」，相對而言是進步，於詩有體現。

　　《毛序》：「《甫田》，刺幽王也。君子傷今而思古焉。」《詩總聞》非《序》。

呂氏、戴溪稱「歷言田事及祭妃、妃禱而已」。《詩故》：「先公勸農之事。」
朱熹《詩集傳》：「此詩述公卿有田祿者力於農事，以奉方、社、田祖之祭。」
經文本無諷。

【校勘】

〔1〕《毛》倬，《爾雅郭璞注》引《韓》作菿 zhào，大，倬菿音義同。《毛》
歲、倬、甫，《三家》《墨・明鬼下》《周禮・職方氏》《周語中》《法言》漢・
蔡邕《述行賦》《孔宙碑》作圃，甫圃均有博義。《唐石經》歲。《玉篇》《爾
雅》《釋文》引《韓》菿，菿當作菿。倬菿字異義同，通作倬。《毛》適畝，
P2978 適畝人，俗字。《單疏》《唐石經》畝，同。本字作耘籽，《漢石經》耘，
20/305 芸籽，《單疏》《魯》《九歎注》《逐貧賦》《毛》耘籽，《說文》穮籽，
隸變爲耘，《慧琳音義》引《毛》穮，《齊》《漢・食貨志》《考文》芸芓，又作
積，糕，芸通耘，芓籽通籽。《毛》黍稷，20/305 黍褹，黍同黍，《樊敏碑》褹，
同稷。《釋文》本字作薿《單疏》《說文》《箋》薿薿，《齊》《漢・食貨志》嶷
嶷，《白帖》81 嶷嶷，重言形況字。《毛》烝，江淹《雜詩》注引作蒸，音義
同。《毛》介我，P2978 尒我，異體。

〔2〕《毛》齊明，齍盛之省，《五經文字》齍，《考文》齍《釋文》齊又
作齋，又作齍，齍古字。《東京賦》李注引「毛萇曰器實曰粢，在器曰盛」，
可見隋、唐初《毛》作粢盛，《齊》《曲禮》粢明，《釋文》本又作齋又作齍，
案：粢齍古通，齊讀如粢，齍有粢義，明讀如盛。齊明、粢盛、盛粢，倒文
以協韻。《漢石經》《毛》羊，20/305 作牛，案：由《楚茨》「絜爾牛羊」，當
作羊。《漢石經》《毛》田，20/305 作四，當作田。《毛》以御，《魯》㠯迎，㠯
以古今字，《毛》鼓，御 P2978 鼓御，鼓古字，御俗字。《毛》介，《御覽》作
戒。《三公山碑》《毛》《箋》《疏》、蘇轍本、相臺本穀，《單疏》《唐石經》、
20/305《御覽》穀，穀通穀。

〔3〕《毛》畯，20/305 俊，《釋文》本又作俊，俊通畯。《毛》喜，《箋》
《考文》古本注：「喜，當讀爲饎」。案：作喜作饎均可。《魯》《釋詁》《單疏》
饎，《毛》攘，《箋》攘讀爲饟；戴震《考正》援袂出臂之攘。《箋》讀饟，戴
作攘，或以爲攘古讓字，俱可，作饟則承「饎」，作攘則啓下「嘗其旨否」，
作讓則顯示風格，《毛詩音》攘，古讓字。《毛》嘗旨，P2978、《唐石經》嘗言，
同。《漢石經》既敏，《毛》克敏。

〔4〕《毛》京，《漢石經》京，同。《毛》箱黍稷稻梁疆，《漢石經集存‧校記》箱、P2978 葙，p2978 黍禝稻梁彊，黍同黍，禝同稷，其餘誤。於氏：梁通荊。《通釋》坻通阺。《毛》庚，《單疏》庚。

【詮釋】

〔1〕倬菿 zhuo，大明，高，遠。904 年抄《玉篇》引《韓詩》甫，博也。甫圃博雙聲通借。甫圃，大。圃田澤，古澤藪名，在今河南省中牟縣西。《三家》《孟》趙注都記載周代賦稅制度，十分稅一。我，助詞。食 sì，官府或貴族或奴隸主將陳糧給農夫食用，秋後用新糧還。孫毓：家中尊長食新，農夫食陳，老、壯之別，孝養之義也。有年，豐收年。適，至；南畝，向陽田。芸耘 yún，除草；秄（籽芓）zǐ，為禾苗壅根。薿通薿 nǐ，茂盛貌。攸，乃；介 jiè 憩 qí，連語，介通愒，休息。烝烝，進用；我，助詞，下同；髦 máo 士，俊士。選拔務農有大成就者。

韻部：田千陳人年，真部；畝秄〔秄芓〕薿（薿）士，之部。

〔2〕社、方、田祖，祭土地神、四方神、神農氏、后稷。以，奉；齊讀如粢 zī，又作齍 zī，或作齎 jì，在禮器中裝上稷、稻等穀物；明讀如盛，《毛詩》如《文選》李善注「粢盛」，《齊傳》《曲禮》：「稷曰明粢」，此處便文以協韻。御，迎接；田祖，以后稷作農業神。與 yu，用，以祭；這是夏商周自然神崇拜。社，祭土地神；方，祭四方神。既，都；臧，好。慶，慶賜，《單疏》：慶賜農夫。琴瑟，彈奏琴瑟。御讀如迓 yà，迓，迎也。《魯說》：春、秋祈穀於上帝。田祖，農業神，神農氏或后稷。介，助；穀通穀 gǔ，養，《魯》《釋詁上》：穀 gǔ，善。士女，男女們。

韻部：明（盛）羊方慶，陽部；祖雨女，魚部。

〔3〕來，慰問。以，因，帶領。婦子，《箋》訓後世子，黃焯《平議》訓農夫，屬下為言。朱熹：「曾孫之來，適見農夫之婦子來饁耘者，於是與之偕至其所，而田畯亦至而喜之，乃取其左右之饋，而嘗其旨否。」饁 yè，饋贈，《載芟》：「有嗿其饁」。田畯 jùn，農官。王肅：喜，喜樂其事；讀如饎 chì，酒食。攘，從文學描寫詮釋，戴震《舉正》：訓為援袂出臂之攘，則活靈活現地繪出田畯忙著品嘗味道美否的神態細節。朱彬《經傳考證》則訓為古讓字。《箋》讀為饟 xiǎng，古餉字，《釋詁》：饟，饋。蘇轍訓攘為取，田畯取左右之饋而嘗之。古有餉田之風。朱熹：攘，取。《詩考》：攘，揖讓，推讓。易 yì，施，長滿。《魯》《孟‧盡心上》「易其田疇」趙注：易，治也。整治；長畝，

竟滿。終，既；善，好；有，多。不怒，滿意。案：不，結構助詞，《廣雅·釋詁三》怒，勉也。既，克，能；敏，敏捷，勉勉不倦於耕作。這種饁田、餉田之禮自周有之，顯示周成王勸農力農的新的政策，誠爲進步，是成康之治的基本成因之一。

韻部：止子畝喜（饎）否畝有敏，之部。

〔4〕稼，收割的莊稼。茨 cí，屋頂。梁 liáng，《魯》《釋宮》隄謂之梁。《莊·讓王》：「環堵之室，茨以生草。」庾 yǔ，露積大倉。坻 dǐ，阺 dǐ，疊韻通借，山坡；京 jīng，山丘。斯，語詞；千、萬，極言其多；箱讀如箱，代稱車；黍稷稻梁，代稱百穀，梁米，細糧，粟中比較貴重的食品。《單疏》：「經言成王庾稼千倉萬箱，是倉廩實。反明幽王之時倉廩虛也。」慶 qìng，吉祥，一說慶，賜。報 bào，賜以；介，大，回報孝子孝孫。郭沫若《從周代農事詩論到周代社會》：報 bào，報祭；介，丐，求，報祭先祖以求福。《單疏》引《定本》疆，竟（避宋帝祖諱，竟，境）。

韻部：梁京倉箱梁慶疆，陽部。

【評論】

《單疏》：「首章言輕其稅斂；二章爲之祈報；此章（三章）言恩澤深厚；卒章言收穫弘多，歷觀其次粲然有敍（序）。」《講意》：「首章言力農；二章言奉祭；三章申言力農之意；四章申言奉祭之意。總之，皆見其厚農也。」《批評詩經》：「眞率中卻有腴味。蓋由安插得好，亦以筆淨故。若『食陳』，若『烝士』，若『嘗旨否』，皆是典故，乃隨景插入，既增其態，復覈其事，筆力何等高妙！」案：《淮南·齊俗訓》引《神農之教》：「丈夫丁壯不耕，天下有受其饑者。婦人當年不織，天下有受其寒者，」此詩寫周代第二代英主周成王重視農業，觀農業有成而選賢任能，深知有糧才能養全國男女，寫出祭社祭方祭神農氏與后稷的場面，農業作物長勢喜人，成王滿意，農民樂耕，寫出豐收的喜人景象，「千斯倉」，「萬斯箱」極言其豐，不僅備具思想的深邃與藝術的張力，而且富於藝術的魅力。

大　田

大田多稼，	肥腴的田好多種莊稼，
既種既戒〔戎〕，	選好良種，修好農具，
既備〔俗〕乃事。	農耕準備耕耘，

以我覃〔剡鋭〕耜〔相耜〕，
俶載〔熾葘〕南畝〔畝畝人〕。
播〔播〕厥百穀〔穀〕，
既庭且碩，
曾孫是〔不〕若。〔1〕

既方〔房〕既皁〔皀早草〕，
既堅既好。
不稂〔郎〕不莠，
去其螟螣〔螣盍螣〕，
及其蟊〔蚤蜪蟊〕賊。
無害〔害〕我田稺〔稺稺稺〕！
田祖有神，
秉〔卜〕畀〔昇〕炎火！〔2〕

有渰〔黶晻弇〕萋萋〔淒〕，
興雨〔雲〕祈祈〔祁〕。
「雨我公田，
遂及我私，
彼有不穫穉〔稺〕，
此有不斂穧〔穧積筥〕，
彼有遺秉，
此有滯穗，
伊寡〔寠〕婦之利。」〔3〕

曾孫來止，
以其婦子。
饁〔饁〕彼南畝〔畝〕，
田畯〔俊〕至喜〔饎〕。
來方禋祀〔杞〕，
以其騂黑，
與其黍稷。
「以享以祀，
以介景福！」〔4〕

用起我鋭利的耒耜，
開始耕作向陽田畝，
播種那百穀，
看到莊稼長得又挺又茁壯，
主祭人和善眞滿意！

穀子有了粟皮，有了子殼，
又已經堅實，又已經飽滿，
沒有狼尾草，
滅除螟螣，保護幼苗，
滅除蚤賊，保護百穀，
莫害我田中幼苗！
神農氏顯神靈了，
用火滅蟲眞是妙！

雨雲弇弇然淒淒眞盛，
雨雲密密瀰漫，
「雨水灌漑公田，
於是流經私田。
那有忘收的禾束，
這有忘運的穀把，
那有遺漏的穀捆，
這有滯留的穀穗，
都是孤寡之人的福利。」

國王來此勞勅，
與他的妻子兒女，
餉田送到向陽田畝，
田俊來了吃酒食。
來此禋祀四方神，
用大紅牛、黑豬羊爲祭牲，
黍稷稻粱裝滿了禮器，
「敬獻祭品，表表心意，
祈求更大的福祉！」

【詩旨】

《孔子詩論》簡 25：「《大田》之裞（卒）章，智（知）言而又（有）豊（禮）。」案：成康之治，故多頌歌，此詩是士大夫頌美周成王重農，貴族、奴隸主關注農業，鋪陳選種備耕、除蟲、灌漑等農業過程，哀矜孤寡，祭祀祈福。繫於前 1035 年。詩中第三章所歌頌的哀矜孤寡的優良風尚，頗令人聯想起 300～500 年成書的猶太教聖經《塔木德》所云：「當你在田裡收割莊稼並把一捆稻穗遺落在田裡時，不要再去撿，那些東西該屬於陌生人，失去父親的人和寡婦……」

《毛序》：「《大田》，刺幽王也。言矜寡不能自存焉。」《單疏》：「四章皆陳古善，反以刺王之詞。」朱熹《詩集傳》：「此詩爲農夫之詞，以頌美其上，若以答前篇之意也。」《詩總聞》「此蠟祭也。」林岊《講義》「此詩乃秋省斂而助不給也。」宋・范浚《香溪集》：「《大田》，刺幽王時矜寡不能自存，詩不言矜寡困窮事，而曰「彼有不獲穧 jì，彼有遺秉，此有滯穗，伊寡婦之利，獨言成王時寡婦有遺秉之利。」

【校勘】

〔1〕《毛》戒備，20/305 戒偹、秸，偹，俗字，《毛》覃，《魯》《東京賦》注引、《橘頌注》《釋詁》郭注《說文》剡，《集韻》秇。《說文》秸，覃通剡。戒偹、秸秸同。《毛》俶載，《箋》讀如熾菑，當從《王氏注》俶載。《毛》畝，P2978 畝，《單疏》《唐石經》畞，同。《漢石經》《毛》播穀，《單疏》《唐石經》穀，《唐石經》播，俗字。穀通穀。《毛》曾孫是若，《漢石經》曾口是不若（當是曾孫是不若）。

〔2〕《毛》方，當依《箋》《集注》房。案：本作早，皁皀通草，皁或體，《毛》皁，通草。《單疏》稂，或體，《說文》《本草》莨，字異音義同。案：本字作蟊，《單疏》蟊，《毛》螣，《魯》《釋蟲》《說文》《唐公房碑》螣，《廣韻》蚮，蚮蟘螣同《考文》蟘，字又作蟘，螣通蟘。《毛》蟊賊，《竹邑相張君碑》《說文》蝥，《釋文》蛑，古字，蟊或體。《毛》《白文》稺，小字本、相臺本作稺，《唐石經》初刻作稺，後磨改爲稺，P2978 稺，同。《毛》害、畀，P2978 宮畁，宮同害，畁讀如畀。《五經文字》：稺稚，幼禾也。《毛》秉，《韓》卜，案：秉卜同爲幫母。

〔3〕本字作祋。《說文》祋，《毛》祈祈《唐石經》《張景陽〈雜體〉之九》引《毛》「有渰萋萋，興雨祁祁」，《韓》《詩考》《釋文》《廣雅》祋，《齊》

《漢·食貨志上》：「有渰淒淒，興雲祁祁。」《單疏》《唐石經》《集注》《定本》《初學記》渰，《說文》黤，《魯》《呂覽·務本》晻、淒、雲，《魯》《述行賦》黯，《考文》《詩考》引《韓詩外傳》《慧琳音義》80 注引《毛》弇，《白帖》2 捨，渰乃後人因雨增水旁，晻黯黤渰弇音義同。案：正字作淒，《唐石經》《單疏》萋萋，《韓》《呂覽·務本》《漢·食貨志》《玉篇》《廣韻》《後漢·左雄傳》《說文》《考文》《初學記》《御覽》8 淒淒。《靈臺詩》《後漢·左雄傳》《正義》《釋文》《定本》《單疏》《唐石經》、P2978、蘇轍本、朱熹本、《詩傳大全》興雨祁祁，《釋文》《單疏》：或作「興雲」，誤也。當從物理計，雨雲黑雲起而後下大雨，故作興雲，以《韓詩外傳》8、《說文》《呂覽·務本》《考文》《歲華紀麗》《鹽鐵論》《修華嶽碑》《無極山碑》《詩考》《三家》《詩經小學》阮《校》興雲祁祁，《單疏》《考文》《釋文》《唐石經》《白帖》相臺本祁，小字本、明監本、《毛》祈，避明英宗、明代宗諱，當依《考文》、《單疏》、P2978《白文》作祁。《唐石經》稴，稴稴同。《漢石經》《釋文》《單疏》《五經文字》稭，《集韻》稯，《正義》《集注》《定本》、P2978 積。《齊》《坊記》《春秋繁露·度制》「彼有遺秉，此有不斂稭」，《漢石經》稭，《齊》《聘禮》《集注》筥，筥積通稭。《漢石經》「此有滯穗，伊寡婦之利」，《單疏》寡，20/305 寏，傳寫之訛。《毛》「此有不斂稭，彼有遺秉」，《韓詩外傳》4「彼有遺秉，此有滯穗，伊寡婦之利。」《齊》《坊記》《漢·蕭望之傳》二句互易，師受不同。

〔4〕《毛》案：本字作饁，《魯》《釋詁下》《說文》饁，《毛》饈，同。《毛》畯、喜，20/305 俊，《三家》《說文》《釋訓》《箋》《說文》饁，畯、俊共夋，喜讀如饁。《毛》來，陳奐：古字作秾。《單疏》耟，《唐石經》杞，杞當爲耟。

【詮釋】

〔1〕大田，沃土。既，其；種 zhǒng，選種；戒 jiè，齊備；乃，其；又同飭 chì，整修農具備耕。通茲 zi，耕耘。覃、剡耜 yǎn，銳利；梠耜 sì，犁頭。俶載，《箋》俶載，燎茲反草返田爲綠肥。如《傳疏》剛開墾要休整，本文顧及下文播種從王肅注：俶 chù，始；載，事。庭，挺，挺直。不，語詞；若 ruò，和善貌。

韻部：戒事梠（耜）畝，之部；碩若，鐸部。

〔2〕方通房 fáng，剛生穀粒粟皮。皁皀通草 zǎo，草斗，穀殼結成，穀實剛結成的狀態，籽粒灌漿而尚未堅實。不，無；稂莨，莨莠 lángyǒu，連語，

有籽無米的穀子，荒年可採食。堅，籽粒堅實；好，飽滿。螣 tè 通螣 tè。螟 míng，Chuoinfuscateuus 食穀心的害蟲；螣 tè，中華稻蝗 Oxya Chinensis 食苗葉的害蟲；賊 zéi，蚜蚧、粘蟲 Leucapis Separata，食禾節的害蟲；蟊 máo，蟊螻蛄 gryuotacpa unispida，吃苗根的害蟲。無，勿；《韓詩》：稺，（稚），幼禾。神，顯神靈；秉，抓住；《韓》卜，報；用火滅蝗蟲、螻蛄等害蟲，火焰誘殺，這是古代滅害蟲遺法：夜中設火，火邊掘坑，且焚且埋。

韻部：阜好莠，幽部；螣賊，職部；稺，脂部；火，微部。脂、微合韻。

〔3〕有渰，渰黤黭弇音義同，案：弇弇 yǎn yǎn，雨雲密佈貌。萋萋、淒淒 qī，雨雲行貌。興雲，興雨雲；祈祈，本作祁祁 qíqí，徐徐。雨 yù，下雨，引雨水，雨水先灌溉公田，公田收入歸貴族；遂及，於是也遍流經私田。斂 liǎn，收穫；笘積通穧，積禾；穧穧 zì，收割後的禾把。遺秉 bǐng，遺失的禾把。穗 suì 穟，滯穟，遺棄的穀穗。伊，繄 yī，是，鰥寡孤苦之人所得。紀曉嵐《閱微堂筆記》：中國古風，憐憫鰥寡孤苦之人。田中所遺禾把穀穗都留與他們。此章宣揚人道主義，古風歌頌的則比口耳相傳的猶太教《塔木德》所教的不要檢田中遺禾，「不要再去檢，那些東西該屬於陌生人、失去父親的人和寡婦」早出 1335 年。

韻部：淒（萋）祈（祁）私稺（稺穉）穧（積屬錫部，笘屬魚部）穗利，脂部。

〔4〕來止，勞勑此地，慰勞。以，與。饁 yè，饋送。田畯，農業監督官；至，到；喜，饎 chī，酒食。《傳疏》：來，古字，語詞也。《饒宗頤新出土文獻論證》：來，速；方，四方；禋祀 yīnsì，禋祀四方神祈服。以，用；騂 xīng，〔赤〕牛。黑，純黑豬羊。與，加以；黍稷作爲祭品。享祀，獻祭。介通匃，祈求；景，大。

韻部：來（勑徠）子畝喜（饎）祀，之部；黑稷福，職部。

【評論】

《管・揆度》：「一農不耕，民有爲之饑者。」《詩論》簡 25：「《大田》，《大田》之裒（卒）章，暂（智）言而又豊（有禮）。」宋・謝枋得《詩經注疏》：「稺有不穫，穧有不斂，秉有遺，穗有滯，此樂歲粒未狼戾（狼藉）之時運，農夫何見，而乃能留有餘不盡之利以養鰥寡：此上好仁而下好義也。」《續〈讀詩記〉》「《甫田》言省耕，《大田》言省斂也。」元・劉瑾《詩傳通

釋》：「一章言田事修飾，而苗生盛美也；二章言苗既秀實而願其無損也；三章復願其雨澤溥及而收有餘也；卒章言其收穫之後而報祀獲福也。」段玉裁：「詩人體物之工於僅此二句可見，『有渰淒淒』，言雲而風在其中。『興雲祁祁』，言雲而雨在其中。」《原始》11「事從只遺穗說起……，事極瑣碎，情極閒談，詩偏盡情曲繪，刻摹無遺，娓娓不倦。無非爲多稼一語設色生光，所謂愈談愈奇，愈閑愈妙！蓋於烘託法耳。」案：親睹眾民忙播百穀，周成王內心和善意順，而農作物長勢良好，由於火焚害蟲，豐收在收，公田、私田都得到灌溉，傳承了哀憫孤寡的人道主義精神優良傳統，《堯典》：「平章百姓，百姓昭明，協和萬邦。黎民於變時雍。」《大禹謨》：「好生之德，洽於民心。」《五子之歌》「民可近，不可下，民惟邦本，本固邦寧。」

瞻彼洛矣

瞻彼洛矣，維水泱泱〔洋洋〕。	看那陝西北洛河啊，洛水深深廣廣。
君子至止，	國王蒞臨此地，
福祿如茨〔穧〕。	福祿如積，
韎韐〔合〕有奭〔奭奭赩〕，	蒨蒨艷麗，蔽膝赩赩穿在身！
以作六師。〔1〕	以奮起六軍雄師。
瞻彼洛矣，維水泱泱。	看那陝西北洛河，洛水深深廣廣。
君子至止，	國王蒞臨此地，
鞞〔鞞琫〕琫〔鞸〕有珌〔珌〕。	刀鞘有琫有珌，
「君子萬年，	「國王萬歲，
保其家室！」〔2〕	保衛好家國！」
瞻彼洛矣，維水泱泱。	看那陝西北洛河，洛水深深廣廣。
「君子至止，	國王蒞臨此地，
福祿既同！」	福祿都會合，吉祥！
「君子萬年，	國王萬歲，
保其家邦！」〔3〕	保衛好國邦！

《漢石經》下接《湛露》。

【詩旨】

案：據《今本竹書紀年》《墨·明鬼下》，這是諸侯們在東都洛陽朝覲並

頌美周宣王、國王議軍時的祝颺歌。《竹書集證》繫於前 770 年。朱熹《詩集傳》：「此天子會諸侯於東都（雒邑）以講武事，而諸侯美天子之詩，言天子至此洛水之上，禦戎服而起六師也。」以下三首，《編年史》繫於前 819 年。

　　《毛序》：「《瞻彼洛矣》，刺幽王也。思古明王，能爵命諸侯，賞善罰惡焉。」《詩補傳》、《詩總聞》、《毛詩講義》都以爲周王東都講武。

【校勘】

　　〔1〕《唐石經》泱泱，《魯》《大招》洋洋。《毛》茨，《說文》穧，茨通穧。《毛》韐，《士喪禮》注：古韐作合。案：當作奭，古字作**奭**，詳《說文》，《單疏》《唐石經》奭，《漢石經》《毛》奭，《魏石經》《說文新附》奭，通作奭，《魯》《白虎通義‧爵》《說文》《廣雅》《字林》《玉篇》《蜀都賦》《魏都賦》注引《傳》韨，《玉篇》《集韻》作奭 shì，或體字，奭同韨，作奭奭韨是避漢元帝諱。

　　〔2〕《單疏》《唐石經》鞞琫有珌，《釋文》鞞又作琕，《白文》鞸《字林》琕，《說文》無琕，《釋名》鞞琕同，當依《說文》《釋名》作鞞琫，《公劉》「鞞琫」。《釋文》琫，字又作鞛。作鞛，誤。鞞琫有珌，實爲鞞有琫珌，當作琫。《集注》《定本》《單疏》珌，《釋文》珌，字又作琿，本字作珌，宋《考古圖》作琫珌。

　　〔3〕《毛》泱，《魯》《大招注》洋，泱洋聲近義同。

【詮釋】

　　〔1〕作爲中興之主，周宣王巡視督察於洛水，北防玁狁。洛 luò，北洛河，源於陝西省定邊縣，東南至大荔入渭。泱泱 yāngyāng，深廣貌。泱與二、三章遙韻。君子，周王；至此，來此。茅蒐，茜草，茅蒐急讀爲靺，用茜草染韋，韐（韐）gé，赤黃色祭服韋韠 bì，皮製蔽膝，又是武士服。茨 cí 穧 zī 同爲脂部從母，茨通穧 zī，穧。案：靺 mèi 韐 gé，廣義的雙聲詞，用茜草染牛皮革成赤黃色（蔽膝），許嘉璐校、孫詒讓《十三經校勘記》今齊人名蒨爲靺，蒨蒨 qiànqiàn，靺靺 mèimèi，媚媚 mèimèi 明麗，韐，禮服；有奭（奭），奭奭 shìshì（古）影鐸；韨韨 xì（古）曉職影、曉鄰紐，奭奭 shìshì 韨韨 xìxì 赫赫 hèhè，火紅貌。國王、將士穿軍服。作，奮起，振作，整頓；六師，此處爲協韻，六軍，75000 人。

　　韻部：矣止，之部。泱，陽部。與二、三章遙韻。茨（穧），脂部；奭，鐸部（韨，職部），師，脂部。脂、鐸通韻，脂、職通韻。

〔2〕鞞，刀鞘；鞞琫有珌，案：實爲鞞有琫珌，用精美的金子（鏐）、純美的銀子（鐐）與玉飾裝飾刀鞘，即鞞有琫、鞞有珌，琫 běng，刀鞘上端的玉飾；珌 bì，刀鞘下端有文采的玉飾，容刀刀飾，顯示周王身份。案：以下祝嘏之詞。家室，家國。

韻部：矣止，之部；泱，陽部；珌室，質部。

〔3〕既，盡；同，聚。泱泱、洋洋，水勢浩大。

韻部：矣止，之部；泱（洋），陽部；同邦，東部。

【評論】

案：關於周宣王洛陽會諸侯，古籍多有記載，如《竹書紀年集證》36，「周平王元年，王東涉洛邑」，《續〈讀詩記〉》2「此詩似思宣王也」。《旁訓》引郝云：「首兩句，淒然有河山今昔之感，刺幽無疑也。保家室，諷太子、申后。保家邦，知西周將亡。以下四篇，思古情迫，言畢而旨悴矣。」《詩所》5：「東都既成，朝會諸侯，因而講武事之詩也。蓋自文〔王姬昌〕、武〔王姬發〕既沒，周〔公姬旦〕、召〔公姬奭〕輔政，皆不敢忘武事。」《原始》11「〔一章〕追敘方春始種一層。〔二章〕順敘夏耘除害一層。〔三章〕秋成收穫一層。描摹多稼，純以旁面烘託，閒情別致，令人想見田家樂趣，有畫圖所不能到者。」

裳裳者華

裳裳〔常棠棠〕者華〔芌〕，其葉〔茡葉〕湑兮。	棠棣花開豔豔，葉兒湑湑然。
我覯之子，	我見此子滿喜歡，
我心寫兮。	我心愜意好舒坦，
我心寫兮，	我心愜意好舒坦，
是以有譽處兮。〔1〕	因此好處兩相歡！
裳裳〔常〕者華，芸〔蒕〕其黃矣。	棠棣花開堂堂，紛紜好風光。
我覯之子，	我見此子滿喜歡，
維〔惟〕其有章矣。	惟其功德已昭彰，
維〔惟〕其有章矣，	惟其功德已昭彰，
是以有慶矣。〔2〕	因此國王有慶賞！

裳裳〔常〕者華，　　　　　　棠棣開花景色豔，
或黃或白。　　　　　　　　　黃花白花次第開。
我覯之子，　　　　　　　　　我見此子眞豪邁，
乘其四駱。　　　　　　　　　黑鬣白馬駕車來，
乘其四駱，　　　　　　　　　黑鬣白馬駕車來，
六轡沃若。〔3〕　　　　　　　轡繩調適好自在！

左之左〔右〕之，　　　　　　輔佐輔助能盡職，
君子宜〔宜〕之；　　　　　　國王辦事無所不宜。
右之右〔左〕之，　　　　　　佑助輔弼能盡責，
君子有之。　　　　　　　　　國王善之能承繼。
維〔惟唯〕其有之，　　　　　唯其善之能承繼，
是以似之。〔4〕　　　　　　　宏圖大業能承嗣。

《漢石經》下接《蓼蕭》。

【詩旨】

　　案：《瞻彼洛矣》在朝覲時諸侯頌美周王，《裳裳者華》則是周王見諸侯功德昭而愉悅，以爲有福慶，見國王車馬威儀，觀國王德才兼備無所不宜而加以頌美，這是對一位尙有才幹、平易近人而可以相處的國王的讚歌。朱熹《詩集傳》「此天子美諸侯之辭。」李光地《詩所》同。《後箋》所云「喻功臣之美盛。」繫於前819年。

　　《詩論》簡9「《棠棠者芋（棠即棠，上古音芋、華同在魚部，芋讀如華，）》則。」

　　〔魯說〕《孔叢子‧記義》孔子曰：「於《裳裳者華》。見古之賢者世保其祿也。」

　　《毛序》：「《裳裳者華》，刺幽王也。古之仕者世祿，小人在位，則讒諂並進，棄賢者之類，絕功臣之世焉。」《集解》「此但言賢者之昌盛如此。《小序》鑿矣。」

【校勘】

　　〔1〕案：《詩論》簡9作《棠棠者芋》芋華疊韻通借。《詩傳》《詩說》《魯》《韓》《廣雅‧釋訓》宋‧董逌《廣川詩故》《考文》裳作常，《說文》：常或作裳，常常、裳裳、堂堂、闛闛，重言摹狀字。《毛》裳，因《毛》訓盛，有人引《說文》闛闛，盛貌，竊以爲不宜由《毛傳》逆推，固然常、裳古今字，

然而主詞是華，第三章又有「或黃或白」，當從《三家詩》作常，裳通常，常通棠，此例甚多，《采薇》「常棣之花」，《漢·杜鄴傳》《左傳·昭1》《御覽》棠棣，《詩論》《棠棠者苹》，棠異體，苹華同在魚部，喉音匣曉鄰紐，故苹通華。《文心·物色》《廣川詩故》均以爲常棣（棠棣），董迺作棠棣。《唐石經》茱，《單疏》葉，避唐廟諱。

〔2〕《毛》維，《魯》《新序·雜事一》唯。《毛》芸，《說文》䕔，音義同。

〔3〕《毛》維，《魯》《左傳·襄3》惟，《新序·雜事一》唯，維惟唯古通。

〔4〕《說苑·修文》《毛》同。《韓詩外傳》7《北史·長孫紹遠傳》「左之右之，君子宜之。右之左之，君子有之」，《說苑校證》：「似經文當作『左之右之，君子宜之』，於義爲長。」左作右，右作左。《毛》維，《魯》《新序·雜事一》《中說·魏相》唯，《左傳·襄3》惟，維讀唯。

【詮釋】

〔1〕案：一章抒寫周王見到功德昭彰的諸侯而歡愜快意。常常、裳裳、堂堂，煌煌，花繁而豔。《文心·物色》：「至如《雅》詠棠華，或黃或白」，南朝·梁·劉勰所見已是「棠棣」之「華」。華，花。湑，湑湑 xǔxǔ，茂盛貌。《後箋》：「裳裳者華」當喻功臣之美盛，「湑兮」之葉當喻世類之繁昌。覯，見；之子，賢者子孫子。寫 xiě，愜 qiè，寫通愜，快意。《單疏》：寫，除（憂除）。《魯》《釋詁上》：豫，樂。蘇轍：譽豫通。《新證》譽通與，與處，好相處。

韻部：華湑寫寫處，魚部。

〔2〕案：二章寫周王激賞諸侯功德彰著而加以慶賞。芸通䕔，芸其，芸芸、䕔䕔 yúnyún，花盛貌。黃，黃色花朵，唐·李商隱《寄羅劭興》：「棠棣黃花發，忘憂碧葉齊。」維通唯，維其，惟其；章，彰，功德著名，《述聞》《左傳》：「故使子孫無忘其章！」元·朱公遷《詩傳疏義》訓爲文章粲然。慶 qìng，賞賜。一說福慶。

韻部：黃章章慶，陽部。

〔3〕或，有的；棠棣花有紅、黃、白色，唐·元稹《村花晚》：「三春已暮桃李傷，棠梨花白蔓青黃。」駱 luò，黑鬣黑尾的白馬。案：沃若，沃沃然，六根馬韁繩調適調柔得心應手，言駕馭有法，車馬威儀之盛。《新證》：似，怡，言是以樂之也。

韻部：白駱駱若，鐸部。

〔4〕案：此章承二、三章申說「我覯之子，我心寫矣」，故《毛傳》訓爲「左，陽道，朝祀之事；右，陰道，喪戎之事」。牽強。左通佐，右通佑（助，弼），《田間詩學》：「謂左輔右弼」。《通釋》、屈氏《詮釋》同。宜 yì，《魯》《釋詁》：「宜，事也」即宜其事。君子，明王英主。維讀唯，唯有。《魯傳》《說苑·修文》：「君子者無所不宜。」有 yǒu，善，《東周策》：「齊重故有周」，《車攻》：「有聞無聲。」有，善有德，似通嗣 sì，繼承。《新證》：似，怡，言是以樂之也。

韻部：左（佐）宜，歌部；右（佑）有似，之部；歌之通韻。

【評論】

《魯傳》《荀·不苟》：「《詩》曰：『左之左之，君子宜之；右之右之，君子有之。』此言君子能以義屈信（伸）、變應故也。」《孔叢子·記義》引孔子云：「於《裳裳者華》，見古之賢者世保其祿也。」《說苑·修文》：「故仁足以懷百姓，勇足以安危國，信足以結諸侯，強足以拒患難，威足以率三軍。故曰爲左亦宜，爲右亦宜，爲君子無不宜者。此之謂也。」宋·張載《張子全書·樂器篇》：「《蓼蕭》《裳華》，『有譽處兮』，皆謂君以接己溫厚，則下情得申，讒毀不入，而美名可保也。」《詩誦》：「以四『兮』字、四『矣』字、六『之』字爲章法。而第三章獨不用一虛字，似有意，似無意，格調入妙。」

桑扈

交交桑扈〔雇鳸〕，有鶯〔鸎〕其羽。	桑鳸飛來飛往，其羽鶯鶯有斑文。
君子樂胥，	君子相樂是眞樂，
受天之祜〔祐〕。〔1〕	承天大福羨煞人！
交交桑扈，有鶯〔鸎〕其領。	桑鳸飛來飛往，頸項鶯鶯有斑文。
君子樂胥，	周王英主多愉樂，
萬邦之屏。〔2〕	萬國諸侯好藩屏。
之屏之翰，	這是屏衛，這是輔翼，
百辟爲憲。	諸侯們效法眾羨慕。
不戢不難〔戁儺〕，	和諧敬愼人人誇，
受〔求〕福不那〔邦那儺竆〕。〔3〕	愼謹言行受福多。

兕觥〔觵〕其觩〔觓觓〕，　　　兕觵角杯溜彎彎，
旨〔言〕酒思柔。　　　　　　　美酒綿柔飲得歡，
彼〔匪〕交〔徼姣〕匪敖〔傲〕，　不相傲訐，不傲慢，
萬福來求〔逑〕。〔4〕　　　　　萬福是聚豈平凡！

【詩旨】

案：據朱鶴齡《通義》繫於周宣王時，尹吉甫，大約是詩人稱美作爲國家屏衛的國家重臣的諸侯或大臣或君子的詩，後來成爲周王宴請諸侯或棟樑之臣時的樂歌。繫於前 819 年。

《毛序》：「《桑扈》，刺幽王也。君臣上下動無禮文焉。」《詩總聞》：「當是諸侯來朝，而歸國餞送之際，美、戒兼同。」《詩集傳》：「此亦天子燕諸侯之詩」。

【校勘】

〔1〕《單疏》佼佼。案：本字作雇，扈讀如雇，《毛》扈，《說文》雇，《魯》《釋鳥》鳸。《單疏》《白帖》94、《詩義疏》作鶯，《射雉賦》注引、《白帖》95 鷪，鶯即鷪。案：本字作祜，《單疏》《唐石經》祜，《箋》易爲祐，祜 hù 與鳸（扈）羽胥叶韻，祐 yòu 不協韻，避漢安帝諱。《魯傳》《新書·禮》祜，其實其下「祜，大福也」，正作祜，《箋》誤。案：鄭玄處桓、靈之世，避漢安帝諱。

〔3〕《毛》難，《毛詩音》：難儺古今字，《三家》《說文》戁，難通戁。904 年抄《玉篇》引《毛》痑，即喪。《毛》、王安石《詩義》那，《西峽頌》那，《漢石經校記》郍，《唐石經》那那，同。《顏氏家訓·書證》《說文》「求福不儺」。那儺古音同。

〔4〕本字作觵觓，《毛》觥觩，《說文》觵觓。《三家》《穀梁傳》宋本葉抄朱抄觓，《釋文》觩，本或作觓。《毛》旨，《漢石經》《唐石經》言，同。《毛》彼交匪敖，《廣雅》姣，《左傳·成 14》彼交匪傲，《左傳·襄 27》匪交匪敖，敖讀如傲，《魯》《中說·立命》《左傳·成 14》傲，《齊》《漢·五行志》：匪徼匪傲。彼通匪。絞交徼姣音義同，敖古字。《毛》求，《說文》逑。

【詮釋】

〔1〕佼佼，飛往來貌。正呼應「有鶯其羽」的鶯鶯然。桑鳸，見《小宛》注。案：樂胥，連語，喜，蔡邕《述行賦》：「言旋言復，我心胥兮，」又《新書·禮》胥，相也。則此處爲叶韻，本爲胥樂，《魯頌·有駜》「於胥樂兮」。

有鶯，鶯鶯，罃罃 yīng yīng，鳥羽毛美貌。胥 xù，相也。《韓奕》：「侯氏燕胥。」受，承受；祜 hù，大福。

韻部：鳥（扈雇）羽胥祜，魚部。

〔2〕領，項頸。之，是；屏，屏障，屏衛；《說文通訓定聲》：翰 hàn，輔翼。

韻部：領，眞部；屏，耕部。眞、耕通韻。

〔3〕三四章戒勉之詞。之，音節助詞；屏，屏衛；不，語詞，下同；翰 hàn，輔翼，榦（幹）gàn，翰通榦（幹），骨幹之臣。難，讀儺，儾儾 nuónuó，行有禮節。百辟，諸侯們；爲，是；憲 xiàn，典範。三「不」字，結構助詞。戢輯溎，和；難讀如戁 nǎn，敬，和和敬敬。《疏》戢，斂；難，愼；不，結構助詞，下同。那 nuó，多。求，受；儺那 nuó，儾儺 nuó nuó，行有節度，都雅，美好。

韻部：翰（榦幹）憲，元部；儺那，歌部。元、歌合韻。

〔4〕觥觥古今字。其觩，觩斛、斛斛 qiúqiú，彎彎。兕牛角做的罰爵。旨，美；思，語詞；柔，綿柔。彼通匪，非；交姣，侮慢，又傲 jiǎo，傲訐（jiǎo jiè，攻擊他人短處，揭發別人隱私）；敖，傲古今字。不姣不傲，《周頌‧絲衣》：「兕觥其觩，旨酒思柔，不吳不敖，胡考之休。」《詩童子問》「『彼交匪敖』，亦有戒意。」來，是；求通逑 qiú，聚。《堯典》「方鳩（《說文》逑）僝功」。

韻部：斛（觩）柔求，幽部；敖（傲），宵部。幽、宵通韻。

【評論】

《漢‧五行志》引『匪傲匪傲』應劭注：「言在位者不傲訐，不倨傲也。」《詩經疑問》：「諸侯來朝於京師，是下交於上，故以『交交桑扈』興『君子樂胥』，『受天之祜』泛泛說，所以受祜處，全在『屏翰』上，故次云：『萬邦之屏』。三章因就屏翰之可爲憲處，頌其受福之不那，四章又本其交之『匪敖』者，頌其福不求而自至。總之則所謂『受天之祜』也。『君子樂胥，受天之祜』是始辭，『彼求匪敖，萬福來求』，是始辭。」《詩誦》3：「『熠燿其羽』，以螢光擬鶯羽之光明。『有鶯其羽』，以鶯色擬扈羽之文采，詩人體物之工如此。」《原始》12，「然頌禱中寓箴規意，非上世君臣交儆，未易有此和平莊雅之音。……〔三章〕頌不忘規，可作兕觥銘。」

鴛 鴦

鴛鴦于飛，畢〔罼〕之羅之，	愛情鳥，鴛鴦將飛了，被大大的情網網住了，
君子萬年， 福祿宜〔宜〕之。〔1〕	有道德的國王壽萬歲， 福祿就這樣安享了！
鴛鴦在梁，戢〔捷揵插〕其左翼。	愛情鳥，鴛鴦在魚梁，尖尖喙插進左翅膀。
君子萬年， 宜〔宜〕其遐福。〔2〕	有道德的國王壽萬歲， 又遠又廣的福安他久長！
乘馬在廄〔廐〕，摧〔莝秿剉〕之秣〔末餗〕之。	駿馬休憩在馬舍，青草穀物，把馬喂好。
	〔好拉大車迎娶心上人哪！〕
君子萬年， 福祿艾〔刈乂〕之。〔3〕	有道德的國王萬歲， 福祿相助，保佑他倆永締情好！
乘馬在廄〔廐〕，秣〔末餗〕之摧〔莝剉挫秿〕之。	駿馬在馬房，斬青草用穀物養得膘肥肉壯。
	〔好拉大車，迎娶心愛的姑娘！〕
君子萬年， 福祿綏之。〔4〕	有道德的國王萬歲， 福祿相安，保佑愛情地久天長！

【詩旨】

案：大約是周王或諸侯結婚時的祝福歌。《編年史》繫於前 782 年。

《毛序》：「《鴛鴦》，刺幽王也。思古明王，交於萬物有道，自奉養有節焉。」序、經不相契合。朱熹：「此諸侯答《桑扈》也。亦頌禱之詞也。」鄒肇敏《詩傳》說是詠成王新婚。《通論》《原始》說是幽王初婚。屈萬里《詮釋》：頌禱天子之詩。

【校勘】

〔2〕案：本字作罼 bì，《單疏》畢 bì，《魯》《呂覽·季春》注、《月令章句》罼 bì，《慧琳音義》98 引《毛》罼，畢通罼。《毛》戢，《韓》訓爲捷，戢通捷。《釋文》：捷，本作插。《玉海》載《詩釋文》引《韓》揵其噣。

〔3〕案：本字作廄，《毛》《詩集傳》廐，《三家》《周禮》《說文》《漢石經》、《唐石經》廄，古字。《毛》摧，《說文》《詩考》引《韓》莝，《眾經音義》13《說文繫傳》剉，《白帖》96 兩引作挫、秅，摧古字，後人增益剉字，唐人又孳乳作挫、秅。《毛》秣，《說文繫傳》末，《說文》餗，末秣通餗。艾刈讀如乂。

【詮釋】

〔1〕鴛鴦 Aix galericalata，匹鳥；於，欲詞。古以畢羅網掩飛鳥。案：畢通罼 bì，古代田獵用的長柄網。畢羅，連語，用網網住，比喻這一對愛情鳥從此偕老百年。君子，有道德的男小夥，有道德男子。宜 yí，安享。《呂覽·當賞》：「主之賞罰爵祿所加者宜。」

韻部：羅宜，歌部。

〔2〕梁，魚梁，用石障水，中空，以捕魚。《韓說》：戢 jí，捷（插）其口蜀於左也。鳥休息時將喙斂插左翅膀。遐，大，遠。

韻部：翼福，職部。

〔3〕案：三章四章狀寫周代養馬業、馴馬業發達，早在商代相土時馴馬已有相當水準。用於軍事、運輸業、農業。乘馬，四馬。廄廄 jiù，牲口棚。摧，莝剉 cuò，斬草喂馬；秣末通餗 mò，用穀物喂馬。艾刈乂 yì，相，輔助。一說護養。

韻部：秣（末餗）艾（乂刈），月部。

〔4〕綏 suī，安享。

韻部：廄，幽部；摧綏，微部。幽、微合韻。

【評論】

宋·輔廣認為是下禱上之詞。歐陽修：「二章其下文皆云『君子萬年』，是其在梁與畢羅。詩人本不取其驚與不驚也。」（《四庫》，經 72/699）《續〈讀詩記〉》2「思古明王不暴殄萬物，出入無度也。『鴛鴦於飛』，始設畢羅。鴛鴦既止，戢翼自如。此聖人弋不射宿之意也。『乘馬在廄』，摧秣自適，畋遊簡省，此古人卻走馬之意也。其仁儉若此，宜乎福祿之盛也。」《原始》12 於二章眉批：「細膩如畫。」《會歸》頁 1436，「此蓋詩人見幽王不能順物性而為張弛，取物以時而不盡；又不能儉獸飼以愛國用，自奉以儉而不侈；故陳明王交萬物張弛有道，自奉養豐儉有節，述古以刺之，此詩之所為作也。……篇幅嚴整，而興義深微，刺詩中之創格也。」

頍　弁

有頍〔規〕者弁〔舁〕！實〔寔〕維伊〔緊〕何？	規規正正戴鹿皮冠，是爲何爲？
爾酒既旨〔言〕，	是啊！您的酒眞美，
爾殽〔肴〕既嘉。	您的菜眞香。
豈伊異人？	都是兄弟，難道是外人麼？
兄弟匪他！	兄弟非他人，裸裎心房何妨？
蔦〔槝葛〕與女蘿〔羅〕，施與松柏。	宛童木與松蘿，蔓延在蒼松翠柏上。
未見君子，	我未見您啊，
憂心弈弈〔奕〕。	憂心很大很大；
既見君子，	如今見國王，
庶幾說懌〔悅繹〕。〔1〕	幾乎喜開心花！
有頍〔規〕者弁〔舁〕，實〔寔〕維何期〔其〕？	規規正正地戴鹿皮冠，打扮要去何家？
爾酒既旨〔言〕，	是啊！您的酒眞美，
爾殽〔肴〕既時〔是〕。	您的菜鮮美。
豈伊異人？	難道是外人麼？
兄弟具來。	同宗兄弟相偕從，
蔦〔槝葛〕與女蘿，施于松上。	宛童木與松蘿，在蒼松之上蔓延。
未見君子，	未見著國王，
憂心怲怲，	我憂心滿滿；
既見君子，	今兒見著國王，
庶幾有臧！〔2〕	庶幾國王全向善！
有頍〔規〕者弁〔舁〕，實〔寔〕維在首；	規規正正地戴著鹿皮冠，戴在頭上；
爾酒既旨〔言〕，	是啊！您的酒眞美，
爾殽〔肴〕既阜。	您的菜眞香。
豈伊異人？	難道這是外人麼？
兄弟甥舅。	同宗兄弟女婿岳丈。
如彼雨雪，先集維〔惟〕霰〔霄霙霓〕。	譬喻那雨雪，米雪融化全不見。
死喪無日，	死亡沒多少天了，
無幾相見。	無機會再聚歡。
樂酒今夕〔昔〕，	今宵難忘且暢歡，
君子維宴。〔3〕	國王設了此宴。

【詩旨】

案：詩人大約是一位清醒、鄭重的政治家，抒寫了在赴國王的筵席時抒發相見的悅懌之情與生當亂世的憂慮悲愴。《編年史》繫於前 772 年。

《毛序》：「《頍弁》，諸公刺幽王也。暴戾（虐）無親，不能燕（《唐石經》作宴）樂同姓，親睦九族，孤危將亡，故作是詩也。」王質、朱熹等認爲王者宴兄弟親眷。陳廷傑《詩序解》：「此詩寫王者燕兄弟親戚，其情頗相通。而優柔紆舒，甚有悲涼之慨。非涵泳浸漬，何能得其音哉？」《會歸》頁 1441「此蓋王族中人以幽王遠同姓而宴不成歡，政暴而棄族，孤危而將亡，即宴興感，述其感傷憂亡之情，諷以睦族善政之望，此詩之所爲作也。」

【校勘】

〔1〕《毛》頍，《詩傳》《詩說》𦥑。《毛》實，《箋》訓是，則當爲寔，實通寔，《箋》：「言幽王服是皮弁之冠，是爲何爲乎？」《毛》殽，《短歌行》注、《御覽》514 肴，同。《單疏》《唐石經》《五經文字》蔦、蘿，又作槗，《贈劉琨並書》注引作蔦、羅，《說文》《費鳳別碑》槗，《文選註》25、《呂覽·精通》高注引作葛，蔦字之訛，槗別體。《毛》蘿，《魯》《九歌注》羅，一作蘿，羅通蘿。《唐石經》弈弈，《釋文》奕奕，弈奕古通。案：本字作繹，《單疏》悅懌，《唐石經》說懌，《魯》《九辯注》作繹，《雪賦》注引作釋，《說文新附》懌，《釋文》說音悅，懌本又作繹，案：說悅古今字，古有繹無懌，繹古字，繹釋讀如懌。

〔2〕案：本字作其，疑問語氣詞「其」。《釋文》期，本亦作其，音基。與一章文例同。《箋》期，《考父》斯，期斯讀如其。《毛》時，《毛詩音》：時即是。

〔3〕《單疏》《唐石經》《齊》《大戴禮記》5《說文繫傳》霰，《毛》維，《雪賦》注引《韓》惟、霰，《宋書·符瑞志》《御覽》12 引《韓》霙，《魯》《釋天》《爾雅》郭注小字本、十行本、宋本作霓，《釋文》字又作霓，舊本又作霓，霓是霓字之訛。案：霰霄霓同爲心母，霙爲影母，字異義同。《毛》夕，《魯》《大招注》昔，昔夕通。

【詮釋】

〔1〕賦而興。案：有頍，頍頍 kuǐkuǐ，頍通規 guī，規規正正地戴冠貌。朱熹《詩集傳》：「或曰舉首貌。」弁 biàn，鹿皮冠，古冠的大號。實，寔，

是；維，爲；伊，繄，是。旨，美味。殽，肴，菜。豈，難道；伊，繄，是，一訓有，或訓是；異人，外人。匪，非；他，外人。案：蔦橋 niǎo，（Ipomoea quamoclit）蔦蘿，旋花科，觀賞花，子赤黑甜美、花白實赤，枝莖入藥；案：下句爲「施于松柏」，則當如《廣雅》訓爲松蘿。菟絲黃赤，松蘿，松蘿屬（Usnea），地衣門，可提取松蘿酸等抗生素，作袪痰劑，治潰瘍、炎腫、頭瘡、寒熱。蔦和女蘿，兩種寄生植物，此處比作同別人的親戚關係，自謙之詞。君子，國王。朱熹：君子，兄弟爲賓者。弈弈、奕奕 yìyì，大。庶幾，差不多；說繹，連語，喜悅，說，悅；繹釋讀如懌，悅。

韻部：何嘉他蘿，歌部；柏奕（弈）懌（繹釋），鐸部。

〔2〕期，其 jī，疑問語氣詞，《箋》伊期，猶伊何也。時（時），鮮美。具，俱。怲怲 bǐngbǐng，憂盛貌。臧 zāng，善。

韻部：期（其）時來，之部；上怲臧，陽部。

〔3〕阜 fú，多。甥舅，《魯說》《孟子趙注》古稱丈人爲外舅，丈人稱婿爲甥，又稱姊妹之子爲甥，母親兄弟爲舅，代指至親親眷。如，譬喻；雨，下。集，下；維，惟，只有；霰、霓 xiàn 霄 xiāo 霙 yīng，米雪。死喪，連語，死；無日，無多日。無幾，無機會。《魯傳》《大招注》：「昔，夜也。」夕昔通。維通爲，舉行。一說維，助詞；宴，設宴。

韻部：首阜舅，幽部；霰（霓）見宴，元部。

【評論】

《詩緝》：「上二章言族人以未見王爲憂，既見王爲喜，其辭猶緩也。末章言國亡無日，族人縱得見王，其能幾乎？當急與族人飲酒相樂於今夕，蓋王今維宜宴而已。言『今夕』，謂未保明日之存亡；言『維宴』，謂天下之事已無可爲，惟須飲耳。其辭甚迫矣，豈眞望王宴樂之哉！」明・姚舜牧《詩經疑問》：此情意極款洽也。大約正因此，無論兄弟，無論翁婿，無論同宗，無論友朋。《詩誦》3：「此篇每章十二句，每六句換韻，韻法之極平正者。……作此詩者，其貴戚之卿乎？不敢言又不忍去，激而出此，哀哉！」

車舝〔轄〕

〔詩鳴天籟，歌發激情，我鍾情於您，
我愛您，愛到心醉，心花怒放，
在最愜意的辰光，請聽我的詩章〕

間關車之舝〔轄鎋鎋〕兮，　　　間間關關迎親車輪響，迎娶美嬌娘啊，
思孌〔戀〕季女，逝兮！　　　　我戀戀那位三姑娘，今日往啊，
匪飢匪渴，　　　　　　　　　　那饑那渴，迎您走進婚姻殿堂，
德音來括〔佸〕。　　　　　　　您不僅是韶華靚媚，遠近聞名的美嬌娘，
　　　　　　　　　　　　　　　您的懿德聞名八方，上得廳堂，下得田莊，
　　　　　　　　　　　　　　　愛慕您的名望，迎娶姑娘！

雖無好友，　　　　　　　　　　雖說沒有太多的貴賓良朋，
式燕且喜。〔1〕　　　　　　　　喝喜酒，既安樂又歡暢。

依彼平林，有集維鷮。　　　　　那郁郁叢林，棲息著長尾山鷮，
辰〔展〕彼碩女，　　　　　　　善良的那姑娘身材高，
令德來教。　　　　　　　　　　您美好的德行我仿傚。
　　　　　　　　　　　　　　〔您不僅能洗手作羹湯，設宴作廚娘，
　　　　　　　　　　　　　　　而且是我堅實的臂膀，眾鄉親都說是黃金搭擋。〕

式燕且譽，　　　　　　　　　　喜筵宴飲又歡娛，
好爾無射〔斁厭〕。〔2〕　　　　我愛您無厭，百年偕好！執子之手，鳳麟呈祥！

雖無旨〔言〕酒，　　　　　　　雖說沒有美酒，
式飲庶幾。　　　　　　　　　　當飲幾杯。
雖無嘉殽〔肴〕，　　　　　　　雖說沒有嘉肴，
式食庶幾。　　　　　　　　　　當嘗其味。
雖無德與女，　　　　　　　　　我雖無厚德相施與，
式歌且舞。〔3〕　　　　　　　　當又歌又舞締此百年好合。

陟彼高岡，析其柞薪；　　　　　升上高岡，劈那柞薪，
析其柞薪，其葉〔萊〕湑兮，　　劈那柞薪，柞葉兒嫩嫩菁菁，
　　　　　　　　　　　　　　〔您不僅青春靚豔，矜持端莊，
　　　　　　　　　　　　　　　而且事事好主張，大仁有大量。〕

鮮我覯〔媾〕爾，　　　　　　　真美氣！我與您婚媾，
我心寫兮。〔4〕　　　　　　　　我心花怒放百憂消光！
　　　　　　　　　　　　　　　共進甜蜜的愛窩，攜手終生！

　　　　　　　　　　　　　　〔您的德行如山高〕

高山仰〔卬〕止〔之〕，　　　　高山仰望才見到山頂，
景行行止〔之〕。　　　　　　　大道廣闊邁步行之，
四牡騑騑，六轡如琴。　　　　　四匹公馬奔馳，馬韁如琴弦任我調之，

〔您不僅淑善靚雅，可以相伴終生，
攜手共同振興咱們的祖邦！〕

靚〔媾〕爾新昏〔昏婚〕， 　與君新婚媾全滿我意，
以慰〔訑愠〕我心。〔5〕 　慰貼了我心無比歡喜。

【詩旨】

案：《車轄》是文人愛情的詩化與極致，與《關雎》相比，《關雎》是王子的愛情詩，《車轄》是士子的愛情詩。怎一個德字了得！您是我的精神摯愛，您是我唯一的女神，愛您天長地久，我駕著馬車娶回您共同走進婚姻的殿堂。這是我在女神面前作孔雀開屏式的獻詩。這是咱們的結婚進行曲。此詩是貴族青年詩人，新郎愜快之作，是洋溢著款款深情的大婚喜劇詩！一位貴族的公子因為能迎娶到有德音的有景行的、年輕而且高大的女子，自以為值得仰慕，並不多見的，因而神采飛逸地放歌。這是他的迎親曲。「高山仰止，景行行止」成千古名言！後來成為周代貴族的迎婚進行曲。《後箋》以為虛擬之詞，誤，如果說《關雎》《大明》寫周文王姬昌相戀太姒，則《車轄》寫士子相戀貴族女兒中有盛德者。《詩說解頤正釋》21「此君子得賢妻而自慶之辭也，其體似《風》。」

《毛序》「《車轄》，大夫刺幽王也。褒姒嫉妒，無道並進，讒巧敗國，德澤不加於民。周人思得賢女以配君子，故作是詩也。」詩中無刺。鑿矣。王質：「此士大夫欲得賢女自慰也。」《詩集傳》14：「此燕樂其新昏之詩」。朱善《解頤》同。元‧劉瑾《詩傳通釋》：「此詩皆言慕悅賢女之意」。

日本‧家井眞《詩經原意研究》頁 109，「從詩中所歌『季女』、『碩女』代表同一女神，第三章中『女』以及第四、五章中『爾』亦都女神看，應當是歌詠與賜予穀物豐收的女神的神婚之詩」。

【校勘】

〔1〕《漢石經》錎，《毛》轄，《左傳‧昭 25》《考文》《五經文字》《御覽》577、917 轄《慧琳音義》轄、轄，又作錎、鎋。（《續修》196/476）《孟子》趙注作鎋。《唐石經》《單疏》變，《說文》有變無戀，《廣雅》戀，變通戀。案：本字作佸，《毛》《答盧諶詩》《辨亡論》注引《韓》括，《說文》《玉篇》佸，括通佸。

〔2〕《唐石經》辰，《魯》《列女傳‧楊夫人傳》展，異本。《毛》碩，《唐石經》初刻作「季」，後刻為「碩」。案：本字作斁，《毛》射，《毛詩音》射即斁，《禮記大傳》《考文》斁，《釋文》同厭，射通斁。

〔3〕《毛》殽同肴。

〔4〕案：《毛》覯，聯繫下章，覯通媾。下同。本字作覿。《單疏》觀，《唐石經》覯，避唐諱。

〔5〕案：正字作之，《毛》仰止，《說文》卬止，《韓詩外傳》7《中論·治學》《列女傳》2宋本《孔子世家》《孟·萬章》仰止、行止，《三家》《晏子春秋·內篇·問下》《表記》《釋文》宋本《史記》補《三王世家》《表記》《箋》《毛詩音》仰之、嚮之，《釋文》仰止，本或作仰之，卬古字，止當作之。」《唐石經》昏，本字，《單疏》《毛詩馬融注》《定本》昬，《齊》《孔子家語·孔子弟子解》婚，昏婚通昬。《單疏》：「遍檢今本皆為慰，安。」《凱風》正作慰，安。《單疏》慰，《釋文》引《韓》愠，《聲類》慰為愠，本字作慰、訰。案：《說文》《玉篇》《廣韻》訰，愠通慰，段玉裁：《毛詩》亦作愠，(《續修》75/233）。

【詮釋】

〔1〕案：一、二章刻畫了意中人的意象美的核心特質，品德美，聲譽美，第二特質修長美，曲線美。顯然這是神聖的愛，超邁於性愛意象。間關，擬聲詞。舝轄古今字 xiá，別作鎋，車軸頭鍵。《單疏》「思得孌然美好齋莊之少女」。思，發語詞，案：思孌 liàn，連語，戀，孌戀古今字，《說文》「孌 liàn，慕也；」孌 luān，孌孌，美好貌，《單疏》：美好齋莊之少女。逝，往。匪，彼，那。來，是；括佸 huó，相會。案：為協韻而倒文，我來迎娶聞名遐邇、聲譽盛傳的好姑娘。燕讌通宴；式，既。

韻部：舝（轄）逝渴佸（括），月部；友喜，之部。月、之通韻。

〔2〕依，依依然，殷殷然，蔭蔽，茂密貌。集，落；維，語詞；鷮 jiāo，善鳴、性勇健的長尾山雉。辰，通展 zhǎn，信，誠信大方。碩，高大，古人審美窈窕美、豐碩美，並不泥於某一種美。《正義》：「思得孌然美好、齋莊之少女。」《單疏》頁256，「喻碩女有貞專之德，碩，大也，言美大之女。」案：令，善；來，是；教，《漢語大詞典》一/1300訓「來教，來相教益。」似誤。《齊說》《白虎通義·教部》：教者，效也。仿傚，《書·洛誥》：「乃汝其悉自教工。」式，既；燕，安，愉；譽 yù，愉，娛，樂。好，愛；爾，汝；射通斁 yì，厭，悅慕無厭，愛戀無止。

韻部：鷮教，宵部；譽，魚部；射（斁厭），鐸部。魚、鐸合韻。

〔3〕案：三章謙詞，薄酒待賓客，歌舞迎新娘，這是中國婚筵的傳統節目。庶幾「德音來教」，男士謙詞，雖無美酒，庶幾，但願，希望嘉賓、親友盡興。旨、嘉，美。式，當。無德，無厚德，謙詞；與 yǔ，施與。

韻部：酒，幽部；殽（肴），宵部。幽、宵通韻。幾幾，脂部；女（汝）舞，魚部。

〔4〕案：四章寫娶新娘的非常愜意。案：原始謎語，新，讀如親，滬博楚竹書有親寫作新，薪，新，隱喻新娘。廣東梅縣客家話稱媳婦爲薪臼，廣東臺山粵語稱新婦爲心舅，新舅。詳《漢語方言大詞典》頁 7202。陟，登。析，劈；柞 zuò（XyLosma.racemosum），大風子科，鑿刺樹，木材堅硬，可做傢具，有刺作薪材。據《說文句讀》新、薪古今字。薪，隱喻新婚。案：湑，湑湑 xǔ xǔ，豐腴潤澤貌。鮮 xiān，善，美；覯通媾 gòu，婚媾媾合。寫 xiě，傾瀉內心的愛。

韻部：岡，陽部；薪，眞部。陽眞合韻。湑寫，魚部。

〔5〕案：五章寫娶到意中人終身幸福的喜悅心情，結穴處突現德行的極高地位，呼應首章。案：止通之，之，有「令德」之女，中國傳統重德。高山仰之，卬仰，仰慕，仰慕女子品德之高如高山在望。景行 háng 行之，仰慕與她偕行大道，賢內助助我行治邦大道。騑騑，奔跑不止貌。如琴，六根馬轡繩調適得如琴音諧暢。覯讀如媾，婚媾，昏昏讀如婚。案：段玉裁云：「《縣》《毛傳》云：『慍，恚也』。《韓詩》『慍，恚也』，與《毛傳》合，此《毛詩》亦作慍，從慰，怨也。後人訛爲慰耳。」（《續修》，經 75/233）王注、《釋文》「慰，怨也」，本或作慰，安也。《毛》馬融：慰，安也。《釋文》引《韓》「慍，恚也」。案：關鍵在訓釋應全盤考慮全文，《說文》：「訰 yuǎn，尉（慰）也。」《玉篇》「訰 yuǎn，慰也。」問題出在三國‧王肅訓慰爲怨恨。晉‧孫毓著《毛詩異同評》，其時四家詩俱在，孫毓云：遍檢今本，皆作「慰，安也。」《爾雅義疏》慍通慰。《齊》《魯》《說文》《玉篇》《廣韻》《正字通》訰，《說文》：「訰 yuǎn，尉也。（《廣韻‧阮韻》：「訰，慰也。」）」案：《馬融毛詩傳》《毛》慰，《韓》慍 Yǔn，訰尉慰慍同爲影母，慍尉慰通訰，訰，安慰，愛心慰藉，滿意。《定本》、《正義》：慰，安。案：末章極寫豔羨深戀之情，襯托愛妻其德至高。「褒姒」說，非。

韻部：卬〔仰〕行，陽部；止止（之之），之部；琴心，侵部。

【評論】

　　《韓詩外傳》7：「比於善者，自進之階。比於惡者，自退之原也。且《詩》不云乎：『高山仰止，景行行止。』吾豈自此君子哉？志慕之而已矣。」《詩傳通釋》：「此詩皆言慕悅賢女之意。」《詩說解頤正釋》21，「此君子得賢妻而自慶之辭也，其體似《風》。」明・錢天錫《詩牖》：「一興令德；二興慰心。」《原始》12，「前後兩章實賦，一往迎，一歸來。二、四兩章皆寫思慕之懷，卻用興體。中間忽易流利之筆，三層反跌作勢，全詩章法皆靈。」案：源自純情摯情，一往情深，非鍾情於女德者不能吟此！此傾心頌女的情詩，斌斌可觀。是古代士大夫婚戀詩中一奇葩。如果試將此詩與後來的古希臘大詩人薩福爲女弟子所寫的《給所愛》相比較，則顯得內涵更豐富，有歌頌，有譬喻，有寫景，繪寫婚宴，有自謙，末章則是開啓中國詩歌節節高，噴迸詩情，繪寫內心慰貼，較薩福只寫四目相對要高明得多。事實上演繹了貴族男女因德行相愛慕的感人至深的愛情故事。弗蘭西斯・培根（Francis Bacon，1561～1626）作爲哲學家、現代實驗科學的始祖，卻說出了詩歌創作的一大訣竅──「詩是學問的一部份」（《學術的推進》）。此詩的哲理性、情理味、音韻美與是詩人的學問淵深無不關係，尤其是末章誠爲不易。

青　蠅

營營〔瑩云〕青蠅〔蟲繩〕，止于樊〔棥蕃藩〕。	嗡嗡蒼蠅鳴，停在籬藩。
豈弟〔愷悌〕君子，	和樂平易的君子，
無〔毋〕信讒〔儳〕言！〔1〕	甭聽那讒毀之言！
營營〔瑩云〕青蠅〔蟲繩〕，止于棘〔棘〕。	嗡嗡蒼蠅鳴，停在荊棘。
讒人〔言〕罔極，	讒毀之言沒完沒了，
交亂四國。〔2〕	離間了諸侯國。
營營〔瑩云〕青蠅〔蟲繩〕，止于榛。	嗡嗡蒼蠅鳴，停在榛樹上。
讒人罔極，	讒毀之言沒休止，
構〔搆〕我二人。〔3〕	離間了你我雙方！

【詩旨】

　　《孔子詩論》《詩序》簡28：「《青蠅（蠅）》智（知）。」案：這是千古以來人民所抨擊的政治問題，商湯《桑林禱雨辭》：「政不節與？民失職與？宮室崇與？婦謁盛與？苞苴行與？讒夫興與？」（《荀・大略》）《詩論》「青蠅：智于（智）」此詩啓示人們，冤案何以產生？政壇何以混亂？外交何以多事，

還不是有人挑撥，唯恐天下不亂！關鍵在於能否識別讒人讒言，讒言謠言止於事實，止於法律，止於智者。《編年史》繫於前 774 年。

〔魯說〕《離世注》：「言讒人若青蠅變轉其語，以善爲惡。」《論衡·言毒》：「《詩》曰：『讒言罔極，交亂四國。』四國猶亂，況一人乎！故君子不畏虎，獨畏讒夫之口。讒夫之口，爲毒大矣！」

〔齊說〕《易林·豫之困》「青蠅集藩，君子信讒。害賢傷忠，患生婦人。」《豐之咸》：「腐臭所在，青蠅集聚；變白爲黑，敗亂邦國；君爲臣逐，失其寵祿。」

《毛序》：「《青蠅》，大夫刺幽王也」。《詩切》：「刺王好讒也。」幽王聽信褒姒的讒毀之言，前 779 年褒姒得寵，虢石父掌政，前 777 年廢申后，太子宜臼逃於申，前 774 年褒姒之子伯服立爲太子，前 771 年幽王驪山被殺。

《釋文》引《韓》：「《青蠅》，構亂也。」

【校勘】

〔1〕案：本字作營，904 年抄《玉篇》引《毛》作營，當是淺人改營爲營爲云。《漢·五子傳》《單疏》營營，《三家》《說文》《廣韻》營營，《尹灣漢墓簡牘綜論》《神鳥賦》作「云云青繩」讀作營營青蠅。案：重言擬聲字。《毛》蠅、樊，《詩論》簡 20 作蠹，蠹古字。《韓》《說文》棥，《魯》《滑稽列傳》《東方朔傳》蕃，《魯》《論衡·商蟲》《齊》《武五子傳》《易林》藩，棥古字，樊蕃藩音義同。《論衡·商蟲》作七字句「營營青蠅止於藩」。《魯》《賈子·君道》《白虎通義·號》《說苑·政理》《齊》《史》補《東方朔傳》《戾太子傳》《類聚》97《後漢·寇榮傳》注、《考文》《釋文》《群書治要》愷悌。《毛》豈弟，豈弟通愷悌。《毛》無讒，《昌邑王傳》《尹灣漢墓簡》毋儳，儳讀如讒 chán。《尹灣漢墓簡牘綜論》樊作杆，豈作幾，弟作自，俗字。

〔2〕《毛》人，《三家》《史·滑稽傳》《新語·輔政》《論衡·言毒》《漢·戾太子傳》《唐抄文選集注匯存》3.818《唐·顏眞卿傳》引作言。作人，作言，當是異本。承上「讒言」，當作「讒言」。

〔3〕案：本字作搆，《唐石經》構，《單疏》引《箋》《釋文》《韓》《後漢·寇榮傳》《玄應音義》《慧琳音義》75《詩考》搆。構通搆。《毛》人，《魯》《新語·輔政》《史·滑稽傳》《論衡·言毒》《齊》《漢·敍傳》注《戾太子傳》《賈誼傳》注引作言，作人作言，當是異本。承上，當作「讒言」。

【詮釋】

〔1〕案：一章用反興。當從《三家》《說文》營營 yíngyìng，營營、營營、嚶嚶，擬聲詞。狀讒人小聲讒毀他人。三章用比喻、反興。止，至；栟樊藩蕃 fān，藩籬。豈弟，愷悌 kǎi tì，和樂平易。無通毋，莫要。

韻部：樊〔栟藩蕃〕言，元部。

〔2〕棘，荊棘為籬。罔，無；極，原則。《箋》：極，已也。

韻部：棘極國，職部。

〔3〕榛，其子可食。案：構通搆 gòu，離間，搆亂，交亂，《韓詩》：搆，亂也。二人，雙方。

韻部：榛人，真部。

【評論】

《魯傳》漢·陸賈《新語·輔政》：「故《詩》曰：『讒人罔極，交亂四國。』眾邪合心，以傾一君，國危民失，不亦宜乎！」《齊傳》《易林·觀之革》：「馬踒躓車，婦惡破家，青蠅汙白，恭子離居。」《續〈讀詩記〉》2「《青蠅》之詩與《采苓》不同。《風》主於諷，故其辭緩。《雅》有直體，故其辭切。」此詩是危語體諷刺詩，簡拔犀利，鉤魂攝魄，為屈原《離騷》、梁鴻《適吳詩》、孔融《臨終詩》、曹植《贈白馬王彪》所本。

賓之初筵

賓〔賔〕之初筵〔宴〕，	眾賓客剛入筵席，
左右秩秩。	座次秩秩然肅穆。
籩〔籩〕豆有楚〔齜〕，	食器楚楚然排列有序，
殽〔肴〕核〔覈〕維〔惟〕旅〔旅〕。	菜肴乾果既好陳列整齊。
酒既和旨〔言〕，	調酒師將酒調和美味，
飲酒孔偕。	飲酒的人人都有儀禮。
鍾〔鐘〕鼓既設，	設了鐘鼓，敲了鐘鼓，
舉醻〔酬〕逸逸〔繹繹〕。	舉杯敬酒往來有禮節。
大侯既抗，	把箭靶高高舉起，
弓矢斯張。	把弓箭一一張弦，
射矢既同，	射手們找好對手，
獻爾發功。	一一獻奏射箭之功。
	對準靶心一一放矢，

發彼有的〔旳勺〕，
「以祈爾爵。」〔1〕
籥舞笙鼓，
樂既和奏。
烝衎烈祖，
以洽〔袷〕百禮。
百禮既至，
有壬有林。
錫爾純〔純〕嘏，
子孫其湛〔湛妖媅〕。
其湛〔湛妖媅〕曰「樂」，
各奏爾能。
賓〔賔〕載手仇〔斛斛斛〕，
室人入又。
酌彼康〔歔康溓〕爵，
以奏爾時。〔2〕
賓〔賔〕之初筵，
溫溫其恭。
其未醉止〔降福簡簡〕，
威儀反反〔昄板〕。
曰既醉止〔既醉既飽〕，
威儀幡幡〔福祿來反幡〕。
舍其坐遷，
屢〔履婁〕舞僊僊僊〔蹮蹮〕。
其未醉止，
威儀抑抑；
曰既醉止，
威儀怭怭〔佖佖〕。
是曰既醉，
不知其秩。〔3〕
賓〔賔〕既醉止，
載號〔号〕載呶〔譊〕。
亂我籩豆，
屢〔婁〕舞傚傚，

「以求對方飲罰酒。」

持籥起舞，吹笙擊鼓，
美妙的音樂合奏伴舞，
進獻功業偉大的先祖，
符合諸禮，無不備足。
諸禮已畢，
壬壬林林眞盛多，
賜給您大福，
子孫快樂永久！
應當和和樂樂，
諸位獻能把技奏！
有的貴賓親手用斛酌酒，
主人加以勸酒。
斟滿那空爵，
以敬射中的優等射手。

眾賓客剛入筵席，
一個個和柔敬恭。
還沒醉酒，
威儀莊重。
既然醉酒，
舉止輕率隨便，
捨去坐下與活動的禮節，
一再舞姿蹮蹮。
尚未醉酒，
儀態愼密還好；
一旦醉酒，
舉止媟慢輕佻。
這是說已經醉，
竟不知尊卑長幼。

賓客們已醉了，
又是號叫，又是爭辯喧鬧，
連食器也擾亂了，
多次舞得歪歪斜斜，

是曰既醉，　　　　　　　　　　這是說已醉，
不知其郵〔尤〕；　　　　　　　竟不知其過尤。
側〔仄〕弁之俄，　　　　　　　以示尊貴的鹿皮冠歪戴著，
屢〔婁〕舞〔儛〕傞傞〔娑娑〕。　多次醉舞不休。
既醉而出，　　　　　　　　　　如一醉酒就離席而去，
竝〔並〕受其福；　　　　　　　大家都以爲幸福；
醉而不出，　　　　　　　　　　醉了卻不離席，
是謂「伐德」。　　　　　　　　這稱之爲「敗德」，爲人所嗤鄙。
飲酒孔嘉，　　　　　　　　　　飲酒本是很好的事，
維其令儀。〔4〕　　　　　　　　只是應有好儀禮！
　　　　　　　　　　　　　　　〔有的爲應付，有的是能飲，何必大家
　　　　　　　　　　　　　　　醉醺醺，飲不休，我一人醒醒然辭別，
　　　　　　　　　　　　　　　唯有我好禮儀！大家都積德，既養
　　　　　　　　　　　　　　　生，又樂悠悠！〕

凡此飲酒，　　　　　　　　　　舉凡這些飲酒的，
或醉或否。　　　　　　　　　　有的沉醉，有的沒醉，
既立之監，　　　　　　　　　　已設立司正監視，
或佐之史。　　　　　　　　　　又設立酒史記錄。
彼醉不臧，　　　　　　　　　　那醉的好，
不醉反恥。　　　　　　　　　　那不醉的反以爲恥。
式勿從謂，　　　　　　　　　　錯了，莫要再勸酒，
無彼大〔太〕怠。　　　　　　　不要使得太怠慢。
匪〔勿〕言勿言，　　　　　　　不當說的不要說，
匪〔勿〕由勿語，　　　　　　　不當行的不要言。
由醉之言，　　　　　　　　　　依了醉後的話，
俾出童羖。　　　　　　　　　　罰他生出沒角的公山羊，
三爵不識，　　　　　　　　　　三爵飲了人事不記，
矧敢多又。〔5〕　　　　　　　　況且誰敢多勸酒，莫荒唐！

《漢石經》《彤弓》《賓之初筵》

【詩旨】
　　案：如《齊傳》《禮記・射義》所說古代諸侯之射必先行燕禮，宴飲之禮應如何？這大約是周代年高德劭的政治家衛武公關於政治關於酒戒的《抑》、《賓之初筵》，用強烈的對比，給周幽王等上下沉湎於酒、酗酒誤國的詩的警

誠。又是貴族、國王的祝福詞。繫於前 768 年～前 757 年。

〔齊說〕《易林・大壯之家人》「舉觴飲酒，未得至口。側弁醉詷，拔劍斫怒。武公作悔。」

〔韓說〕：「衛武公飲酒悔過也。言賓客初就筵之時，秩秩然，俱謹敬也。賓既醉止，載號載呶，不知其爲惡也。」（《後漢・孔融傳》注引）

《毛序》：「《賓之初筵》，衛武公刺時也。幽王荒廢，媒近小人，飲酒無度，天下化之。君臣上下沉湎淫液。武公既入，而作是詩也。」

朱熹、何楷認爲衛武公自警之詩。

【校勘】

〔1〕《毛》賓筵，《群書治要》宴。《單疏》《唐石經》賔，賔賓同。《毛》邊，《單疏》《唐石經》邊，作邊不體。《唐石經》核維旅，《魯》《齊》《漢石經》《說文》《呂覽・仲夏》《典引》注引、《五經文字》作肴覈、惟，覈古字，維惟同。《唐石經》鍾，《單疏》鐘，鐘通鍾。《單疏》《唐石經》逸逸，《毛詩音》：逸逸，即繹繹。《毛》的，《說文》無的有旳，《釋文》又作勺，旳的古今字，通作的。《毛》醻，《單疏》酬，古今字。

〔2〕《單疏》《唐石經》《箋》洽，《釋文》袷，袷通洽。《毛》純，《唐石經》紃，避唐憲宗諱。《毛詩音》純通奄。《說文》奄，古字。本字作媕，《單疏》湛，《釋詁疏》妔，《唐石經》湛，避唐諱。案：本字作斠，《唐石經》仇，仇通斠，《三家》《說文》《春秋繁露》《箋》《廣雅》、董逌作斠，《疏》斠，《單疏》《思玄賦》李注引《毛傳》斠，宋本作斠，而《單疏》又作斠，當是傳寫之誤。《漢石經》《毛》酌彼康，904 年抄《玉篇》引《毛》作歑，《詩考補遺》引《三家》《說文》《釋詁》《方言》康、漮，康通漮、康、歑。

〔3〕《毛》賓《唐石經》賔，同。《毛》屨，古本作婁，《說苑・反質》履，婁古字，履讀如屨。《毛》反反，《魯》《釋詁》《釋文》引《韓》作昄昄，《潛夫論・正列》板板，反反通昄昄。案：《韓詩外傳》3 作「降福簡簡，威儀昄昄。既醉既飽，福祿來反」，《毛》無此三句（《韓詩外傳集釋》89-90）《毛》幡，《唐石經》幡，俗字。《單疏》《唐石經》僛僛，《三家》《說文》躚，《說文新附》躚，《蜀都賦》及劉注引作躚躚，僛讀如躚。《唐石經》《單疏》怭怭，《三家》《說文》《羽獵賦》注引佖佖，《說文》有佖無怭，怭，佖，重言行況字。

〔4〕案：本字作譊，《漢石經》《說文》譊，呶譊雙聲通借，《唐石經》呶。《毛》郵，《釋文》音尤，《熹平石經殘字集錄續編》郵，音義同，《毛》

側，《三家》《說苑》《說文》仄，同。《毛》舞，《御覽》686 儛，同。《毛》傞傞，《魯》《晏子春秋》《說苑・反質》傞傞，《三家》《說文》娑娑。《毛》竝，《唐石經》並，古今字。

〔5〕《毛》式，《箋》式讀曰慝，惡也。鄭玄破字解經，丁聲樹《〈詩經〉式字說》：式，當。應從《毛》作式。《毛》「無俾大怠」，古本一本無「無俾大怠」。《釋文》大音泰。案：本作「勿由勿語。」《毛》《唐石經》小字本、相臺本匪由勿語，檢《漢石經集存》一冊頁 11 作「勿由勿〔語〕」，《詩經小學》：《箋》經文作「勿由勿語」。後人妄改「勿由」爲「匪由」。又通侑。《毛》伐，《魏石經》犮，同。《毛》又，又讀如侑 Yòu。

【詮釋】

〔1〕一章寫大射之禮。一層射初宴飲，二層寫大射禮。周初，周公《酒誥》：「古人有言曰：『人無於水監（鑒），當於民監（鑒）。』今惟殷墜厥命，我其可不大監撫於時！」要求牢記殷亡的教訓：「惟逸」。秩秩，初時謹敬，嚴肅莊重。籩豆，食器；有楚，楚楚，韲珇、俎楚 chǔchǔ，美好，陳設有序。案：殽肴 yao，豆實；核讀如覈 hé，骨，肉骨，一說堅果；維，助詞；旅，陳，陳列。《新證》：旅，嘉也。《通論》：「閱至後，方知此起四句之妙。」和旨，調和美味。偕，嘉，朱熹訓齊一。醻，酬；案：逸逸 yìyì 讀如繹繹 yìyì，往來有秩序，有禮節。飲酒後舉行燕射。《鄉射記》：天子熊侯，白質。諸侯麋侯，赤質。大夫布侯，亦以虎豹。士布侯，畫以鹿豬。詳《儀禮・大射》。抗，舉。斯，是，語詞；張，張弓搭箭。射夫，射手們；既同，選好對手。獻，奏，顯示射藝；發功，射箭技藝工夫。發，射中；勻旳的，靶心。祈，求；爾，對手；爵 jué，商、周初青銅酒器，容一升；《五經異義》：「《韓詩說》：一升曰爵，二升曰觚，三升曰觶，四升曰角，五升曰散，總名曰爵，其實曰觴。」輸，罰飲酒。以免飲輸了要罰的那一爵酒。朱熹：「此章言因射而飲者初筵禮儀之盛。酒既調美，而飲者齊一。至於設鐘鼓，舉醻爵，抗大侯，張弓矢，而眾耦拾發，各心競云，我以此求爵汝也。」

韻部：楚旅，魚部；旨偕，脂部；設，月部，逸，質部。月、質合韻。抗、張，陽部；同功，東部；勻〔旳的〕爵，藥部。

〔2〕二章寫宴時樂事。籥 yuè，管樂器，詳《簡氏》注持籥，跳文舞；笙鼓，笙 shēng 管樂器，由簧片、笙管、斗子組成，吹笙擊鼓。和，合。樂，

音樂。烝，進獻；衎 kàn，以音樂以娛樂；烈祖，功業烈烈的先祖。洽袷通合；百，種種。至，完備。案：壬林，連語，與宴者多，有壬，壬壬 rénrén，盛大貌；有林，林林然，多貌。一說壬，任，卿大夫；林，君（諸侯國君），《述聞》：君讀如群。錫通賜；爾，汝等；純嘏，大福。妉媅湛 dān，樂，喜；其曰，助詞。奏，獻；能，射藝。載，才；手，親手取；仇 qiú，（古）群幽；斞 jū，（古）見魚，見、群鄰紐，幽魚通轉，用斞從罍挹取到爵。《釋文》訓仇爲匹，一訓手，取（擇比）選擇對手比射箭。室人，主人；入又通侑 you，勸酒。案：濂歉穅康共康 kāng，空。奏，報；時，善，是能人。

韻部：舞鼓祖，魚部；禮，脂部，至，質部。陰入通韻中的脂、質通韻。壬林湛，侵部；能又時，之部。

〔3〕三四章寫宴飲初則謹重，後則失禮種種，如司儀非灌醉眾人，怎能不醉態叢生？昷昷、溫溫，恭敬貌；其，那樣。止，語氣詞。案：《說文》：「醉，卒也。卒其度量，不至於亂也。」自量其酒力，莫至於亂。《釋文》引沉重「反反 bǎnbǎn 即昄昄 bǎnbǎn」，和善謹重貌。幡幡 fānfān，輕佻貌。案：舍通捨，棄；坐，座；坐遷，有醉意而忘了座次與坐下、活動的禮節。婁古字，屢讀如屢。僊僊（蹮蹮）xiānxiān，旋轉輕狂之舞不止。案：抑抑 yìyì，懿懿，慎密貌。怭怭佖佖 bìbì，輕薄媟嫚貌。秩，序，常有的秩序、禮節。一說秩，失，失禮。

韻部：筵反（昄）幡遷僊（蹮），元部；抑（懿）脂部、怭（佖）秩，質部。脂、質通韻。

〔4〕案：載，又；呶詉譊，譊譊 náonáo，喧鬧噪雜，爭辯諠嘩（惛怓 hūnnáo，昏亂，喧嘩）。亂，攪亂。籩豆，食器等。僛僛 qīqī，攲攲，歪歪斜斜地把持不住地醉舞不止，《韓》：僛僛，醉舞貌。郵通訧、尤，過失。側，仄；《箋》：俄，傾貌，尊則俄；弁，皮冠，皮帽歪戴著。傞傞 suōsuō、姕姕 zīzī，容止已失，亂舞不止。一醉則離開筵席；竝，並，大家；福，以爲受此賓之福，出，離開，《魯》《說苑・反仄》：「側弁俄俄」，言失德也。「屢舞傞傞」，言失容也。「既醉而出，並受其福」，賓主之禮也。「醉而不出，是爲伐德」，賓主之罪也。舞不能自止。醉了而不肯離開筵席。是，此；謂，稱之爲；伐害，敗。孔嘉，很好。維，惟；其，命令副詞，希望，《無逸》：「嗣王其監於茲！」令儀，良好的禮儀。末四句戒詞。

韻部：號呶，宵部；止僛郵（訧尤），之部；俄傞，歌部，姕，支部。歌、支合韻；福德，職部；嘉儀，歌部。

〔5〕凡此，不僅總括三、四兩章，而且反映周幽王時沉湎於酒，「天下化之」的普遍性現象。或，有的。否，非醉。立監，司正，監酒官，《大射》有司正。史，史以記言。或，又。董逌：「立之監以監之，佐之史以記之，古之慎禮如此。」《傳疏》：『彼醉不臧』，彼飲酒無度者。《後箋》：「《傳》釋立監佐史，似為飲酒之正法，未必如鄭言以監史督酒令醉。」《通釋》：不，語詞，那醉了的人反被以為好。不醉反恥，不肯喝醉的，卻被視為可恥之人。如此是非顛倒。《考正》：勿，勉聲之轉，言用勸勉之意，從而謂之，以無使至甚怠。《新證》：從，縱。謂，潰。縱潰疊義，亂。應守秩序，莫亂，無使局面太壞。《箋》：式讀曰慝；勿猶無也；由，從也。無，勿；俾，使；大，太；怠，怠慢無禮。匪，非；言，當說，不是當說的則絕勿對人說。匪由勿語，匪讀勿，《詩經小學》：鄭時經文當為「勿由勿語」，由，因；因醉而言，會說荒唐言，出荒唐事，無從而行之的，也不對說。「俾出童羖」童 tóng，（古）定東；羖 tū，（古）透屋，定、透鄰紐，童通禿，《抑》：「彼童而角，實虹小子。」羖 gǔ，黑色的尚未長出角的小公山羊 Capra hireus。公羊都有角。三爵 jué，《左傳・宣 2》：「臣侍君宴，過三爵，非禮也。」識 zhi，記，已無記憶。矧 shěn，況且；多，多次；又通侑 yòu，勸酒。極言貴族酗酒醜陋不堪。

　　韻部：之史恥怠，之部；語羖，魚部。魚、之合韻。識，職部；又，之部。職、之通韻。

【評論】

　　《商書・微子》：「我祖底遂陳（商湯定法陳列）於上，我用（商紂王因為）沈酗於酒，用亂敗厥德於下。」《晏・內篇雜上》：「《詩》云：『側弁之俄』，言失德也。『屢舞傞傞』，言失容也。『既醉以酒，既飽以德』。『既醉而出，並受其福』，賓主之禮也。『醉而不出，是謂伐德』，賓之罪也。」《詩總聞》14，「此同在席醒者，談醉者之狀。當怒而不怒，當責而不責，乃更委曲保護。醒者必慈祥長厚之人，憚凶德，憐狂夫，而又遠害者也。令儀，蓋斯人邪？」《名物抄》：「一章言因射而飲，二章言因祭而飲，是言古飲酒之禮也。三章以下，則今飲酒之失也。三章言飲而未醉則威儀中適，醉而不止則敗其威儀。四章言飲當知止，而戒其威儀。五章言飲而不可至醉，而戒其謹言語。」《批評詩經》：「長篇大章，鋪敘詳備，首兩章述禮處甚濃古，三、四章寫醉態淋漓，末章申戒，收歸正，構法勻整。後三章稍露跌盪。」《通釋》：夏羊、山羊、牡羊未有無角者。《大雅・瞻卬》「『彼童而角』，是無角者而言有角。此

詩『俾出童羖』,又是有角者而欲其無角。二者相參,足見詩人寓言之妙。」《通論》「《三百篇》中有畫處甚多,此《醉客圖》也!」《詩誦》3「首章六換韻,次章三換韻,三章兩換韻,四章四換韻,末章三換韻,伸縮長短,離奇變化,不可思議。而章首二句忽入韻,忽不入韻,不與諸詩一律,然細按之,首、三、四章不入韻者,起兩句必頓住,以下用韻,必整齊如一。頭兩腳之形入韻者,起兩句必貫下。以下用韻,必參差有小淪大瀾之致,爲法仍極分明。」《原始》12「武公初入爲王卿士,難免不與其宴。既見其如此無禮,而又未敢直陳君失,只好作悔過用以自警,使王聞之,或以稍正其失,未始非詩之力也。……武公立朝,止己以格君非,雖曰悔過,實以譎諫意耳。」《會歸》頁 1456,「此篇陳古刺今,體格嚴整。陳古則蕭穆雍容,逸氣撲襟;刺今則喧呶狂亂,狀溢目前;詩人肖物之工,衛武之所擅也。」案:遍照金剛《文鏡秘府論》「假物不如眞象,假象不如天然,」詩人源於生活,高於生活,攝取生活中的醉而敗德而警示天下。此詩善於場面描繪,細節描寫,對比描寫,曲折精微,歷歷如見,既層次分明,又鉤鎖連環,寓議於敘,如《文心雕龍·隱秀》所云:「深文隱蔚,餘味曲包」,詩人由抨擊酗酒而抨擊時亂一至於此,從而抨擊了當時沉湎淫樂的社會。如果與《唐風·蟋蟀》比較,可見文人詩的筆力遒勁與藝術張力。

卷二十二　小雅七

魚藻之什

魚　藻

魚在？在藻，有頒〔賁墳〕其首。	魚在何處，依於水草，魚戲水，頒頒然大頭。
王在？在鎬， 豈〔愷〕樂飲酒。〔1〕	周王在何處，周王在鎬京， 和和樂樂飲酒，是本性！
魚在？在藻，有莘〔奔牲鮮〕其尾。	魚在何處，依於水草，魚戲水，奔奔然許多尾。
王在？在鎬， 飲酒樂豈〔愷凱〕。〔2〕	周王在何處，周王在鎬京， 他在飲酒，正樂樂愷愷。
魚在？在藻，依于其蒲。 王在？在鎬， 有那〔郍儺〕其居。〔3〕	魚在何處，依在水草，依偎在香蒲中。 周王在何處，周王在鎬京， 在那美輪美奐的王宮中。

案：本詩句讀依《箋》。

【詩旨】

　　案：大約是周武王發（或周成王誦、康王釗、昭王瑕、穆王滿的頌歌），

周王宴請諸侯們時所奏的頌美武王的樂歌。繫於前 1046 年。以下二首《編年史》繫於前 782 年。

《毛序》：「《魚藻》，刺幽王也。言萬物失其性，王在鎬京，將不能以自樂，故君子思古之武王焉。」朱熹：「此天子燕諸侯，而諸侯美天子之詩也。」《詩切》「刺王棄鎬京也。」《原始》「鎬民樂王都鎬也」。

【校勘】

〔1〕《毛》《韓》頒，《魯》《說文》《爾雅》樊光注引作賁，《釋詁》墳，墳賁頒通。豈愷古今字，豈、凱讀如愷。《毛》豈，《南都賦》注、《考文》《初學記》6、《白帖》36 引《魯》愷，《釋文》：豈，本亦作愷，苦在反，樂也。豈古字。

〔2〕《毛》莘，《三家》《說文》駪，同。《毛》豈，《漢石經》《曲水作詩》注此作凱，豈讀如凱。

〔3〕《毛》那，《唐石經》那，古作邢，又作儺難。

【詮釋】

〔1〕寫魚之樂，興。下同。在，於。《箋》：「魚何所處乎？處於藻。」賁墳頒古音同，頒頒 fén fén，大貌。《說文》《韓》：頒頒 fén fén，大貌。鎬京，故址在今西安市西。豈愷 kǎi，愷樂，和樂平易。

韻部：藻鎬，宵部；首酒，幽部。

〔2〕莘，《說文》駪 shēn，又作駪，《玉篇》《廣韻》鰓，鰓當是莘的增形字。鰓莘駪駓牲詵音義同，駪駪 shēn shēn，眾多；尾，量詞，眾多尾魚。樂豈，為叶韻而變文，樂豈即愷樂。

韻部：藻鎬，宵部；尾豈（愷），微部。

〔3〕蒲，香蒲，其白蒻甘脆，可生食，蒲筍及根治五臟心下邪氣，口臭，止渴，補中益氣，鎬 hào，在今陝西省戶縣北。有那，那那 nuónuó，儺儺 nuónuó，盛多，盛大。《箋》：那，安貌；居，處。

韻部：藻鎬，宵部；蒲居，魚部。

【評論】

《名物抄》6：「豈樂飲酒，飲酒樂豈。固易韻以反覆其辭，然其意亦疑有異。上章樂而飲酒，樂四方和平，諸侯賓服也。下章飲酒而樂，樂禮儀齊備，人情洽和也。」《原始》12「以魚之在藻，興王之在鎬，則其細已甚，故知為細民聲口也無疑矣。夫細民何知險要？但喜其身近皇居，遂若私為己有，不啻形諸歌詠已耳。細玩兩『在』字，則其情自見。」

采菽

采菽〔未叔〕采菽〔叔〕，筐〔筐〕之筥之。　　探豆葉，探豆葉，方筐圓筥忙盛裝。

君子來朝，　　　　　　　　　　　諸侯們朝見国王，

「何錫予〔與〕之？」　　　　　　「拿什麼給他們慶賞？」

「雖無予〔與〕之，　　　　　　　「雖說沒有什麼賜予，

路車乘馬。」　　　　　　　　　　有輅車、四馬，這兩樣。」

「又何予〔與〕之？」　　　　　　「又有什麼可賜予？」

「玄袞〔衮〕及黼〔黻黹〕。」〔1〕　「黑色繡龍衮服與蔽膝煌煌。」

觱〔滭〕沸〔泍〕檻〔濫〕泉，言采其芹。　　騰湧的泉水，乃在水邊采水芹，

君子來朝，　　　　　　　　　　　諸侯朝見国王，

言觀其旂。　　　　　　　　　　　乃觀招展的旗旂。

其旂淠淠〔筏旆〕，　　　　　　　那旗旆旆在飄動，

鸞〔鑾〕聲嘒嘒〔鑯嚖〕。　　　　鑾聲鑯鑯都中節。

載驂載駟，　　　　　　　　　　　三匹驂馬，四匹駕馬，

君子所屆〔屆戒誡艐〕。〔2〕　　　　諸侯們自誡車行馭有節。

赤芾〔韍 fú 紼〕在股，邪幅在下。　　紅色蔽膝罩在股，綁腿斜著裹脛下。

彼〔匪〕交〔佼絞姣傲〕匪紓，　　不是倨傲，不是遲緩，

天子所予〔與〕。　　　　　　　　都是周王所賜予。

「樂只〔旨〕君子，　　　　　　　「快樂啊美好啊，諸侯！

天子命之。　　　　　　　　　　　周王當眾表揚他，

樂只〔旨言〕君子，　　　　　　　快樂啊，美好啊，諸侯！

福祿申之。」〔3〕　　　　　　　　福祿一再加給他。」

維柞之枝，其葉〔荼〕蓬蓬。　　　柞櫟樹枝旺長，蓬蓬勃勃枝葉旺。

樂只〔旨言〕君子，　　　　　　　快樂美好的諸侯！

殿〔塡〕天子之邦。　　　　　　　鎮撫周王的國邦。

「樂只〔旨〕君子，　　　　　　　「快樂啊，美好的諸侯！，

萬福〔福祿〕所〔攸〕同。　　　　種種幸福他都享。

平平〔便便辯辨便蕃〕左右，　　　左右辨治輔弼好，

亦是率〔衛帥〕從。」〔4〕　　　　都為國王輔助忙。」

汎汎〔泛〕楊舟，紼纚〔縭〕維之。　　泛泛楊木船，麻繩竹筰維繫它。
「樂只〔旨言〕君子，　　　　　　　　「快樂美好的諸侯！
天子葵〔揆〕之。　　　　　　　　　　國王能夠考察他。
樂只〔旨言〕君子，　　　　　　　　　快樂美好的諸侯！
福祿膍〔肶毗〕之。　　　　　　　　　福祿都來厚賜他。
優〔優〕哉游〔柔〕哉，　　　　　　　優柔厚道得民心，
亦是戾矣。」〔5〕　　　　　　　　　　大業已經至善至穩啦。」

【詩旨】

案：這是周宣王復興周朝賜功臣命服時的樂歌，詩人美之之詩。

《竹書集證》繫於周康王六年（前 1015 年），諸侯朝於豐宮。《編年史》繫於前 760 年。

〔魯說〕《史‧周紀》：「宣王即位，二相（周公、召公）輔之，修政，法文、武、成、康之遺風，諸侯復宗周。」《孔叢子‧記義》引孔子云：「於《采菽》，見古之明王所以敬諸侯也。」《晉語四》「明日宴，秦伯賦《采菽》」。韋昭注：「《采菽》，王錫命諸侯命服之樂也。」

〔韓說〕《後漢‧東平王傳》引漢明帝《詔》曰：「瞻望永懷，實勞我心，誦及《采菽》，以增歎息。」

《毛序》：「《采菽》，刺幽王也。侮慢諸侯，朝侯來朝，不能錫命以禮，數徵會之，而無信義，君子見微而思古焉」。《疏》：「《序》皆反經為義。……於經無所當也。」

屈萬里《詮釋》：「諸侯朝見天子，詩人作此以頌美之。」

【校勘】

〔1〕《毛》菽，《左傳‧昭 17》《晉語》《釋文》《說文》叔、尗，尗古字。作菽是，椒當從《說文》尗、叔。《毛》筐，《單疏》筐當是避宋廟諱。《毛》錫，《晉語四》賜，錫古字。《毛》予，《魯》《易經注》《白虎通‧考黜》《後漢‧東平憲王傳》注引《韓》《詩異字異義》與，予通與。下同。《單疏》衰，又作衺，本又作衺。《毛》韠，《單疏》又作韍，《釋文》本又作韍。

〔2〕《單疏》觱沸，《詩考補遺》引《三家》《上林賦》滭浡，作「滭沸」，《韓》《說文》《玉篇》滭冹，《史》《眾經音義》引《漢書音義》滭浡，滭浡，觱沸、滭冹雙聲詞。案：本字作濫，《單疏》檻，《魯》《釋水》《說文》《玉篇》

引《韓》《袁博殘碑》潭澤濫，濫，檻通濫。《單疏》渭渭（通旆旆、筏筏）。《毛》嘒嘒，《單疏》嚖嚖，《三家》《說文》《玉篇》鑱，嚖嘒鑱，擬聲詞。《毛》屆，《唐石經》屆，同。《三家》《釋詁》《說文》艐，《晏子春秋·諫上篇》《三家拾遺》誡，艐古字，屆戒誡古通。

〔3〕《單疏》芾，《樂游應詔詩》注引《毛》芾，《魯》《白虎通·紼冕》紼，《齊》《禮記·玉藻》韍，芾芾紼通韍〔韍〕fú。《毛》彼、予，《魯》《荀·勸學》匪、予，彼通匪，予通與。《慧琳音義》41 作絞，交絞古今字。馬融：交讀如儌倖之儌。《韓詩外傳》4 與。《唐石經》《毛》只，案：本字作言，言旨同，只，《左傳·襄11》引作「樂旨君子，旨，美也。主言樂美之德君子……，則必爲「旨」字，《漢石經》《衡方碑》《白石神君碑》言，同旨。《南山有臺》《漢石經》「樂言君子」，旨，《說文》旨。只讀如旨。下同。

〔4〕《單疏》葉，《唐石經》葉，避唐諱，當作葉。《毛》殿，一作塡，《釋文》《說文繫傳》殿、塡，塡讀如殿，殿通定。《毛》只、平平、率，《左傳·襄11》旨、便蕃、帥。《魯》《爾雅》《釋文》《韓》便便，《箋》辯治，《書傳》《五帝紀》《索隱》辯。平便辯同爲並母。《毛》率，《左傳·襄11》帥，《群經正字》衛，音義同。「平平〔便蕃〕左右，亦是率〔帥〕從。」《左傳·襄12》作「便蕃左右，亦是帥從」，字異音義同。

〔5〕《韓》《毛》纚，《魯》《釋水》縭，通作縭。《毛》纚維，《魯》《釋山》索率離纚通釋，離通維。《魯》《釋言》《韓》《毛》葵，葵讀如揆。《毛》《說文》《釋文》腜，《說文》又作肶，《釋文》引《韓》肶，肶腜同，《毛》游，《韓詩外傳》4 作柔。

【詮釋】

〔1〕一章寫諸侯們朝見周王，周王賞賜車馬禮服。《魯說》、《白虎通·考黜》：「九錫皆隨其德可行而賜，能安民者賜車馬，能富民者賜衣服。」菽朮叔 shū，大豆，用豆葉作羹。方筐，圓筥，周王宴上用筐筥盛賜賜金物。朝，朝見。錫予，賜與。路車，輅車；乘，四匹。玄，黑色；衮，繡有龍紋的冕服；及，與；黹黼（黻）fū，繡有黑白相間紋的禮服。

韻部：筥予（與）予（與）馬（音姥）予黼，魚部。

〔2〕二章寫朝覲周王的壯觀景象。《三家》《說文》沸濫泉。觱沸，潏潰、潰沸 bìfèi，潰浡、潰浡 bìbó，雙聲詞，泉水湧出貌。檻通濫，泉水正出。朝 cháo，朝見國王。言，乃。芹，水芹。旂 qí，交龍旗。渭渭、筏筏、旆旆 pèipèi，

旂旗飄動貌。鸞通鑾，嘒嘒鐬鐬 huìhuì，中節。載，則；有三匹馬駕駕獨轅車，稱之爲驂 cān，四匹馬駕車稱之爲駟 sì。所，語詞；艤屆 jiè，至。又屆戒誡古字通，屆 jiè 誡 jiè 雙聲通借，自誡。

韻部：芹，諄部；旂，微部。諄、微合韻。淠（旆筏）嘒（鐬），月部；駟，脂部；屆，質部（誡，戒，職部）脂、質通韻。

〔3〕三章鋪敍秋季諸侯們朝覲國王，芾紼芾通韍 fú。赤韍 fú，紅色蔽膝，禮服之一，古代朝覲、祭祀時遮蔽在衣裳前的熟皮做的圍氈。邪通斜，幅通偪，斜著裏脛，利於長途征戰的裏腿。《孔叢子》君子，諸侯。《蓼蕭》《桑扈》，朱熹訓君子爲諸侯；天子，周王。彼通匪，非；交通絞，徽，絞，姣，侮，不倨傲不徼倖；紓音舒，不遲緩。與予，賜予。案：只，旨，雙聲通借，只通旨，讚美詞，美好。下同。美好，讚美之詞，《商書・說命中》：「王曰：『旨哉！說。乃言惟服（信服）。乃不良於言，予罔聞於行。』」命，策命，表揚，嘉奬。申，重，復。

韻部：股下紓（舒）予（與），魚部；命申，眞部。

〔4〕四章寫諸侯輔佐周王安邦定國的功勳。柞 zuò，柞櫟。蓬蓬芃芃然，茂盛貌。殿 diàn 定 dìng 奠 diàn 同爲定母，定，鎮撫（抚）。《左傳・襄 11》引詩，訓爲「樂以安德，義以處之，禮以行之，信以守之，仁以屬之，而後可以殿邦國，來遠人，所謂樂也。」云：「居安思危，敢以此規。」攸，所；同，聚。平平、便蕃，平便辨雙聲通借，辯治；左右，諸侯之臣。亦，發語詞；是，此；牽（帥）從，依從，歸附。

韻部：蓬邦同從，東部。

〔5〕五章寫諸侯們悠然自得。汎汎、泛泛，飄浮貌。紼 fú 通綠 lù，綟 lù，大繩索。《韓》：筰 zuó，竹皮編製繩索，牽引船；纚 lí 縭 lí，維，縭維，疊韻詞，纚繩維繫。《魯》《釋言》：葵揆 kuì，度，考察。《談經》葵通捆，約束。腜肶（毗）pí，厚賜，善待。《韓詩外傳》第四卷第十七章「優哉柔哉，亦是戾止」優柔與《毛》優遊，雙聲疊韻詞，寬厚和善優閑自在。戾 lì，至善至穩。《廣雅》戾，善。《傳》戾，至。《箋》戾，止。

韻部：維，微部；葵（揆）肶（腜毗）戾，脂部。微、脂通韻。

【評論】

《集解》：周王「厚與之福祿，使之優遊室家，則諸侯孰不至乎？」《詩童子問》：「首章之意至矣，言其寵賜之厚，而心猶以爲不足也。二章則言其

始來之時，見其車旅而喜其至。三章則言其始見天子時，恭敬齊邀而爲天子所言。四章則言其德足以鎭天子之邦，爲萬福之所聚，而又喜其左右之臣，相從而至。五章則申言之，而可歎其至也，優遊自適而無勉強不得已之意，一有勉強之心則怠矣。」《會歸》頁 1467，「全詩寫明王賜命以禮之事，以天子爲主體，諸侯爲對象，就錫物、文物、儀度、德能、禮法，層遞摹寫，並以福祿之厚重，間廁其中，往復迴環於天子諸侯之間。於古錫命之盛制，狀溢目前，而刺意神餘言外矣。」

角　弓

騂騂〔觲弨〕角弓，翩〔偏〕其反矣。　　調利角弓，偏偏然反彈鬆弛。
兄弟昏〔昏婚婣〕姻，　　　　　　兄弟婚姻至親們，
無胥遠矣。〔1〕　　　　　　　　莫要都疏遠莫相離。

爾之遠矣，　　　　　　　　　　您等都相疏遠了，
民〔尸民〕胥〔斯〕然矣。　　　人們也都如此了，
爾之教〔效〕矣，　　　　　　　您等的教令、行爲，
〔欲〕民〔尸民〕胥〔斯〕傚〔放效〕　人們也都仿傚。
矣。〔2〕

此令兄弟，　　　　　　　　　　這些心善的兄弟，
綽綽有裕〔裕〕；　　　　　　　寬裕綽綽然有餘，
不令兄弟，　　　　　　　　　　那些心地不善的兄弟，
交相爲瘉。〔3〕　　　　　　　　互相傷害害有餘。

民〔人尸民〕之無良，　　　　　人如果沒有賢良，喪失善良，
相怨一方，　　　　　　　　　　往往抱怨對方各執一端，
受爵〔爵〕不讓，　　　　　　　享受祿位不謙讓，
至于已〔已己〕斯亡〔忘〕。〔4〕　至於自己忘了禮節倫常，不能對人寬。

老馬反爲駒，　　　　　　　　　老馬視如小馬駒，
不顧其後。　　　　　　　　　　不顧前來不顧後。
如食宜〔宜儀之〕饇〔醧餗飫䬼〕，　給食我當要吃飽，
如酌孔取。〔5〕　　　　　　　　酌美酒多多飲酒。

毋教猱〔蝚獿〕升木，如塗塗附。　　莫教獼猴上樹，牠自會，如同用泥
　　　　　　　　　　　　　　　　　　塗，泥太容易。

君子有徽猷，　　　　　　　　　　　君子有善道、美德、好規劃，
小人與屬。〔6〕　　　　　　　　　　小民樂與相依。

雨雪〔霻〕瀌瀌〔廳〕，見晛〔宴然曬　下雪紛紛，一見日氣便融消，
晛〕曰〔聿〕消〔消〕。
莫肯下遺〔隧隤隨〕，　　　　　　　無人能將自引退，
式居婁〔婁屢〕驕。〔7〕　　　　　　當收斂務戒狂肆居傲！

雨雪〔霻〕浮浮，見晛〔曬〕晲曰〔聿〕　下雪紛紛，一見日氣就消融。
流。
如蠻如髦〔髳〕，　　　　　　　　　如蠻如髳不開化，
我是〔則〕用憂！〔8〕　　　　　　　我因此憂心忡忡！

《漢石經》：《角弓》《菀柳》《都人士》

【詩旨】

　　案：《角弓》詩人善於用喻。揭露上行下效、「交相爲瘉」、「相怨一方」
的道德淪喪，所反映的是周幽王或周厲王或大臣、貴族由於受離間惑亂而兄
弟疏遠，賤老卑賢，爭官競爵，「至於己斯亡」，乃至整個社會風氣不文明不
開化，詩人抒寫深以爲憂的心情。繫於前 773 年。《魯傳》《韓傳》《漢·劉向
傳》：「故《易》有《否》、《泰》。小人道長，君子道消，君子道消，則政日亂，
故爲否。否者，閉而亂也。君子道長，小人道消，小人道消，則政日治，故
爲泰。泰者，通而治也。《詩》又云：『雨雪，見晛聿消』，與《易》同義。」
《編年史》繫於前 773 年。

　　〔魯說〕漢·杜鄴對車騎將軍王音說：「鄴聞人情，恩深者其養謹，愛至
者其求詳；夫戚而不見殊，孰能無怨？此《棠棣》《角弓》之詩所爲作也。」
（《漢·谷永杜鄴傳》）

　　《毛序》，「《角弓》，父兄刺幽王也。不親九族而好讒佞，骨肉相怨，故
作是詩也。」朱熹同。

　　《續〈讀詩記〉》2「託言百姓而歸過於君也。」《詩故》8，「非刺幽〔王〕
也，蓋厲王時詩也。」

【校勘】

〔1〕唐寫本《切韻》殘卷《毛》騂，《石鼓文·車工》㸯，《說文》䏁，《釋文》引《說文》弲，駍古字，弲弲、駍駍，重言摹狀字。案：本字作偏，《單疏》《毛》翩，《路史·國名記》《集注》偏，翩通偏。案：當依《漢石經》作昬，《唐石經》《詩集傳》昏，《單疏》昬，同。《群書治要》頁 36 作姄，《說文》《類聚》30 作婚，同，昬姄婚古今字，作昏避唐諱。

〔2〕案：本字作效，效教讀如效教，《說文》古文作𢽤，與效相似，《毛》《陳邑仲弓碑》「胥然胥傚」，傚，《唐石經》傚，《考文》效，《魯》《潛夫論·班祿》《左傳·昭 6》《白虎通·立教》「斯效」，《白虎通·三教》『爾之教矣，欲民斯效。』」古通，《中論·佚篇》傚作放，放讀如仿。

〔3〕《後漢·章帝紀》作「人之無良」。《唐石經》裕，《毛》誤作裕。

〔4〕《三家》《荀·儒效》《坊記》注《韓詩外傳》4、《漢·劉向傳》《箋》《單疏》《唐石經》《毛》民之無良、己，《說苑·建本》《後漢·章帝紀》注引《韓》人。《單疏》爵又作𣝅。案：本作己，蘇本作已，小字本、相臺本《毛》已，《齊》《坊記》鄭注、《箋》《單疏》《唐石經》《韓詩外傳》4 阮《校》己，誤。《單疏》《唐石經》亡，《三家》忘，忘讀如亡。

〔5〕當依《釋文》《韓》儀，我也，《釋文》宜，本亦作儀，古通。《韓》醹，《單疏》餪，《說文》「飲酒之饒」飫，同；《說文》《玉篇》匓 jiù，古字。

〔6〕《單疏》猱，《魯》《史·司馬相如傳》蝚、又作猱、蝯，詳《釋獸》，又猨，《說文》夒，《釋獸》《釋文》獶，同。

〔7〕案：本字作靁、麎，《漢石經》《韓詩外傳》7《荀·非相》《劉向傳》靁麎。《單疏》濾，《唐石經》見晛曰消遺，《魯》《荀·非相》宴然聿消、隧，《釋文》《詩考》引《韓》曣晛聿消，《劉向傳》「見晛聿消」，《說文》曣作𣋯，案：宴然曣晛，見晛雙聲通借，宴通曣，然通晛，𣋯曣古今字，曰聿，語詞。《毛》《王肅注》《單疏》遺，《魯》《箋》：遺讀曰隨 suì，《歎逝賦》注引《韓詩章句》隤，遺隤隨隧通墜，退。《單疏》《唐石經》婁，《毛》婁，《魯》《荀·非相》屢，婁古字，《新唐書·宰相世系表》娄，避婁姓諱。

〔8〕《毛》《說文》晛，《韓》《廣雅》曣，《玉篇》晛曣同。《毛》髦，《書·牧誓》髳，同。《毛》是，《韓詩外傳》則，義同。

【詮釋】

〔1〕一章寫兄弟莫疏遠。案：觲觲，觲古字 xīng，弲弲、弲弲 xuān，

心、曉准鄰紐，耕、元通轉，觲觲（騂騂）通弨弨（弲弲），角弓調利貌。角弓，以獸角裝飾兩端的硬弓。弓在於善用，興親眷在於善於相處。翩通偏，偏偏，鬆弛貌，比喻兄弟骨肉婚姻疏遠。兄弟，周代是宗法社會；昏婚，婚姻，至親、族親關係，周代權貴多政治聯姻。無，毋；胥，相；遠，疏遠。

韻部：反遠，元部。

〔2〕二章寫國王疏遠兄弟，則眾人仿傚。爾，您等上層人物。民，人。胥，都（斯，則）；然，如此。《廣雅·釋詁三》：教，效也。民，眾民。效（傚），下行下效。

韻部：遠然，元部；教效（傚），宵部。

〔3〕三、四章用對比、反襯，寫兄弟失和。此，如此；令，善，以身作則，兄弟們相處友善。案：寫寬宏相待，綽綽然寬宏大度，有裕，裕裕然饒裕有餘，寬容友愛。不，莫要；令，善；相，交相，互相；為瘉，為病為害。

韻部：裕，屋部；瘉，侯部。屋、侯通韻。

〔4〕民，人。《後漢·章帝紀》注引《韓說》：人之無良，良，善也，言王者所為無有善者，各相與於一方而怨之。」巳已讀如己，己身。怨，抱怨對方。爵 jué，爵位，官位；讓，謙讓。亡通忘，忘禮節。《傳疏》亡，喪棄。

韻部：良方亡（忘），陽部。

〔5〕五章斥國王失禮，竟不敬父兄。駒，兩歲的馬。為，被視作。宋·輔廣：蓋時有讒己以取其爵位，不度其己之不勝任者。以比其貪黷之無厭。食 sì，飤，給……吃；宜，儀，我；饇醧餕飫 yù，飽。如，而；酌，酌酒；孔，多多。

韻部：駒後饇取，侯部。

〔6〕六章寫國王重用小人。毋 wu，禁止之詞；猱 náo，猿不要教猿猴爬樹，不要像泥上加附泥。君子，國王；徽，善美；猷 you，道謀。小人，百姓；附 fù，附著，與屬，依附，國王以善道，民眾則依從。

韻部：木屬，屋部；附，侯部。屋、侯通韻。

〔7〕七章寫國王驕橫。麃瀌古今字，麃麃、瀌瀌 biāobiāo，盛貌。曣晛 yàn xiàn、宴（晏）然、見晛，疊韻詞，日氣；聿曰，語詞。日氣出，雪消。遺隤隧隋隨 suí，通墜，自謙而引退。《箋》：謙下，以禮從人。宋·張載：貶

下而遺棄。案：式，應當；婁讀如摟 lǒu，收斂。居驕，疊義連語，倨傲。要內斂，戒狂肆倨驕。

韻部：麃（瀌）消驕，蕭部。

〔8〕八章寫雪見日而化，但小人頑劣難化。浮浮，盛也。見晛讀如晛 xiàn，日氣；化水流流去。蠻、髦（髳），周人對西南少數民族的蔑稱。是 shì，（古）禪支；則 zé，（古）精職，禪、精准鄰紐，是通則，用，以。《韓詩外傳》4「憂小人之行也」。莫肯卑下而自遠於民眾。

韻部：浮流憂，幽部。《三家》《漢・劉向傳》：「下至幽、厲之際，朝廷不和，轉相非怨，詩人疾而憂之曰：『民之無良，相怨一方』」。

【評論】

《孟・盡心上》「有大人者，正己而物正者也。」《說苑・建本》：「君人者以百姓爲天，百姓與之則安，輔之則強，非之則危，背之則亡。《詩》云：『人而無良，相怨一方』，民怨其上，不遂亡者未之有也。」《魯說》《韓說》：《漢・劉向傳》：「下至幽、厲之際，朝廷不和，轉相非怨。詩人刺之曰：『民之無良，相怨一方。』」《單疏》「因教王尊老之宜」，宋・張載：「讒言遇明者當自止，而王甘信之，不肯貶下而遺棄之，更益以長慢也。」《詩補傳》：「《角弓》之詩指言兄弟。《序》詩以爲父兄，蓋諸父兄皆當相親，今乃使怨生於骨肉，所謂於所厚者薄。」《詩總聞》15：「故君子懲小人，亦必有道也。」《批評詩經》：「少微婉，多切直。」《通論》：「取喻多奇。」《原始》12：「詩中無刺讒語，唯疏遠兄弟而親近小人，是此詩大旨。前四章疏遠兄弟，難保不相怨，而民且傚尤，體多用賦。後四章親近小人，以致『不顧其後』，而相殘賊，詩純用比，乃篇法變換處。中間以『民之無良』一句綰合上下。」《會歸》頁1475，「前四章主明不親族則上行下化，害被天下，以次章申首章，三章申次章，四章申三章，於反覆開闔中，一一銜承，爲不親族之綜寫；五六章一規以勿輕侮族之老人，一規以勿以所行教成人之薄族，爲不親族之分寫；合爲刺不親族之一幅。七八章迭寫讒佞之宜屏，否則害益至，爲刺好讒佞之一幅。」案：深文隱秀，取喻奇特，用語切直，神情畢肖，各章有內在的詩意結構，承轉開闔，刺當道兄弟相殘，所以不能禦外侮。宋・范俊《香溪集》「讀《角弓》而知中國之夷狄也」。此詩對《楚辭》有深刻影響。

菀　柳

有菀〔苑蔫慈〕者柳，不尚〔尙營常〕息焉。　茂盛的柳樹下，我常常休停。
上帝甚〔甚〕蹈〔悼神慆陶〕，　　　　上帝已病了，
無自暱焉。　　　　　　　　　　莫要自己有過愆。
俾〔倬卑〕予靖之，　　　　　　　派我治理了地方，
後予極〔殛〕焉。〔1〕　　　　　　後來又疏遠我到邊境。

有菀〔蔫慈〕者柳，不尚〔營常〕愒焉。　茂盛的柳樹，我常常休憩啊！
上帝〔天〕甚〔其其〕蹈〔神慆悼〕，　上帝變化無常，
無自瘵〔際瘵〕焉〔也〕。　　　　莫要自取罪過！
俾〔卑〕予靖之，　　　　　　　他派我治理了地方，
後予邁焉。〔2〕　　　　　　　　後又將我越過。

有鳥高飛，　　　　　　　　　鳥兒高飛，
亦傅于天。　　　　　　　　　迫近於天，
彼人之心，　　　　　　　　　那人的心，
于何其〔不〕臻？　　　　　　　人不知其所至？
曷予靖之？　　　　　　　　　爲什麼派我治理好地方，
居以凶矜〔矜〕？〔3〕　　　　　卻流放我到凶危之地？

【詩旨】

案：詩人託諷，以上帝比傲慢而反覆無常的周厲王，揭示其滔滔無常的
本性，揭出親近他會自取病焉的危險性，指出爾教民效，大約是一位逐臣的
抒憤之作。《編年史》繫於前844年。

《毛序》：「《菀柳》，刺幽王也。暴虐無親，而刑罰不中，諸侯皆不欲朝。
言王者之不可朝事也。」

麥克諾頓（1971）《詩經》：《菀柳》表達了莊子「釣於濮水」一節所追求
的超越名利的快樂。

【校勘】

〔1〕《魯》《九歎注》《單疏》《箋》《釋文》菀，《白帖》100宛，《毛傳》
《箋》《釋文》俱訓作茂，結合上下文例文義似當作莞訓同《說文》《廣雅》
蔫，《玉篇》慈。《毛》尚，《漢石經》營，當是常字，尚讀如常。下同。《唐石
經》甚。《毛》蹈，訓動當是慟，則慆通悼，《箋》蹈讀曰悼。《唐石經》俾《釋
文》俾，本又作卑。卑通俾。《毛》極，《箋》音棘，訓誅放，當爲殛，極通殛。

〔2〕《毛》尚，《漢石經》嘗（羅常培尚當爲常），尚通常。案：陶蹈慆悼，聲近義通。《韓詩外傳》4《唐石經》《單疏》上帝甚蹈，《玉篇》《眾經音義》5引《韓》其陶，陶，變也。《韓詩外傳集釋》頁157蹈，又作慆，《七發》注引《韓》作陶，陶，暢也。阮元：當是「上帝甚陶」，「其」字誤。蹈慆通陶。《楚策》引孫卿《謝春申君書》帝作天，蹈作神、「療作療」、「焉作也」，朱熹：蹈當爲神，《讀書雜誌》：神是慆字之壞。《箋》：慆讀如悼。極，《箋》音義同殛。《毛》療，《釋文》療，側界反。毛：病也。鄭音際，接也。

〔3〕案：本字作「不」，《毛》其，《三家》《潛夫論・賢難》《箋》《釋文》《正義》《傳疏》不，從文法而論，于何不……，當作不。《毛》矜，《高郵王氏父子手稿》頁293作矝，矝矜同。

【詮釋】

此詩用託諷技法。

〔1〕《單疏》菀然，茂盛。不，助詞；尚，曾。《白帖》苑，枯病。上帝，周幽王、厲王。蹈通悼。《箋》蹈音悼，病。《三家》《廣雅》暱，病（自取病）。暱 nì，《新證》：當作匿，爽忒。言上帝甚慾陶成之，無自爽忒（差錯）。俾，使；予，我，諸侯或大臣；靖 jìng，治理。《傳》訓治，《箋》訓謀，朱熹訓安。案：此處爲協韻而倒文，本爲後又極我，極 jí，疏遠。《群經平議》10極當爲悈，憎疾，。黃焯《平議》：「此詩就王已然之事而言，非爲假設之詞。『後予極焉』句與次章『後予邁焉』句辭義互足互明，蓋謂王嘗以事使我謀治之，我則隨之而至，乃居無幾何，而又斥遠我，此即指實上文所云『上帝甚蹈』之事。」

韻部：柳蹈，幽部，（悼宵部）。幽、宵通韻。暱極（伋殛），職部。

〔2〕愒 qì，息。陶滔慆 tāo，反覆無常，慆慢，《單疏》：「言王心無恒，數變動也。」戴震《考正》滔，動變無常。《魯》《釋詁》：療 zhài，病也。言莫自取病。際，交接。俾，使；予，我；靖，治理也。邁 mài，放逐邊荒。

韻部：柳蹈（慆），幽部；愒療（際）邁，月部。

〔3〕詩人善用反詰句以抒憤，蹈。慆 tāo，疑；懷疑，傅，附，迫近。彼人，厲王。于何不臻？《通解》認爲這四句應爲八字句。《箋》：「彼人，斥幽王也。幽王之心，于何所至乎？言其側無常人，不知其所屆。」曷，爲何；居，其；靖，治理。靖，《傳》訓治，《箋》訓謀，朱熹訓安。將我處以凶危之地，凶矜，連語，矜，兇險，危險。

韻部：天臻矜，眞部。

【評論】

《詩童子問》「然主甚威神，畏之而不敢近」，自病也。《詩說解頤正釋》21「此因僚友有喜，於有爲者而視之，以養晦待時也，故作此詩。」《原始》12：「蓋其所述，非暴即虐，爲厲王爲尤近云。……〔一、二章〕兩後字宜一頓。言天王之威甚厲，使予靖職，莫敢或後，後，則責予無有窮極也。〔三章〕末章言天王之欲無有極至，使予不早靖之，則小民受害，日居凶矜之地，曷時能已哉！」

都人士

彼都人士，	都雅的賢士頗有修養，
狐〔狐〕裘黃黃〔黃裳〕。	多天穿一襲狐裘溫裕煌煌，
其〔亓〕容〔頌〕不改，	從容都雅，儀容從未變化，
出言有〔又〕章。	言談話語，都有法度文章。
行歸于〔於〕周，	行爲規範，忠信爲本，
萬民〔昬〕所〔之〕望。〔1〕	這正是萬民之所矚望！
彼都人士，	那京城賢士都雅有風範，
臺〔苔薹〕笠緇撮。	薹皮斗笠，黑綢帶撮髮便是冠。
彼君子女，	那京城淑女都雅好風範，
綢〔鬍〕直如髮。	密密秀髮齊整眞好容顏。
我不〔弗〕見兮，	我好久沒見著賢士淑女，
我心不說〔悅〕。〔2〕	內心不喜悅，多日不開顏。
彼都人士，	那京城賢士都雅眾所觀瞻，
充耳琇〔璓〕實。	美石做耳瑱充實又美觀；
彼君子女，	那京城大家閨秀，
謂之尹吉〔姞佶〕。	說是京都旺族尹、姞才俊，
我不〔弗〕見兮，	我好久沒見賢士淑女，
我心苑〔菀薀蘊鬱〕結。〔3〕	我的心鬱結沉沉。
彼都人士，	那京城賢士別樣儉省，
垂帶而〔如若〕厲〔裂〕。	青絲垂帶飄飄，
彼君子女，	那京城淑女好容顏，髮式趨時潮，

卷髮如蠆〔董〕。　　　　　　　秀髮捲曲如蠍尾向上翹。
　　　　　　　　　　　　　　　　我好久沒見着賢士淑女。
言從之邁！〔4〕　　　　　　　　我情願隨他們觀時髦！

匪伊垂之，　　　　　　　　　　那帶子之垂，
帶則有餘。　　　　　　　　　　那帶子眞個有餘。
匪伊卷之，　　　　　　　　　　那髮是故意卷髮，
髮則有旟〔舉〕。　　　　　　　秀髮捲曲則上舉。
我不〔弗〕見兮，　　　　　　　我好久未見賢士淑女的儀容，
云何盱〔忓〕矣？〔5〕　　　　　我是何等憂慮！

【詩旨】

　　案：詩人可能經歷了西周末年的戰亂，與《黍離》思西周之盛，對周代繁盛時期宗周的繁榮、發達，京都人士注重都雅，又注重服飾儀容，頗有眷戀，他內心深處戀戀不捨一位都雅的女子，吟成此警拔而不免悽惶的詩篇。《編年史》繫於前 760 年。

　　〔魯說〕漢·蔡邕《述行賦》：「甘《衡門》以寧神，詠《都人》而思歸。」

　　《毛序》：「《都人士》，周人刺衣服無常也。古者長（zhǎng，統治）民，衣服不貳，從容（舉動）有常，以齊其民，則民德歸壹。傷今不復見古人也。」《竹書集證》31 周厲王十五年（前 863），《詩·小雅·都人士》。《詩集傳》頁 225「亂離之後，人不復見昔日都邑之盛，人物儀容之美，而作此詩，以嘆惜之也。」《詩切》：「懷西周時人儉而有禮文也。」

【校勘】

　　〔1〕《毛》狐，《唐石經》狐。《毛》黃黃、其容，當依《魯》《新書·等齊》作黃裳。師受不同。《毛》有，郭店楚簡《緇衣》作又，又通有。《香港中文大學文物館牘》1，楚簡其作丌，容作頌，丌古字，頌容古通。《毛》于，《箋》於。《毛》所，《新書》之。案：《毛》「行歸于周，萬民所望」，當非服虔所說逸詩。《單疏》指出原因：「時《三家》列於學宮，《毛詩》不得立，故服以爲逸。」季旭升因《熹平石經》所無而生疑，詳其論文《從〈孔子詩論〉與熹平石經談〈小雅·都人士〉首章的版本問題》載《詩經研究叢刊》第 11 期。

　　本文認爲首章當有，證據有十一：

　　一、《左傳·襄 14（前 559）》：「將死不忘衛社稷，可不謂忠乎？忠，民

之望也。《詩》曰：『行歸于周，萬民所望。』忠也。」晉‧杜元凱注：「《詩‧小雅》忠信爲周，德行歸于忠信，即爲萬民所瞻望。」（《十三經附校勘記》頁 1959）《注》《疏》未見有「逸詩」之說。案：前 559 年《詩》已流行全國，晉時三家詩俱在。《左傳襄 14》「《詩》曰『行歸于周，萬民所望。』《左傳》成書於戰國，應可信。

二、《齊詩》《禮記‧緇衣》：「《詩》云：『彼都人士，狐裘黃黃。其容不改，出言有章。行歸于周，萬民所望。』」（鄭玄注亦言此詩毛氏有之，《三家》則亡。《十三經注疏附校勘記》頁 1648 漢‧劉德獻《禮記》等在前 158 年左右，早出《漢石經》330 年。劉向校《禮記》等，在前 73 年，早出《漢石經》245 年，《齊詩》有《都人士》首章，應視爲可信。

三、《魯詩》漢‧蔡邕《述行賦》：「詠《都人》以思歸」，（「行歸于周，萬民所望」（《全後漢文》中華書局 1958 頁 853。）

四、《魯說》漢‧賈誼《新書‧等齊》「彼都人士，狐裘黃裳。行歸于周，萬民之望」（《新書校注》，中華書局，2000，頁 47）。賈誼（前 200～前 186），《漢志》賈誼五十八篇，則早出《漢石經》280 年。

五、《毛》《箋》有此二句，《傳》《箋》時四家詩俱在。

六、香港中文大學文物館藏楚簡：民惪（德）一，告（詩）員（云）：「亓容不攺（其容不改），出言……」（陳松長《香港中文大學文物館藏簡牘》，2001，12）

七、《單疏》「《正義》曰：以經言『萬民所望』，明都人爲人所法傚也，知知寡識者以明王之時，賞不遺才，若深識當爲時所用，今取法於都人，故知寡識者以因前經故言又疾今不然。《襄十四左傳》引此二句，服虔曰：『逸詩也。』《都人士》首章有之，《禮記注》亦言《毛詩》有之，《三家》則亡，今《韓詩》實無此首章，時《三家》列於學官，《毛詩》不得立，故服以爲逸」。（南宋刊單疏本至《毛詩正義》，人民文學出版社，2012，頁 273）。於說《詩考》引《正義》說今《韓詩》無此二句，由《韓詩外傳》可見《韓詩》因《毛詩》改動者不少，似不足爲據。

八、《定本》《正義》亦有此二句。《單疏》頁 273、《十三經附校勘記》頁 493。

九、《唐石經》「行歸于周，萬民所望。」中華書局 1997 頁 372。）

十、《釋文》「望如字，協韻音亡」，《釋文》亦有此二句。

十一、又從文例而論有此二句，每章正好六句。

綜合以上十一條論據，四家詩當有此二句。至於說東漢熹平 172～177 年《熹平石經》無此二句，但《新書》有，賈誼《新書》在西漢之初。早出《熹平石經》340 年。因此，王先謙《集疏》「是明明逸詩孤章，《毛》以首二句相類，強裝篇首觀其取《緇衣》文作《序》，亦無謂甚矣。」（《詩三家義集疏》，中華書局，1987，頁 801），《集疏》之說不免武斷。

《毛》所，《新書·等齊》作之，所之古通。

〔2〕案：本字作薹，《單疏》。《毛》臺，《釋文》引《爾雅》臺，又作薹，《在郡臥病呈沈尚書》李注引《毛》薹。臺通薹。案：本字作鬄，《毛》綢，《說文》鬄、稠，《慧琳音義》92，引《毛》稠，《說文》鬄，綢稠鬄共周，綢通稠、鬄。《毛》說，《釋文》音悅，說古字。《漢石經》《毛》不，《考文》弗，古通。

〔3〕《單疏》《考文》琇，《說文》璓，璓古字。案：本字作姞，《唐石經》《毛》吉，《左傳》《國語》《潛夫論·志氏姓》《漢·古今人表》《說文》《箋》《單疏》姞。後三章《毛》不，《魯》《列女傳》4、《釋文》弗，古通，下同。《唐石經》《毛》、小字本、相臺本、閩本、明監本苑，《箋》訓如屈則音鬱，當依《釋文》《疏》《考文》《群經音辨》十行本何《校》菀，《說文》蕰，徐邈：苑菀音鬱，蕰，俗字。當爲蕰，鬱結。

〔4〕案：本字作裂，《毛》而厲，《漢石經》董，《魯》《淮南·氾論》高注引作若厲，《齊》《內則》鄭注引、《箋》《說文》如裂，若，若、而，如。同爲日母，若。而通如。厲通裂。《毛》薑，《說文》薑，古字。

〔5〕《毛》旟 yú，《毛詩音》旟音舉，旟讀如舉。《唐石經》盱，《毛詩音》盱即忓，盱通忓。

【詮釋】

〔1〕周平王遷於東都洛陽，一些人緬懷鎬京時代的繁榮景象。《齊》《西都賦》《箋》訓：都 dū，都雅文雅嫻雅，美人，美士，《有女同車》：「洵美且都」，《悲回風》「惟佳人之永都」，歡美之詞，《書·堯典》：「都，共工方鳩僝功。」《齊傳》《西都賦》「都人士女，殊異乎五方」，則訓都城。狐裘黃黃，當依《新書》作黃裳，《魯》《白虎通·衣裳》：「古者緇衣羔裘，黃衣狐裘。禽獸眾多，獨以狐羔何？取其輕暖……故天子狐白，諸侯狐黃，大夫狐蒼，士羔裘，亦因別尊卑也。」容，儀容。出言，言談也有法度文章。周，忠信，

《商書‧太甲上》:「自周有衷心」,言行符於規範。《單疏》:「狐裘黃者,實大蠟(zhà,古代年終大祭萬物)時,息民所服服」,黃黃、煌煌,美好。

韻部:黃章望(音亡),陽部。

〔2〕臺通薹 tái(Carex dispalata),莎草,莖葉可製蓑笠,遮陽防雨;緇撮 zīcuō,黑綢帶束髮。如,乃,其,是;髢,秀髮。倒句以協韻。綢通稠鬈,秀髮稠密。朱熹:君子女,都人貴家之女也。說,悅。

韻部:撮髢說(悅),月部。

〔3〕充耳,瑱 tiàn;琇(璓)xiù,美石做耳瑱,《單疏》:琇,庶人無玉而用石;實 shí,美。謂,都說是;尹,尹氏,以官為氏;《古玉圖考》:「充耳,形圓而長如棗,須上一孔以受系,下垂如贅。」吉姞 jì,姞氏,黃帝之後,周代與王族聯姻的豪門旺族。不 bù 通弗。菀菀 yùn,薀 yùn 結,鬱結。

韻部:實吉(姞)結,質部。

〔4〕垂帶,鞶帶;而若通如;厲通裂,大帶的下垂。男士服飾。卷,捲曲;蠆 chài,Buthus martensi 長尾蠍,尾向上卷,時尚女子髮式。言、我與上而、若、如,都是字異義同之例。從,依從;邁,行。與您同歸。

韻部:厲(裂)蠆邁,月部。

〔5〕卒章明旨。匪通彼。伊,繄 yì,是,此;垂,下垂之帶。有餘,餘餘 yúyú,長。卷,捲曲。案:有旟,旟旟 yúyú,(古)餘魚;舉 jǔ,(古)見魚,餘、見准鄰紐,同在魚部,《毛詩音》旟音舉,旟通舉,旟旟、舉舉,上揚,高昂貌。云,發聲詞;盱讀如忓 xū,憂病。

韻部:餘旟(舉)盱(忓),魚部。

【評論】

《詩緝》:「言都人之男子以薹草為笠,以緇布為冠,撮持其髮,見儉素也。彼君子家子女,其為鬈密而直,如其本髮,亦儉素也。」《續〈讀詩記〉》2「儉素若此,今不復若此矣。此吾心之所以不說也。」《詩切》「懷西周時人儉而有禮文也。」《原始》12:「〔一章〕單提士。〔二、三、四章〕此三章士、女並題。〔五章〕一女雙收與首章若相應若不相應,並見篇法之變。」案:此詩警拔而悽惶,由衣著髮式,揭示重大問題,開拓了中國詩歌以細節描寫勝的先河,此詩比西班牙詩人克維多(1580～1645)《我凝視著祖國的城牆》更文質斌蔚,更有意境,更含蓄,更富於詩意美。詩人善賦,歷歷如繪,下啟張衡《西都賦》《南都賦》、左思《三都賦》。

采綠〔菉〕

終朝采綠〔菉〕，不盈一匊〔掬〕。	整個早晨採菉草，一捧沒採足，
予髮曲局，	隨手弄個抓髻，沒整頭髮，
薄言歸沐。〔1〕	急迫迫回家洗沐。
	〔追思〕
終朝采藍，不盈一襜。	整個早晨採蓼藍，沒有採滿一圍裙。
五日爲期，	唉！他約好五月的這一天回家，
六日不詹〔瞻〕。〔2〕	六月的這一天到了，咋不來臨？
	〔追思〕
之子于狩，	這小冤家往打獵，
言韔〔鬯〕其弓。	我早給他藏好硬弓；
之子于釣，	這小冤家往釣魚，
言綸之繩。〔3〕	我早給他理好釣綸。
	〔追思〕
其釣維何？	他釣的是什麼魚？
維〔惟〕魴及鱮。	是鯿魚與鰱魚，
維〔惟〕魴及鱮，	是鯿魚與鰱魚，
薄言觀〔覩〕者。〔4〕	眞是好多好多魚！

【詩旨】

　　案：貴族閨情詩，怨曠詩，丈夫行役久未歸，怨曠中的貴族之妻子採菉採藍都不是心思，丈夫預約又失期，妻子不免有怨而又預想重逢後同獵同漁的甜蜜，是女詩人自解、自我寬慰的情詩。魚，暗喻情愛之樂。

　　《毛序》：「《采綠》，刺怨曠也。幽王之時，多怨曠也。」《後漢·劉瑜傳》劉瑜《舉賢良方正上書陳事》：「《詩》云：『五日爲期，六日不詹，』怨曠作歌。」

　　《續〈讀詩記〉》「殆似婚姻之失時也。」朱熹《詩集傳》：「婦人思其君子，而言『終朝采綠，不盈一掬』者，思念之深，不專於事也。」《詩切》「望夫也。夫祿薄而職煩，休沐（公假）不得歸也。」清·龔橙《詩本誼》：以爲《采綠》是《小雅》中「西周民風之一」。案：大約是具有民歌風味的貴族婦女之歌，詩中明顯有《卷耳》等詩的寫作技法，有《君子于役》的民歌腔調，

不過又是貴族閨情詩，用詞則煉，節奏更緊，四章章四句，餘味曲苞。民歌之誠為貴族文學的乳娘。《編年史》繫於前772年。

【校勘】

〔1〕本字作菉。《單疏》綠，《魯》《離騷注》《說文》菉，綠通菉。《說文》《毛》菊，《文賦》注引、《考文》掬，掬俗字。《漢石經》局。

〔2〕《毛》日，《箋》月，案：由一、二章怨曠之情深似當從《箋》為五月之日、六月之日。《毛》《箋》《單疏》詹，《釋文》、《疏》蘇轍本作詹訓至，《考文》作瞻，詹瞻古今字，詹通瞻，俱通。案：本字作詹，《後漢·劉瑜傳》引作詹，瞻讀如詹。

〔3〕《單疏》《毛》韔，《釋文》韔，本亦作韔。韔本字，又作弢、韔，韔通韔。

〔4〕《毛》維，《三家》《漢石經》惟。《魯》《釋詁》郭注、《單疏》觀，《釋文》引《韓》作覿《單疏》：俗本作觀，覿，誤也。《定本》《集注》並作多。覿睹古今字。《毛》者，者讀如諸。

【詮釋】

〔1〕一二章怨曠，終朝，整個早晨。綠通菉，藎 lù 草，王芻，其葉汁液可染黃色，主治久咳，殺皮膚小蟲、熱邪、可洗惡瘡。一菊，雙手一捧。曲局，疊韻詞，捲曲貌。薄，迫，急忙；言，助詞。一說薄言，語詞。沐，洗沐其頭髮以待夫。女為悅己者容。

韻部：綠局沐屋，屋部。

〔2〕藍，蓼藍 liǎolán（Polygonum tinctorium），蓼科，葉可製靛青，可染青色，主治解諸毒、寒熱頭痛。襜 chān，圍裙。為期，約期。五日，五月的一天約期，六日，六月的一天。《魯》《釋詁上》《思玄賦》：詹 zhān，至。

韻部：藍襜詹（瞻），談部。

〔3〕三四章追憶，或為設想詞，道夫君必歸，燕昵和其之情。之子，此子。于，往，下同；狩，多獵。言，我，妻；韔通韔 chàng，用弓袋藏好弓。之，其；綸、倫，理，理好釣魚的用生絲紡織的繩。

韻部：弓繩，蒸部。

〔4〕維何？是何？魴，鯿魚；鱮 xù，鰱魚；《魯傳》《釋詁》：「觀，多也」。觀者承上句，當是魚多，者讀如諸，多，覿覩古今字，多。朱熹：者，之。

韻部：鱮鱮者（覿），魚部。

【評論】

《世本古義》：〔末二章〕，「皆預擬之詞」。沈守正《詩經說通》：「通詩總是思念之情，末二章則思中摹擬也，方采綠（菉）而忽思髮之曲局，而爲之沐之情景可想。五日、六日，亦是大約言之耳。末二章總是無往而不與，俱意中事、詩中景也。」《詩誦》3：「『予髮曲局』兩句，唐詩『鉛華不可棄，莫是藁砧歸』所從出也。後二章追思往日形影不離情事，正不必說到今日而歸期杳然，相思不見，業已柔腸寸斷。末章單承互見『維魴及鱮』疊句，宛然數了回頭數情緒。『薄言觀者』，搖漾旖旎，無限風神，眞絕妙結法。千古閨情詩，此爲壓卷。」《詩廣傳》：「誦《采綠》之詩，其得之矣。幽而不閟，旁行而不迷，方哀而不喪其和，詞輕而意至，心有繫而不毀其容，可與怨也，可與思也，無所傷，故無所淫也。呼！知不傷之乃以不淫者，可以言情矣。」《通論》「只承釣言，大有言不盡之意之妙。」毛先舒《詩辯坻》：「《采綠》後二章，上雙言狩釣，下只承釣，是古文不拘處。後代詩人亦用此法，如杜詩『學業醇儒富，詞華哲匠能』，下云『筆飛鸞聳立，章罷鳳騫騰』，亦單承次句耳。」《原始》12「此眞《風》詩也。」下啓漢《古詩》《青青河畔草》《行行重行行》《西北有高樓》曹丕《燕歌行》曹植《雜詩》晉·張華《情詩》。

黍〔柔〕苗

芃芃〔梵〕黍〔柔〕苗，陰雨膏之。　　勃勃怒苗長黍苗，瀟瀟時雨來滋膏。
悠悠南行，　　　　　　　　　　遠遠南行的師眾，
召〔邵〕伯勞之。〔1〕　　　　　卿士召伯忙慰勞。

我任我輦，　　　　　　　　　　有的挑運，有的輓車，
我車我牛，　　　　　　　　　　人力車，牛拉車，穿梭忙，
我行既集，　　　　　　　　　　行役任務已完成，
蓋〔盍〕云歸哉！〔2〕　　　　　何不讓我們回家鄉？

我徒我御，　　　　　　　　　　有的步行，有的駕人力車、牛拉車，
我師我旅〔旅〕。　　　　　　　有眾人，有眾兒郎，
我行既集，　　　　　　　　　　行役任務已完成，
蓋〔盍〕云歸處！〔3〕　　　　　何不讓我們回家鄉？

蕭蕭謝功，　　　　　　　　　　建造謝邑的工役速速完成，
召〔邵〕伯營之。　　　　　　　卿士召伯規劃經營建設中，

烈烈征師，　　　　　　　　　嚴正威武的出行眾人，
召〔邵〕伯成之。〔4〕　　　　卿士召伯治理成功。

原隰既平，　　　　　　　　　沼澤世界已理順理平，
泉流既清，　　　　　　　　　泉水河流已瑩瑩清清，
召〔邵〕伯有成，　　　　　　卿士召伯事業有成，
王心則寧。〔5〕　　　　　　　宣王的心啊乃安寧。

《漢石經》《采綠》《黍苗》。

【詩旨】

案：前 816 年，《虎季子白盤》記載搏伐玁狁勝，南仲伐玁狁至於太原，城彼朔方，尹吉甫伐玁狁功成，方叔征荊楚勝，周宣王時封母舅於戰略要地申，派卿士召穆公姬虎經營督辦建築申邑與慰勞有關師旅有司人員，召伯辦成此事，詩人頌美。讚美賢臣，這是召虎之歌。《編年史》繫於前 816 年。

〔三家詩〕《國語·周語》韋注：「《黍苗》，道邵伯述職，勞來諸侯也。」《左傳·襄 19》杜注：「《黍苗》，美召伯勞來諸侯。」

《毛序》：「《黍苗》，刺幽王也。不能膏潤天下，卿士不能行召伯之職焉。」

元·劉玉汝《詩纘緒》：「此行者歸而作此詩。」《會歸》頁 1498「詩人見幽王德澤不下於民，卿士亦事業不立於國，因思宣王恩潤於天下，召伯營謝而悅於使人，故陳古以刺之。」

〔日〕名川三佐男認爲《黍苗》是神人共演的史傳劇。

【校勘】

〔1〕《毛》芃黍，《衛〔街〕彈碑》、《定聲》梵，俗字，《毛》召，《國語注》《說文》邵，召邵古今字，《漢石經》殘碑柔，《費鳳別碑》柔，同。

〔2〕《毛》旅，《唐石經》旅。《毛》哉，章太炎《膏蘭室札記》2 借爲載。《毛》集，由《箋》訓集爲成可知集通就。《毛》蓋，蓋通盍，《毛詩音》：蓋，即盍。蓋，《疏》疑辭，下同。

〔3〕《毛》召，《考文》邵，召音邵。《漢石經》歸處。

【詮釋】

〔1〕一章寫召伯撫慰。芃芃 péngpéng，梵，茂盛貌。膏，滋潤。召邵 shào，在今山西省垣曲縣東，召穆公虎；勞，勤勞國事，慰勞部屬。悠悠，眾多。

韻部：苗膏勞，宵部。

〔2〕二章寫眾夫忙建築與思鄉之情，皆本純情。我，結構助詞，下同；任，用肩背；輦 niǎn，用人輓車。車，馬駕車；牛，牛拉車。行，行役任務；集讀如就，完成。蓋讀如盍 hé，何不。《單疏》蓋，發端詞。《膏蘭室札記》2 哉當爲載，下章云：「蓋云歸處」，則此章不宜虛用語詞。《晉語》：「子餘使公子賦《黍苗》：重耳若獲集德而歸載。云，語詞。載猶處。

韻部：牛哉，之部。

〔3〕三章寫眾夫思親之情，徒，步行者；御，御車者。《述聞》：師旅，群有司。集讀如就，就，成就，成功。歸處，安居。

韻部：御，鐸部；旅處，魚部。鐸、魚通韻。

〔4〕四章寫召伯營治謝邑之勳。《箋》蕭蕭，嚴正貌。謝 xiè，在今河南唐河縣南。功通工，工役工程。營，規劃經營建設。烈烈，威武貌。征，行；師，眾。成，成功。

韻部：營成，耕部。

〔5〕五章寫賢臣功成，周王心寧。原，平原。隰 xí，濕地。平，治理好。清，疏浚。則，乃；寧 níng，安寧。

韻部：平清成寧，耕部。

【評論】

《單疏》：「首章上二句是宣王之能膏潤也。下二句以盡卒章，皆召伯之職也。言卿士不能行，則召伯時爲卿士矣」《名物抄》：「此見忠實之情、太平之氣象也。」《詩經疑問》：「細玩二章數『我』字，似召伯之所以勞之者，此民之樂爲役也。」《詩序解》：「是篇敘召穆公營謝，詞頗蘊藉，亦近乎風者，皆宣王全盛時詩。」《詩志》5「清晰老到。」案：人民渴望中興之主，切盼輔弼之臣，邵伯姬虎一代功臣，輔弼宣王，營謝之功，僾卒之勞，可爲冰鑒，故其徒感戴而吟詩。詩情眞語眞，場面描寫，動作描寫簡括而有力。胎息於民歌。頌美的醇懿詩情出以平易鮮活的敘事語言，這是讚美詩中的佳什。

隰　桑

隰桑有阿，其葉〔葉菜〕有難〔儺〕。	濕地桑林多美！葉肥招人喜！
既〔既〕見君子，	見著了我的意中人，
其樂如何！〔1〕	我的心兒多愉悅！

隰桑有阿，	濕地桑林阿阿然長美！
其葉〔葉葐〕有沃。	桑葉墨嫩綠汪汪。
既〔既〕見君子，	見著了我的意中人，
云何不樂！〔2〕	怎麼不心花開放！
隰桑有阿，	濕地桑樹阿阿然長美！
其葉〔葉葐〕有幽。	桑葉深青喜人心。
既〔既〕見君子，	見著了我的意中人，
德〔言〕音孔膠〔膠〕。〔3〕	美名很牢固，深獲我心。
心乎愛矣，	愛你啊愛在心窩裡，
遐〔瑕胡〕不謂矣？	何不告知他？
中〔忠〕心藏〔臧〕之，	心裡頭深以爲善，
何日忘之！〔4〕	何日不牽掛？

【詩旨】

余師《詩經選》：「這首詩是一個女子的愛情自白。」這是貴族女詩人深深眷戀意中人的戀歌。

〔魯說〕《列女傳》2：周宣王后姜后賢德，宣王早臥宴起。姜后脫簪珥待罪永巷，宣王：「寡人不德，實自生過，非夫人罪」，復姜后，勤政事，成中興之功。」「隰桑有阿，其葉有幽。既見君子，德音孔膠」。姜氏以德固，可謂孔膠矣。

《毛序》：「《隰桑》，刺幽王也。小人在位，君子在野，思見君子，盡心以事之。」《編年史》繫於前 772 年。

屈萬里《詮釋》：男女相悅之辭。

《續〈讀詩記〉》：「思君子而不得見也。」《詩集傳》：「此喜見君子之詩。」

【校勘】

〔1〕《毛》難，《考文》《御覽》《事類賦》儺，同。《毛》既，《漢石經》既，同。

〔3〕《韓詩外傳》4《毛》音，《新證》考證當作言，義同。

〔4〕《毛》遐，《三家》《表記》鄭注引作瑕，胡也。案：本字作臧，《箋》訓善則作臧，藏當作臧，《唐石經》初刻作臧，後磨改作藏，《考文》《釋文》《箋》《單疏》訓善則爲臧，《毛》小字本、相臺本藏，《王肅注》《考文》《群

書治要》《傳疏》臧，藏讀如臧。《說文》有臧無藏，作藏字非。古《孝經》
遐、忠。《韓詩外傳》忠，忠讀如中，《魯》《新序・雜事》5《韓詩外傳》4《毛》
膠，《漢石經》膠，同。

【詮釋】

〔1〕隰，沼澤地。有阿，阿阿ēē，婀娜ē nuó，柔美貌。茂盛而肥腴。
有難，儺儺 nuó nuó，茂盛豐腴貌。《新證》中，阿難，疊義讔語分用。

韻部：阿（婀）難（儺）何，歌部。

〔2〕趁韻。有沃，沃沃 wòwò，嫩綠肥碩貌。

韻部：沃樂，藥部。

〔3〕有幽，幽幽，黝黝 yǒuyǒu，墨綠豐腴貌。膠通膠 liáo，盛也。又訓
牢固，極密。

韻部：幽膠（膠），幽部。

〔4〕四章心理描摹。遐瑕 xiá 胡 hú 雙聲疊韻通借，遐瑕通胡，胡不，何
不；謂 wèi，告知。《足利》甲本：「遐，遠也。謂，勤也。臧，善也。」臧通
臧，心中臧之，心內善之。

韻部：愛（音懿）謂，脂部。臧（藏）忘，陽部。

【評論】

《詩傳解頤正釋》22「此婦人於蠶桑之時得見其夫，而作此詩，蓋有似
於《風》也。」明・黃佐《詩傳通解》：「首三章屢興其見君之喜，末一章極
道其愛之誠。」《詩誦》3「鳥鳴嚶嚶，疊字妙矣。忽又單拈曰嚶其鳴矣，猗
儺其枝，讔語妙矣。忽又分貼曰：『隰桑有阿，其葉有儺』，或離或合，筆具
化工。《隰桑》末章變調，一句一折，情韻最深。」

白　華

白華菅兮，白茅束兮。	野菅草兒開白花啊，白茅草綑它啊。
之子之遠，	這個人將我疏遠，
俾〔俾〕我獨兮！〔1〕	使得我孤孤單單啊！
英英〔泱〕白雲，露彼菅茅。	天上泱泱白雲飄，露水滋潤菅與茅。
天步艱難，	國運時運多危險，
之子不猶。〔2〕	此人不再與我好。

滮池〔滮滮沱〕北流，浸〔寖〕彼稻田。　　沱水滮滮北流去，灌溉稻秧新。
嘯〔歗〕歌傷懷！　　　　　　　　　　悲吟哀歌太傷心！
念彼碩人！〔3〕　　　　　　　　　　　我把申后念在心！

樵彼桑薪，卬〔𢁇〕烘於煁〔煁〕。　　採那桑樹當柴草，架起火爐來烘烤。
維彼碩人，　　　　　　　　　　　　　唯有那常思念的申后，
實勞我心。〔4〕　　　　　　　　　　　惹得我心太憂惱。

鼓鍾〔鐘鼓〕于宮，聲聞于外。　　　　擊鼓敲鍾在宮中，聲傳宮外。
念子懆懆〔慘慘〕，　　　　　　　　　懷念此人愁不申，
視我邁邁〔怖怖〕。〔5〕　　　　　　　此人見我不理睬。

有鶩在梁，有鶴〔隺〕在林。　　　　　鶩吞梁中魚，白鶴逃深林。
維彼碩人，　　　　　　　　　　　　　唯有申后難釋念，
實勞我心。〔6〕　　　　　　　　　　　每念此人實傷心。

鴛鴦在梁，戢其左翼。　　　　　　　　鴛鴦在魚梁，把喙插在左翅膀。
之子無良，　　　　　　　　　　　　　這人哪如鴛鴦，實在無良心，
二三其德。〔7〕　　　　　　　　　　　反覆無常壞心腸。

有扁斯石，　　　　　　　　　　　　　唉！扁扁乘石讓人踩，
履之卑〔厗〕兮。　　　　　　　　　　扁石被踩真哀哉！
之子之遠，　　　　　　　　　　　　　此人離我遠去了，
俾我疧〔疷〕兮。〔8〕　　　　　　　　使我憂病太傷懷啊！

【詩旨】

案：宮廷詩人所寫哀憫宮廷棄婦詩。或稱之爲宮廷閨怨詩。周宣王開創了中興大業，惜乎喪於幽王之手。《魯說》《周本紀》「當幽王三年，王之後宮，見〔褒姒〕而愛之，生子伯服，竟廢申后及太子，以褒姒爲后，伯服爲太子.〔周〕太史伯陽曰：『禍成矣，無可奈何！』」被周幽王宮涅（前781～前771）於前779年（《帝王世紀》則說三年納褒姒，八年立后）遺棄了的王后、女詩人申后（毛萇、鄭玄、王肅、孫毓、朱熹認爲是申后），以悲怨的語言寫她被逐出周宮後，她不僅思考是什麼棒打鴛鴦兩處棲，而且能由個人的厄運想到國家的命運，「天步艱難，之子不猶」，不免有深怨之思，詩人善於博喻，酌用切當的比喻，禿鶩暗喻褒姒，白鶴暗喻申后，並加以對比。八章皆用比，暗喻失寵，「念子懆懆，視我邁邁（怖怖）」，抨擊周幽王。「之子無良，二三其德」，「之子之遠，俾我疧兮」。誦之令人不勝唏噓。朱熹《詩集傳》15說申后作。

〔齊說〕《漢·外戚傳·趙倢伃傳》。「《綠衣》兮《白華》，自古兮有之」。

《毛序》：「《白華》，周人刺幽后（《唐石經》亦作后，宋·程顥《二程集》、朱熹《辨說》后當作王。）也。幽王取申女以爲后，又得褒姒，而黜申后，故下國化之，以妾爲妻，以孽代宗，而王弗能治，周人爲之作是詩也。」《編年史》繫於前 774 年。

屈萬里《詮釋》、劉毓慶、李蹊譯注《詩經》以爲妻子思夫之詩。

余師（1963）《關於改詩問題》女子懷念愛人的詩。有拼湊嫌疑的是第七章，由《鴛鴦》《氓》《鶉之奔奔》湊成。

【校勘】

〔2〕《毛》英英，《說文》《射雉賦》《白帖》《釋文》引《韓》泱泱，英讀如泱，重言形況字。《毛》露，《白帖》霑。《毛》俾，《唐石經》俾。

〔3〕案：本字作滮沱 biāoyuó，《單疏》《毛》滮池，《唐石經》《五經文字》澎，避唐諱。《三家》滮沱，《漢》虖沱《周禮》虖池，《禮記》呼池，《說文》《廣雅》《玉篇》《水經·鄎水注》滮沱，徐鉉：今別作池，非是。滮古字。正字作寖，《毛》浸，《釋文》本又作寖，寖古字。《毛》嘯，《正字》《考文》歗，《釋文》本亦作嘯，歗古字。

〔4〕本字作卬，《說文》卬，卬同。《毛》烘，《說文》烓，古字。《毛》《說文》煁，《唐石經》煁。

〔5〕《單疏》鼓鐘，《韓詩外傳》4《考文》鐘鼓，似當以《韓》《考文》古本爲準。案：正字作懆懆怇怇，《釋文》《說文》《玉篇》《群書治要》《兩漢全書》《五經文字》《釋文》《唐石經》小字本相臺本懆懆，《正義》《考文》慘慘，《釋文》懆懆，愁不申，亦作慘慘。慘慘通懆懆。《毛》邁邁，《三家》《說文》《釋文》引《韓》怇怇，邁邁通怇怇。

〔6〕《毛》鶴，《漢石經》《汗簡》《漢劉熊碑》雈，古字。

〔7〕《毛》卑，《唐石經》畀、俾。案：本字作痆 qí《說文》有痆無痕。《魯》《釋詁》《說文》《玉篇》《唐石經》《廣韻》《單疏》、何《校》、黃侃手批白文《十三經》痆，《釋文》《疏》阮《校》作痕，痕同胝，應作痆。

【詮釋】

〔1〕一章寫被逐出內宮後見菅蒅而興渴望不可得。白華 huá，巴茅，白茅，《綱目》13 白茅，菅似茅而滑，無毛，根下五寸中有白粉者柔韌宜爲索，

漚之尤善。補中益氣，除癥止渴。白茅純束。菅 jiān（Themeda gigantea），菅茅，禾本科，可蓋屋頂，可造紙，根入藥。之子，此子；遠，疏遠我。俾，使。獨，孤獨無依。

韻部：束獨，侯部。

〔2〕二章寫天上的雲尚覆庇菅茅，國運艱難無所庇護。英英、央央、泱泱，白雲貌。菅茅爲叶韻而倒文。露、霑，滋潤。天步，國運。《正義》引侯苞《韓詩翼要》：「天行艱難於我身，不我可也。」《韓》《毛》俱訓猶爲可。不以我可，不與我好。

韻部：茅猶，幽部。

〔3〕三章由滮沱水引人，到自己，而傷懷。滮滮 biāobiāo，水流貌。在今西安市西北。浸，灌溉。嘯歗同，聞氏《通義》：「《白華篇》曰：『嘯歌傷懷』，謂號哭而歌，憂傷而思也。」《毛傳》：碩人，申后。

韻部：田人，眞部。

〔4〕四章寫周王不以己爲薪（心舅愛妻），我心勞苦悲悼。樵，砍伐柴薪。《通釋》：薪之爲言新也。卬 áng，我。烘，烤。煁 shén，古代可移動的火爐，用三腳灶烘燎。維，惟，思念。勞，憂勞。

韻部：新人，眞部；煁心，侵部。

〔5〕五章寫雖聞宮鍾，女詩人被幽王逐走的痛苦。《唐石經》鼓鐘，當從《考文》作鐘鼓，鍾 zhōng，古代禮樂，懸掛，以木鎚擊之，敲鍾擊鼓，聲聞於宮外。懆懆 cǎocǎo，欲諫正，愁不申。案：視，示。邁邁 màimài；怖怖 pèi，邁邁怖怖疊韻通借，恨怒貌。《韓詩》：「怖怖，意不說（悅）好。」

韻部：外邁（怖沛），月部。

〔6〕六章以鶴、鶖易位，隱喻申后我被逐，褒姒受寵爲后。鶖 qiū，大禿鸛 Leptoptiles dubius 喻褒姒，《本草綱目》47，鵚鶖，《說文》禿鶖，頭頸無毛，極貪惡，好吃魚蛇，主治中蟲魚毒，補中益氣，補精髓。梁，魚梁。《箋》：「鶖之性貪惡而今在梁。鶴（喻申后）潔：白，而反在林。興王養褒姒而餒申后，近惡而遠善。」實，寔，是；勞，病，傷。

韻部：林心，侵部。

〔7〕七章憶鴛鴦情深，今鴛夢難溫，全因周王二三其德。申后大約是借用《鴛鴦》《氓》，用民歌來抒懷、諷刺。鴛鴦，匹鳥。戢，喙插在左翅膀內。良，善。二三其德，沒有行爲道德規範。

韻部：梁良，陽部。翼德，之部。

〔8〕八章十分尖銳地將自己比爲扁石，有扁，扁扁 biǎnbiǎn，被蔑視的不厚的乘石；斯，其；扁石，扁扁平平的石頭，上車的乘石，踩在腳下，比喻地位卑賤。卑，低。《古義》：「『履之卑兮』是倒文，言乘石卑下，猶得蒙王踐履。」遠，疏遠。案：俾，使；疷 zhī 讀如底 qí，病不止。之子，幽王；遠，疏遠我。

韻部：卑疷，支部。

【評論】

《詩集傳》15：「今鶖在梁而鶴在林，鶖則飽而鶴則饑矣，幽王進褒姒而黜申后，譬之養鶖而棄鶴也。」明·李先芳《讀詩私記》4，「比《谷風》詞緩，而意益悲。其云『嘯歌傷懷』，所謂長歌之哀甚於慟哭是也。」《詩誦》3「八章，前二句皆託物爲比，後二句點本意。《射洪曲》、《江感遇》詩格仿始於此。無所覆曰露，今雲之覆而曰露，英英之雲，不得言覆也，於此可悟鍊字之法。」《原始》12：「按此詩情詞悽惋，託恨幽深，非外人所能代，故《集傳》以爲『申后作也』……是詩之作，與《小弁》同爲千古至文。至今讀之，猶令人悲咽不能自己，非至情而能若是乎？」眉批：「全篇皆先比後賦，章法似複，寶創格，又一奇也。」《會歸》頁 1508「此詩以一、二、五、七、八章，託爲申后自傷之辭，以三、四、六章閒入作者嗟歎之詠，乃相閒立篇之創格，自屬新格中之特義，不以辭害義。」案：女詩人從純粹人性出發，由個人被棄，聯想到天步國運，氣魄之大，感慨之深，誠不易。悽怨之情從心中流出，閨怨詩上品。女詩人自比白茅、白鶴，受屈遭棄，字字見血。首章以菅茅相親，反襯夫婦分手；二章提出病根「天步艱難」，國運因幽王而背棄周宣王中興大業；三章寫滮水灌田反襯申后遭棄後的悲嘯；四章用比，薪代婚姻不用申后（薪），反用褒姒（烘煤）；五章寫幽王褒姒鐘鼓奏樂甚，反襯申后恨怒；六章用比，比喻慰貼，字字見血，用比寫申后（白鶴）失寵，褒姒（禿鶖）得寵；七章用比，鉤魂攝魄，寫駕夢難溫，是因幽王無德；八章用比寫失寵的申后連上馬的扁石都不如，所以病不止。寫作技法多樣則比《谷風》《氓》藝術魅力更強。用韻兼平仄，更具表現力，聲韻沉咽悽楚，將被逐身世、家國憤恨打成一片，直刺幽王與鶖（褒姒），誠抒懷寄慨的佳什，顯示了貴族女詩人的學養與詩才。比後來漢代班婕妤《團扇詩》、徐淑《敘別》這兩首閨怨詩內容蘊涵更爲深邃，情感更爲悽怨，更爲強烈。漢·揚雄《法言·吾子》：

「詩人之賦麗以則」，晉・陸機《文賦》：「詩緣情而綺靡」，信矣。此詩從宮廷王妃之爭，直擊王宮內幕中的鮮為人知的醜聞，女詩人彷彿從天宮遠斥於外，宮怨尤為深刻強烈，反襯尤顯，悽愴異常，對班氏詩，《樂府詩集》41、42 兩卷及後代閨怨詩影響甚鉅。

緜 蠻

「緜〔緝綿〕蠻黃鳥，止於〔于〕丘阿。　　　「鳴聲宛轉的小黃雀，歇在小山坡。
道之云遠，　　　　　　　　　　　　　　路程遙遙真是遠，
我勞如何！」　　　　　　　　　　　　　奔波勞累可奈何？
「飲〔歆〕之食〔飤〕之，　　　　　　　給他水喝給飯吃，
教〔孝〕之誨之。　　　　　　　　　　　教誨他要更英邁，
命彼後車，　　　　　　　　　　　　　　命令副車停下來，
謂之載之。」〔1〕　　　　　　　　　　慰勞讓他坐上來。」

「緜蠻黃鳥，止于丘隅。　　　　　　　　「鳴聲宛轉的小黃雀，在山角休息。
豈敢憚行？　　　　　　　　　　　　　　豈敢害怕快步走，
畏不能趨。」　　　　　　　　　　　　　唯怕遲了來不及。」
「飲之食之。　　　　　　　　　　　　　「給他水喝給他吃，
教之誨之。　　　　　　　　　　　　　　教誨他們莫洩氣，
命彼後車，　　　　　　　　　　　　　　命令副車停下來，
謂之載之。」〔2〕　　　　　　　　　　慰勞讓他歇歇力。」

「緜蠻黃鳥，止于丘側。　　　　　　　　「鳴聲宛轉的小黃雀，在山旁休歇。
豈敢憚行？　　　　　　　　　　　　　　怎敢怕走迢遙路，
畏不能極。」　　　　　　　　　　　　　只怕路遠不能至。」
「飲之食之，　　　　　　　　　　　　　「給他水喝給飯吃，
教之誨之。　　　　　　　　　　　　　　教誨他們更英雄，
命彼後車，　　　　　　　　　　　　　　命令副車停下來，
謂之載之。」〔3〕　　　　　　　　　　慰勞載他路一程。」

【詩旨】

案：《魯說》《荀・大略》：「不畜無以養民情，不教無以理民性。……《詩》曰：『飲之食之，教之誨之。』王事具矣。」

〔魯說〕《潛夫論・班祿》：「行人定（一作病。定，乏？欠？）而《緜蠻》

諷。」此時大約是疲憊已極的行役之人與官府長官相遇時，這一位長官能體恤下情，詩人描繪了背景與對話，寄寓一條極其深刻的政治哲理：長官要體恤下情。寓旨諷切。繫於前 760 年。

《毛序》：「《緜蠻》，微臣刺亂也。大臣不用仁心，遺忘微賤，不肯飲食教載之，故作是詩也。」《詩總聞》15「當是重臣出行，而下士冗役告勞者也。聞其告勞而旋生憫心，亦必賢者，當是管、謝之流也。」

【校勘】

〔1〕《毛》緜蠻，《齊》《大學》緡蠻，《考文》緜蠻，緜綿同，緡通作緜。《毛》於，《唐石經》小字本相臺本于，作于是。《毛》飲食，《說文》歙之飤之，歙，飤古字。《毛》教，《說文》季，古字。

【詮釋】

〔1〕一章寫行役者訴勞苦，善良的官吏勞倈，體恤下情。《景福殿賦》《曲水詩序》注引《韓說》：緜蠻 miánmán，雙聲疊韻詞。緡蠻靆蒙閔緜惛蒙覴髳都有小貌。比喻微臣期冀長官恤己。黃鳥，黃鶯，鳥中歌唱家。止，止息；于，於。我，行役人；勞，長途行役之勞；如何，苦如何。下四句似無反問語氣，而是記錄這一位長官的仁惠之言。之，代詞，行役者。飤食 sì，給其食，給其吃。教誨，連語，教導，鼓勵。命，命令；後車，副車。之，兼語。謂，為；載，裝載。後四句是副歌。三章複沓式詠唱，吸收了民歌的技法。《箋》：古者卿大夫出行，士為末介。士之祿薄，或困乏於資財，則當賙贍之。幽王之時，國亂，禮廢，恩薄，大不念小，尊不惜賤，故本其亂而刺之。」

韻部：阿何，歌部。食，職部；誨載，之部。之、職通韻。

〔2〕隅 yú，角。憚，懼。趨 qū，疾行。

韻部：隅趨，侯部。食誨載，之部。

〔3〕極，至。側，旁。

韻部：側，職部；極食，職部；誨載，之部。職、之通韻。

【評論】

《續〈讀詩記〉》2「古者大臣行役，小臣從之，與之共事而均勞苦也。黃鳥止於丘，言物各息於其所也。今者行役，方以道遠足弱為憂，君子不惟飲食教誨之，又以後車載之，可謂能察其微矣。」明・鄒泉《詩經折衷》：「〔一章〕欲其周恤乎己也；〔二章〕欲其指示乎己也。『後車載之』，欲其振拔乎己

也。」《原解》24：「以微賤之分，『豈敢憚行』，但畏力疲不能趨，庶幾（希望）貴顯者—假援之而已。」《講意》：「此詩比體，與《碩鼠》、《采苓》一例，其初託言於鳥，不只直言己志而已。」《詩志》5「悲調遠態，苦心幻想，寫得淒婉纏綿。」

瓠葉〔菜〕

幡幡〔幡〕瓠〔瓠〕葉〔菜葉〕，	蕃蕃瓠葉採進籃，
采之亨〔烹〕之。	瓠葉烹製好佐餐，
君子有酒，	主人有酒待良朋，
酌言嘗〔嘗〕之。〔1〕	酌了酒請君嘗嘗看。
有兔〔菟〕斯〔鮮〕首，	兔兒的頭好鮮嫩，
炮〔炰炻〕之燔〔燔〕之。	裹燒燒烤香噴噴，
君子有酒，	主人有酒待良朋，
酌言獻之。〔2〕	酌了酒獻客情殷殷。
有兔斯〔鮮〕首，	兔兒的頭好鮮嫩，
燔之炙〔炙〕之。	燒烤火炙香噴噴，
君子有酒，	主人有酒待良朋，
酌言酢之。〔3〕	良朋舉酒敬主人。
有兔斯〔鮮〕首，	兔兒的頭好鮮嫩，
燔之炮〔炰〕之。	燒烤裹燒香噴噴，
君子有酒，	主人有酒待良朋，
酌言醻〔酬〕之。〔4〕	主賓酬酢情意深。

《漢石經》《瓠葉》《漸漸之石》《苕之華》。

【詩旨】

案：君子之交貴在誼，淡如水。《左傳·昭1》杜注：「《瓠葉》，《詩·小雅》。義取古人不以微薄廢禮，雖『瓠葉』『兔首』，猶與賓客享之。」此詩吟的是一位貴族或士庶人家的飲酒歌和待客之道，在私宴中，有一道素菜是鮮嫩的甜葫蘆瓜葉子，有一道葷菜兔肉，有清酒待客，乃君子之交，情自殷意自深。《解頤正釋》22「此士庶人飲酒常用之樂歌。」《編年史》繫於前772年。

《毛序》：「《瓠葉》，大夫刺幽王也。上棄禮而不能行，雖有牲牢饔餼，不肯用也。故思古之人，不以微薄廢禮焉。」《詩總聞》15「當在野君子相見為禮者。」朱熹《詩集傳》15「燕飲歌。」《通論》：毫無刺意。

【校勘】

〔1〕《漢石經》幡幡瓠葉，《單疏》瓠葉，《唐石經》幡幡瓠蔈，瓠同瓠。《毛》亨，《考文》烹，亨古字。《毛》嘗，《唐石經》嘗，同。

〔2〕《毛》兔，《天問注》《後漢·儒林劉昆傳》菟，菟同兔（兔）。《毛》斯，《箋》鮮。案：鹿斯、柳斯、兔斯，斯為語詞；鄭玄易作鮮，鮮斯古字通。《齊》《單疏》《孔子家語》《毛》炮，《釋文》本作炰，炰古字，炰，異體。

〔3〕《毛》燔炙，《單疏》《唐石經》燔炙，燔讀如燔，炙當為炙，《三家》《說文》炙。

〔4〕《兩漢全書》《唐石經》醻，酬或體。

【詮釋】

〔1〕貴族詩人運用《國風》的複疊式結構，對客人謙稱，詩中選取了甜葫蘆葉、兔頭兩個象徵意象。案：幡 fān，（古）滂元；蕃 fán，（古）幫元，同在元部，幫滂鄰紐，幡通蕃，蕃蕃 fánfán，茂盛，甘甜肥嫩。瓠，甜瓠 hù，《本草綱目》28 葉嫩時可食，瓠主治消渴惡瘡，利水道，腹脹黃腫。亨烹 pēng。言，而，就，下同。嘗，口嘗 chang。

韻部：亨（烹）嘗，陽部。

〔2〕有，名詞性詞頭；菟同兔；斯，其。首，量詞。炮炰 páo，帶毛裹泥燒烤。燔 fán，烤。獻，獻賓。

韻部：首酒，幽部；燔獻，元部。

〔3〕三、四章趁韻，炙當為炙 zhì，烤熟。酢 zuò，報。賓客酌酒回敬酬答主人。

韻部：首酒，幽部；炙酢，鐸部。

〔4〕斯，此。醻 chóu，主人導飲，勸酒。炮炰，燒烤。

韻部：首炮酒醻（酬），幽部。

【評論】

明·徐常吉《毛詩翼說》：「豐以燕賓者，《魚麗》是也。《易·鼎》之《象傳》曰：『大亨以養聖賢』。薄以燕賓者，《瓠葉》是也。《易·損》之《象》曰：『二簋可用享』。知《易》之意，則知《詩》之意矣。」姚舜牧《詩經疑

問》：「瓠葉之采亨，兔首之燔炙，可謂薄矣，而情由此達，禮由此行，君子不以爲簡。」陳延傑《詩序解》：「此詩初言瓠葉以爲菹（zù，酢菜），又以兔侑酒，意雖簡約，有不任欣喜之狀。」

漸漸之石

漸漸〔慚漸嶄嶃礛巉巖〕之石，	險阻峻峭的山石，
維〔惟〕其高〔遙〕矣〔烓〕。	它是那樣遼遼迢迢啊，
「山川悠遠，	「山川那樣遙遠，
維其勞〔遼〕矣〔烓〕。	征途遼遼莽莽，
武人東征，	將士們東征，
不皇〔偟遑〕朝矣〔烓〕。」〔1〕	實無空暇朝見國王！
漸漸〔嶄嶃礛巉巖〕之石，	險阻峻峭的山石，
維其卒〔崒〕矣〔烓〕。	它是那樣高險啊，
「山川悠遠，	「山川那樣遙遠，
曷其沒〔没〕矣〔烓〕。	何處才是終點啊，
武人東征，	將士們東征，
不皇〔遑偟〕出〔朏胐〕矣〔烓〕。」〔2〕	無暇出行啊。」
有豕白蹢〔蹄〕，	那白蹄兒的野小豬，
烝涉波矣〔烓〕。	成群成群進涉戲波，
月離〔麗〕于〔於〕畢，	月亮附麗畢宿，
俾〔俾比〕滂沱〔池沱〕矣〔烓〕。	比近大雨滂沱。
「武人東征，	「將士們東征。
不皇〔遑偟〕他〔它〕矣〔烓〕！」〔3〕	無暇顧及其它啊！」

【詩旨】

案：《竹書紀年》「幽王六年，王命伯士帥師伐六濟之戎，王師敗逋。」此詩大約是東征軍旅詩人征途中歷險的紀實詩什，征夫的怨歌。

《毛序》：「《漸漸之石》，下國刺幽王也。戎、狄叛之，荊、舒不至，乃命將率東征，役久，病於外，故作是詩也。」《編年史》繫於前722年。

《詩集傳》15：「將帥出征，經歷險遠，不堪勞苦而作此詩。」《世本古義》16，「將士苦東征也。……《竹書紀年》：厲王三年，淮夷侵雒，王命虢公長父伐之，不克。是詩之作，疑在此時也。」

【校勘】

〔1〕《毛》漸,《魯》《西京賦》《廣韻》巉巉,漸巉疊韻通借,904 年抄《玉篇》引《毛》作巖,《說文繫傳》嶃,《漢石經》《單疏》漸,《詩說》《釋文》《慧琳音義》75 引《毛》嶄嶄,漸嶃當爲嶄,《考文》嶃,《釋名》《說文繫傳》巖巉礛喦巖嶄嶄同。《唐石經》《毛》維其高矣,《漢石經》惟其高矣。《釋文》《單疏》《王肅注》勞,《箋》:勞,遼。《三家》《九歎注》、晉·孫毓《毛詩異同評》:《考文》《疏》《段注》《後箋》鄭音遼,從詩句看與一二句成對文則當爲遼;王肅:維其勞苦。案:勞,如字,勞苦;又勞讀如遼。《王肅注》《唐石經》皇,《考文》《讀詩記》遑,又作偟,偟皇通遑。

〔2〕案:本字作崒,《箋》訓爲崔嵬,《毛》卒,《魯》《釋山》《說文》《集韻》崒,卒通崒。《毛》沒,《唐石經》没,《說文》歾,歿没歾沒同。《毛詩音》沒與歾通。《毛》出,吉金《九年衛鼎》《廣雅·釋詁》《集韻》作朏,《周書》《說文》作胐,朏、胐古今字。出通胐。

〔3〕《毛》蹠,蹠蹄古今字,又作蹢跮獝。《毛》離,《魯》《淮南·原道》《漢石經殘碑》《論衡》《說日》《明雩》《呂覽·孟秋》高注作麗,離讀麗。《漢石經》俾滂沱矣。《論衡》15 俾作比,《白帖》1 霧霈,離通麗。《唐石經》於、俾、沱,《唐抄文選集注》137、《御覽》4 於沱,《唐石經》俾,俾讀如比,《魯》《西狹頌》《論衡·明雩》比、佗,《史·孔子弟子列傳》沱作池,俾通比,沱池池古字通。《毛》皇,《考文》遑,皇通遑。《毛》他,《釋文》它音他。

【詮釋】

〔1〕全詩用賦。一章描繪征途險峻而遙遠,漸 jiàn〈古〉從談,讀如巉 chán〈古〉崇談,高峻邈。悠遠,遙遠。《箋》:勞遼疊韻通借,迢遙。《王肅注》勞,勞苦。武人,軍人。東征,東征荊楚或淮夷。皇,遑,空暇,《周書·無逸》「則皇自敬德」,下同;朝 cháo,朝見國王。

韻部:高勞(遼)朝,宵部。

〔2〕二章描摹蹠山之巔。卒通崒(崪)zú,高峻貌。《傳》卒,竟(終盡終盡)。曷 he,何,何時。沒歿歾 mò,盡,有盡頭。如俗語:「望見青山,跑斷馬腿。」形容征遠。《傳疏》:出 chū,行。案:出,讀如朏,胐 fěi,月未盛。《呂覽·達鬱》:管仲曰:「臣卜其晝,未卜其夜,君可以出矣」。或訓爲歸,《西周策》:「秦王出楚王以爲和。」

　　韻部：卒（崒）沒（殁）出（朏咄），術部。

　　〔3〕三章寫大雨行軍。蹢 dí，蹄。前說：豕 shǐ，野豬（Sus scrofa），性兇暴，皮可製革，天性喜雨蹢河踩泥。大約是如《易・中孚》所云的豚魚。宋・王雪山：「豕，江豚。」《原解》24：豕，江豬。烝 zhēng，眾多。《傳》：烝，進涉。離通麗，附麗，附著；畢（bì），畢宿，其形如捕鳥、兔的畢 bì 網，有星金牛座 ε、68 號、δ、γ、α、θ1、71 號、λ 八顆，陰星，月經畢星，會有大雨。俾通比，比近。沱古字，滂沲、滂沱、霶霈 pángtuó，大雨。皇遑，暇。他，其它。《原解》24：「《漸漸之石》以下三詩，悽愴衰颯，亡國之音。」

　　韻部：波沱他（它佗），歌部。

【評論】

　　《詩本義》：「謂在險阻之中惟雨是憂，不遑及他也，履險遇雨，征戰尤苦，故以爲言。」《詩說解頤正釋》22「將帥出征，經歷險阻，不堪勞苦而作此詩。蓋有似於《風》也。」《後箋》：「《左傳》椒舉曰：『幽王爲大室之盟，戎狄叛之。』《序》言固有徵矣。《鼓鍾》《傳》云：『幽王會諸侯於淮水之上。』《苕之華序》云：『幽王之時，東夷、西戎交侵』。則當其會諸侯於淮，或即以東夷之叛而征之。……《詩》即史也，無庸更求他據矣。」《原始》12：「古人作詩，務要徵實。況此東征，尤關國事，不可不據實直書，以備國史採錄。……〔三章〕紀異而造語甚奇，若使『月離』句在上，則語意自原，而文筆庸平矣，不可不知。」案：前二章突出山險路遙，三章寫天象雨征，大雨急行軍，先寫野豬雨天涉河趨泥、暢其天性。「月離于畢」，大雨之兆，而大雨中「武人東征」，則「不皇他矣」，無暇顧及其它，極寫東征慘烈，呼應前三章。誠匠心獨運。此詩寫出周幽王宮涅（前 781～前 771）的政治慘況與軍隊怨言，幽王專寵褒姒，政治上一味重用虢石父（此人佞巧，善諛，好利）爲卿士，根本原因是政治敗壞，不能簡單地說由於褒姒魅惑周幽王。周幽王背棄宣王中興的政治內核，十年而亡。

苕之華

苕之華，芸〔扗隕娟〕其黃矣。	五、六月間，凌霄花開，紅紅花盛！
心之憂矣，	我心中憂愁啊，
維其傷矣！〔1〕	非常憂傷啊！

苕之華，其葉〔葉〕青青。　　五、六月間，淩霄花開，葉子菁菁。
知我如此，　　　　　　　　　早知我如此的遭遇，
不如無〔毋〕生。〔2〕　　　　還不如不生！

牂〔牜羊〕羊墳〔蕡蹟粉頯〕首，三星　　母羊瘦了更顯大頭，心宿照著空空魚
在罶〔罬罍〕。　　　　　　　留。
人可以食，　　　　　　　　　人們還可以吃，
鮮〔尟尠〕可以飽。〔3〕　　　很少有人能吃飽。

【詩旨】

案：這是災荒詩，大約詩人生在西周末葉，親歷亂世饑荒之年，見紫葳花落，而生花落人衰而益悲的悲涼情感，有「不如無生」的悽楚之感，用反襯法悲吟而成此詩。

〔齊說〕《易林・中孚之訟》：「牂羊蹟首，君子不飽，年歲孔荒，士民危殆。」

《毛序》：「《苕之華》，大夫閔時也。幽王之時，西戎、東夷交侵中國，師旅並起，因之以飢饉。君子閔周室之將亡，傷己逢之，故作是詩也。」《編年史》繫於前772年。

陳珍（2011）：是盛年女子找不到配偶的痛苦。

【校勘】

〔1〕本字作殞，《玉篇》《單疏》《唐石經》殞，《毛》芸，由《毛傳》則知芸通隕，《正義》「華黃落」則必爲隕，《毛詩音》「芸，即抎，抎隕同義。」抎隕別體。芸通紜。

〔2〕《毛》無，《考文》毋，《魯》《潛夫論・交際》《唐石經》無，《胡公夫人哀贊》勿，無毋勿通不。

〔3〕《說文》羘，《唐石經》牂墳，《齊》《易林・中孚之訟》《史・李斯傳》注《正字通》《初學記》《考文》《白帖》96《御覽》834蹟，《初學記》29引《毛》蕡，《魯》《釋畜》《爾雅翼》粉，《毛詩音》蹟即粉，又作蕡頒，蕡蹟粉墳通頯，《說文》《廣雅》《玉篇》頯。《唐石經》《單疏》罶，《毛》罶，《釋文》罍，本又作罬，小字本、相臺本作罶，《考文》《釋文》《初學記》29《白帖》1罬，阮《校》云：「案：《釋文》云：本又作罬。誤字。《考文》古本採之，非也。」罍通罶liǔ。尟尠鮮同。

【詮釋】

〔1〕全詩賦體，現實主義技法。苕，陵苕，凌霄（Campsis grandiflora），紫葳科，木質藤本，花紫赤色，將落，黃色。花莖葉入藥，能活血通經散瘀，治跌打損傷等，但花粉有毒。二章青青，芸其，芸芸，紜紜，花盛貌。《述聞》6「詩人之起興往往感物之盛而歎人之衰」。一說芸通殞，抎隕同殞 yǔn，墜落，隕落。維，惟，惟其憂傷。

韻部：黃傷，陽部。

〔2〕《單疏》葉，避唐諱。青青猶菁菁，茂盛。無毋勿，不。《詩說解頤》：「言我本不意所遇之世如此，若知我如此，則不如無生，謂生則不忍見也。」

韻部：青生，耕部。

〔3〕《毛傳》《段注》：牂 zāng 羊，母羊，《禮記·內則》鄭注、《字林》、《傳疏》《通釋》訓公羊，當訓牂羊為公羊，頭大角大。頳羺羒羵墳通顤顟 qiāoqiāo，大頭貌。三星，參星；罶 liǔ 曲梁，捕魚笱。（霤 liù，照在簷霤屋宇，蕭索之狀。）《魯傳》《大招注》：霤，屋宇。尟，又作尠，俗作鮮 xiǎn，少。飽，吃飽。王照圓《詩說》：「舉一羊而陸物之蕭索可知，舉一魚而不少之凋耗可想。」

韻部：首霤（罶）飽，幽部。

【評論】

〔魯說〕《潛夫論·交際》：「《詩》云：『知我如此，不如無生。』先合而後（后）忤，有初而無終，不若本無生意，強自誓也。」宋·司馬光：「《詩》云：『牂羊墳首，三星在罶』。言不可久。古人為詩，貴於意在言外。使人思而得之，故言之者無罪，聞之者足戒也。近世詩人，惟杜子美最得詩人之體，如『國破山河在，城春草木深。感時花濺淚，恨別鳥驚心。』山河在，明無餘物矣；草木深，明無人矣；花鳥，平時可娛之物，見之而泣，聞之而悲，則時可知矣。他皆類此，不可遍舉。」（《宋詩話全編》370 頁，江蘇古籍出版社）《詩說解頤正釋》22「喪亂之餘，百物凋耗。君子不忍見之，故作此詩，蓋亦《風》也。」明·楊慎《升菴詩話》4，認為杜甫「波漂菰米沉雲黑，露冷蓮房墜粉紅」是翻用「牂羊墳首，三星在罶。」清·王照圓《詩說》：「嘗讀《詩》至《苕之華》，『知我如此，不如無生』，二語極為深痛。蓋與『尚寐無訛』、『尚寐無覺』之句同其悲悼也。然苕華芸黃尚未寫得十分沉痛，至『牂

羊墳首，三星在罶，』眞極爲沉痛矣。」案：詩人善於用反襯法，見花繁盛，見葉菁菁，而增悲悼。寫饑腸漉漉，寫災荒詩語簡情悲而旨深，《升菴詩話》稱之爲《詩史》，漢武帝《瓠子歌》、三曹詩・晉・傅玄《炎旱歌》、唐・白居易《輕肥》《賣炭翁》、宋・蘇舜欽《吳越大旱》胚胎於此。

何草不黃

何〔無〕草不黃？	冬初，何方草不枯黃？
何日不行？	何日咱們不奔忙？
「何人不將？	「那一天咱們不奔行？
經營四方。」〔1〕	忙忙碌碌往來在四方。」
何草不玄？	哪兒的草不枯黃？
何人不矜〔矜鰥瘝〕？	哪一個人不可憐？
「哀我征夫，	「哀憫咱們征夫們，
獨爲匪民〔尸民〕！」〔2〕	獨獨不被當作人！」
匪〔彼〕兕匪虎〔虍〕，	像那犀牛，像那老虎，
率彼曠野。	沿著曠野奔走，
「哀我征夫，	「可憐咱們征夫，
朝夕不暇！」〔3〕	朝朝夕夕不能休！」
有芃〔芁蔯〕者狐〔狐〕，	毛兒蓬鬆的狐狸，
率彼幽草。	沿著幽深的草走，
有棧〔輚〕之車，	棧閣高高的役車，
行彼周道。〔4〕	沿著周道奔走。

【詩旨】

　　案：當西周末葉如《雨無正》「邦君諸侯，莫肯朝夕」，《召旻》「日辟國百里，今也日蹙國百里」，《瞻仰》「邦國殄瘁」，戰爭頻仍，徭役不斷，行役者長年在外，吟詩訴怨。詞義炳婉，詰問蒼天，「哀我征夫，獨爲匪民！」繫於前 774 年。

　　〔齊說〕《易林・蒙之蒙》：「何草不黃？至未盡玄。室家分離，悲愁於心。」

　　《毛序》：「《何草不黃》，下國刺幽王也。四夷交侵，中國背叛，用兵不息，視民如禽獸。君子憂之，故作是詩也。」《詩集傳》15「周室將亡，徵役不息，行者苦之，故作此詩。」《原始》12：傷饑亂也。《編年史》繫於前 776 年。

【校勘】

〔1〕《漢石經》《毛》何,《玄應音義》15 引作無。案:本字作矜,《說文》《字統》作矜,《華嚴經音義》22 引《毛傳》正作矜,矜憐古今字。《毛》矜,《爾雅》《考文》《論衡》《詩考》董逌引《韓》瘝,《毛詩音》矜音憐。矜矜瘝讀作憐。矜憐憐古今字。《爾雅》瘝(瘝),病。

〔2〕《單疏》民,《張衡傳》人,《唐石經》民,《單疏》民,作人民民,避唐諱。

〔3〕《魯》《史·孔子世家》《毛》匪,《毛詩音》:匪音彼,案:匪讀如彼,《疏證》匪,彼也。《單疏》虎,《唐石經》庐,避唐諱。

〔4〕《唐石經》狐,狐同狐。清劉寶楠:芃,疑或作芁,《淮南·原道》「禽獸有芁,人民有室。」詩以狐之有蓐,興民之有居(《寶應劉氏集》頁 424)。《毛》棧,《毛詩音》:作「輚」者非。

【詮釋】

〔1〕一章直陳現實。何,無,極言其普遍勞苦。玄、黃,互文見義,枯黃,黑黃。行,行役。將 jiāng,行。經營,疊韻詞,往來奔忙。元·朱公遷《詩傳疏義》:「以草之憔悴興人之勞苦,而語語相呼也。」

韻部:黃行方,陽部。

〔2〕二章役夫終年奔波。矜矜 jīn 瘝通憐 lián,哀憐。又瘝瘝 guan,同瘝,病。

韻部:玄矜矜、(瘝憐)民,真部。

〔3〕三章比擬。匪,彼。其時某些人視民如禽獸,詩人則吟此哀憫百姓勞役不已的悲催的徭役詩。詩益悽惶。體現了貴族詩人對征夫的人文關懷。率,沿著。《單疏》:「言視民如禽獸也。」此處用比。「朝夕無暇」,朝朝夕夕無空休息。

韻部:虎野夫暇,魚部。

〔4〕四章對比。有芃,芃芃 péngpéng,毛蓬鬆貌。案:今依劉寶楠,芃為芁 qiú 為蓐 rù,禽蓐〔繁密〕。興人民希望有居。幽,深。有棧,棧棧 zhànzhàn,通輚輚 zhànzhàn,高高竹木編成棚閣多裝載的役車。《原始》12「純是一種陰幽荒涼景象,寫來可畏,所謂『亡國之音哀以思』也。詩境至此,窮仄極矣。」

韻部:狐車,魚部;草道,幽部。

【評論】

案：《魯說》《荀·大略》：「《小雅》不以於汙上（上，君，不被君王所用），自引而居下（自隱，退而疏遠），疾今之政，以思往者。其言有文焉，其聲有哀焉（有文采焉，有悲哀焉）。」《白華》寫申后被逐，《漸漸之石》寫軍人無暇他顧，不僅要攀爬險峻高山，且山川迢遙，大雨滂沱，苦不堪言，《苕之華》寫災年人，《何草不黃》寫征夫不如野獸，皆悲催哀憫之至。《讀詩記》24 引李氏云：「文王之於民，以不忍人之心，行不忍人之政。其民無不得其所矣，而猶視之如傷，此周之所以興也。幽王之時，兵革不息，征伐不休，民之愁苦甚矣，而幽王曾不之恤，視民如禽獸，此周之所以亡也。興亡之鑒，豈遠乎哉？」《詩概》：「《小雅》之變，多優生之意。」此詩下啟魏·曹植《泰山梁甫行》。清·戴名世《疑解》：「昔者孔子刪詩，自《國風》《小雅》，大半皆勞人、思婦、忠臣、孝子悲悼慘怛之音，其言至沉痛不可讀！」案：《白華》《緜蠻》《瓠葉》《漸漸之石》《何草不黃》五篇乃悲慨之作，興寄良深，諷喻寓中，展示了文人詩非凡的藝術張力，興寄深微，詩歌藝術對生活的高度概括，典型而深刻的生活畫面的精心刻畫，如同咫尺小品同樣展示廣闊的社會生活畫面與深刻的主人公抒情與詩人強烈的抒情筆致的巧妙結合。「正言若反」，情景交融，是不可多得的現實主義詩什。至於《小雅》無貳無亂，這是由貴族詩人的地位所決定的，不可能寫出《魏風》，誠如《齊傳》《禮記·經解》引孔子云：「入其國，其教可知也。其為人也，溫柔敦厚，《詩》教也。」人之天性也善良，詩人歷盡艱辛，詩益悽惶，此詩體現了詩人對長年在外的征夫的人文關懷與憐憫之心，下啟漢詩《枯魚過河泣》《十五從軍行》、王粲《七哀詩》、陳琳《飲馬長城窟行》、唐·白居易《秦中吟》等。

卷二十三　大雅一

文王之什

大　雅

　　大雅，戰國楚竹書《孔子詩論》稱《大顥（夏）》，《墨·天志下》稱《大夏》，夏通雅 yǎ，《詩經》稱《大雅》，《說文》作《大疋》，所謂雅正之樂，雅正之聲。前544年，吳季札論《大雅》：「盛德之所同也。其細已甚。」《孔子詩論》簡二、簡三承其說：「《大雅》，盛德也。」《魯說》《風俗通義·聲音》「雅之言正也」，《禮樂》：「雅者，古正也」，《詩序》：「言天下之事，形四方之風，謂之雅。雅者，正也。言王政之所由興廢也。」《左傳·襄29》《疏》：「天子以正教齊正天下，故民述天子之政，還以齊正為名，故謂之雅也。」《魯傳》、隋·王通《中說·述史》：「《詩》有天下之作焉，謂《大雅》。」這實際上說了內容與形式兩層意思，內容是天下大事，四方之風，政治興廢之所由來，形式是歸於雅正之聲。《魯詩說》漢·陸賈《新語·本行》：「治以道德為上，行以仁義為本。」概括了《大雅》的主導思想與經驗教訓。

　　從思想內容分，寫的是天下大事。又分大雅、變大雅。正大雅含《文王之什》十篇，《生民之什》八篇，合計18篇，《孔子詩論》簡2「《大雅》盛德也」，這也揭明了德治的极端重要性。這是宮廷樂歌，為會朝所用。《左傳·

襄 29》吳季札評《大雅》：「廣哉！熙熙（和樂）乎！曲而有直體，其文王之德乎？」《齊詩傳》《禮記‧子貢》引師乙云：「廣大而靜，疏達而信者，宜歌《大雅》」。這是因為周文王如《逸周書》卷一所說是一代「明王」，如《呂覽‧古樂》所說為了「以繩文王之德。」《疏》引服虔述《韓詩說》「《鳧鷖》以上十四詩，皆文武詩。」《周‧泰誓》云：「惟人，萬物之靈。」《易‧繫辭》：「夫易，聖人所以崇德而廣業也。」周人主張敬德保民，敬德尚群，《文王》在維新思想的大旗下，主張「聿修厥德」，「儀型文王」。所以，《楚語上》記載申叔時對楚莊王云：「教之《春秋》（歷史），而為之聳善而抑惡焉，以戒勸其心；教之《世》（世系），而為之昭明德而廢幽昏焉，以休懼其動；教之《詩》，而為之導廣顯德，以耀明其志；……」《變大雅》含《生民之什》的《民勞》《板》二篇與《蕩之什》十一篇，合計 13 篇，這是宮廷文人與貴族文人所寫的用於諫諍、相戒的詩章。

　　商周崇拜祖先神，周代典籍將祖先神賓於上帝，《大雅》中《生民》《公劉》《緜》《文王》《大明》《韓奕》可見一斑。《釋名‧釋典藝》：「雅，義也；義，正也」。《大雅》以其宏闊的社會生活畫卷，深刻的思想內涵，以詩歌藝術寫出商周的嬗變及其歷史的經驗教訓，周部落的昌盛史以及周王朝的盛衰，有寫周的史詩，有寫名臣武將的詩什，有寫社會的變遷，有寫自然災害，有如宋‧范處義《詩補傳》22 所言周文王這樣的明王，有周宣王這樣的中興英主，詩旨正在於「聖人存六經垂訓之意」。明‧章潢《圖書編》11，「嘗讀李白詩，云：『大雅久不作』，白其深明《大雅》之旨矣乎？三代而下，如韓退之《唐平淮西碑》，其於《小雅》猶庶幾近之。至於《大雅》，豈特久不作而已乎？而《大雅》之義其不明於世也亦久矣，何也？《大雅》篇什皆所以發天下之奧也，雖後儒終生勤苦探索，亦止能敷陳其理義云耳。求其知性知天，洞晰《大雅》之精奧者幾何人哉？……蓋『上天之載，無聲無臭』，至矣。知《中庸》所以贊天載之，至則知《大雅》之所以為《大雅》者，端有在也。……『鳶飛戾天，魚躍於淵』，自後之詩家觀之，不過點綴景物之詞爾，惟子思子一發明之，昭明有融，觸處皆通，乃知於昭陟將，即鳶魚飛躍之眞機也。」

　　從詩人看，鄭玄《詩譜敘》：「《雅》有《鹿鳴》《文王》之屬。及成王，周公致太平制禮作樂而有頌聲興焉。」《國語》說周公作《小雅‧常棣》，《呂覽》《齊說》周公作《文王》，《詩集傳》周公作《大明》《緜》《棫樸》《生民》，

召康公作《公劉》《泂酌》《卷阿》，召穆公作《民勞》《江漢》，凡伯作《板》《瞻仰》《召旻》，衛武公作《抑》，芮伯作《桑柔》，仍叔作《雲漢》，尹吉甫作《崧高》《烝民》《韓奕》，大都是周公、召伯、中興名臣、卿士等所作。《詩譜敘》：厲也，幽也，政教尤衰，周室大壞，《十月之交》《民勞》《板》《蕩》勃爾俱作，眾國紛然，刺怨相尋。變大雅大興。

《大雅》中史詩多，這是一大特色，是宮廷詩人、文人詩對中國文化的一大貢獻，是對中國文化藝術、對世界文學藝術的一大貢獻。

《大雅》中許多地方對德、失德寫得不少，《孔子詩論》簡 2：「《大顫》（《大雅》），盛悳（德），多言。」《文王》《大明》《緜》如此，《行葦》《假樂》《烝民》無不如此。

聶石樵師《先秦兩漢文學史稿‧先秦卷》：「《小雅》章小節奏簡，《大雅》章多節奏繁。」《小雅》《節南山》《十月之交》這是《小雅》中的巨製，然與《大明》《生民》《公劉》《皇矣》「鏈式結構蟬聯而下的如《文王》後《下武》《既醉》」這樣的傑構相比顯然遜色。《文王》二、三章的「凡周之士，不顯亦世」與「世之不顯，厥猶翼翼」，三、四章的「濟濟多士，文王以寧」與「穆穆文王，於！緝熙敬止。」四、五章的「上帝既命，侯于周服」，與「侯服于周，天命靡常」，五、六章的「王之藎臣，無念爾祖」，與「無念爾祖，聿修厥德」，六、七章的「宜鑒于殷，駿命不易」與「命之不易，無遏爾躬」，是一種變通的蟬聯格。《大明》二、三章「生此文王」與「維此文王」，三、四章「大邦有子，」與「大邦有子」是明顯的蟬聯格，又見於《下武》、《既醉》。《民勞》五章中，每章第五六句分別為：「無縱詭隨，以謹無良」，「無縱詭隨，以謹惽恔」，「無縱詭隨，以謹罔極」，「無縱詭隨，以謹醜厲」，「無縱詭隨，以謹繾綣」，獨具匠心，啟發善良的人們與執政者應提防無良之人、譁眾取寵之人、沒有行為規範之人、品德惡劣之人、反覆無常之人。《大雅》的詩作者不僅學養淵博，技法多樣，而且錘鍊語言，多出名句，尤為可貴，《大雅》中的「其命維新」「濟濟多士」「天命靡常」「宜鑒于殷」「上天之載，無聲無臭」；「天作之合」「倪天之妹」「時維鷹揚」「其繩則直」「髦士所宜」「遐不作人」「勉勉我王」「鳶飛戾天，魚躍于淵」，「不聞亦式，不諫亦入」，「監觀四方，求民之莫（瘼）」「因心則友」，「不大聲以色，不長夏以革」，「庶民攻之，不日成之」，「永言孝思，孝思維則」，「繩其祖武」，「孝之不匱，永錫爾類」，「不解（懈）于位，民之所墍（jì，讀如懸悉 ài，愛，

或讀如懘 xì，息）」「愷悌君子，民之所墍」「愷悌君子，俾爾彌爾性，純嘏爾常矣」「民亦勞止，汔可小愒」，「猶之未遠，是用大諫」，「先民有言：詢于芻蕘」。「多將熇熇，不可救藥」。「靡不有初，鮮克有終」，「殷鑒不遠，在夏后之世」，「白圭之玷，尚可磨也；斯言之玷，不可為也」。「天生烝民，有物有則。民之秉彝，好是懿德」，「柔亦不茹，剛亦不吐」「德輶如毛，民鮮克舉之」，「袞職有闕，唯仲山甫補之」，「穆如清風」，「夙夜匪解（懈），虔共爾位」，「矢其文德，洽此四國」，「人之云亡，邦國殄瘁」，這些都是文學語言中的燦燦珍珠。

渾涵《大雅》。以大手筆寫巨大的歷史生活畫卷，故不宜泛論，不宜輕視宮廷詩人又是學人又是重臣，《大雅》中醇懿然而又累累如貫珠如《文王》，雄渾然而有宏闊的戰爭場面描繪又有饒有情趣的文王娶親的生活細節描寫如《大明》，繪寫周民族史詩，民族偉人如《生民》《緜》《公劉》《皇矣》，寫順德繩武又兼有蟬聯的如《文王》既醉《下武》，能仁及草木、又序賓以賢的如《行葦》，宣傳善始善終，廣裕人民的如《既醉》，寫成王行冠禮，彰明「不懈於位，民之所墍」如《假樂》，植好梧桐，引來鳳凰，英才濟濟從而有成康之治的如《卷阿》，有鑒於殷的《蕩》，中興時的統一詩如《江漢》《常武》。

無論是所反映的社會生活的廣泛性，還是對《大雅》所表達的思想內容的思辯性，師乙所云「廣大而靜，疏達而信」確實是高度概括。六經皆史，《詩經》尤著，《榆溪詩話》：「先之以《生民》，次之以《篤公劉》，又次之以《緜》，次《皇矣》，次《文王》，而配之以《大明》《思齊》，則周之本紀內外備矣。《崧高》《烝民》皆世家也。《江漢》《常武》，並列傳也。」《生民》乃《史記‧周本紀》所本。可見《詩‧大雅》補史籍之不足。

與《逸周書》相呼應，一代英主周文王，在《大雅》中《大明》《緜》《棫樸》《旱麓》《思齊》《皇矣》《靈臺》《下武》《文王有聲》《召旻》都有涉及頌美周王的詩章。《蕩》照照前車之鑒，惕惕後人，《文王》渾穆而貫通，《緜》鋪陳雕琢而善排比，氣勢非凡，《江漢》《常武》雄渾峻切，《烝民》既以哲理勝又以強烈的性格美見稱，《瞻仰》《召旻》工於諷刺、對比，於錯落有致的詩句中抒發了詩人憂國憂民之情。具有思想內容、審美情趣的多樣化。又顯示作者的多層面：有輔弼大臣周公作《文王》《大明》《緜》《旱麓》《思齊》《皇矣》《靈臺》《下武》《文王有聲》《生民》《行葦》《既醉》《鳧鷖》，召伯奭作《公劉》《泂酌》《卷阿》，召穆公作《假樂》《民勞》《江漢》《常武》，有大臣

尹吉甫作《崧高》《烝民》《韓奕》，芮良夫作《桑柔》，衛武公作《抑》，凡伯作《板》《瞻仰》《召旻》，顯示了輔弼大臣、大臣、方伯的睿智與諷諫以及詩歌創作的醇懿與犀利。故《圖書編》11 云：「《大雅》篇什皆所以發天下之奧也。」元‧朱公遷《詩經疏義會通圖說》「正大雅《文王》至《卷阿》十八篇。」「變大雅，《民勞》至《召旻》一十三篇。」其實《崧高》至《常武》並非「變大雅。」

文　王

文王在〔才〕上，　　　　　　　文王的英靈高高在上，
於〔嗚〕！昭〔邵〕于天！　　嗚呼！顯顯明明在天上，
周〔周〕雖舊邦，　　　　　　　周雖說是古老的邦國，
其命維〔惟〕新。　　　　　　　克配天命，總有維新思想。
有周〔周〕不顯，　　　　　　　周於是大顯於世界上，
帝命不時。　　　　　　　　　　上帝所命周人大承。
文王陟降，　　　　　　　　　　文王的英靈升到天上，
在帝左右。〔1〕　　　　　　　輔佐在上帝的身旁。

亹亹〔勉亹穆婗忢〕文王，　　〔祝禱詞：〕勉勉不已的周文王，
令聞〔問〕不已〔巳〕。　　　美好的聲譽不斷遠揚。
陳錫哉〔載〕周〔周〕，　　　上帝一再厚賜福於行大道的周邦，
侯文王孫子。　　　　　　　　　周文王的子孫重光。
文王孫子，　　　　　　　　　　周文王的子孫，
本支〔枝〕百世〔世廿〕。　　宗、庶百代大昌。
凡周〔周〕之士，　　　　　　　凡是周的俊士功臣，
不顯亦〔奕〕丗〔世廿〕！〔2〕　累世大顯榮光！

丗〔廿世〕之不顯，　　　　　　世世大顯，
厥猶翼翼。　　　　　　　　　　其規劃恭敬謹慎。
思皇多士，　　　　　　　　　　許多有榮光的賢良功臣，
生此王國。　　　　　　　　　　活躍在周的百業千行，
王國克生，　　　　　　　　　　周愛才育才，
維周〔周〕之楨；　　　　　　　眾多英才是周的棟樑。
濟濟多士，　　　　　　　　　　正是英才濟濟，
文王以寧。〔3〕　　　　　　　周文王得以安詳！

　　　　　　　　　　　　　　〔戒勉詞：〕

穆穆〔穆〕文王，　　　　　　　勉勉不已的周文公，
於！緝熙敬〔於幾義之〕止！　　嗚呼！光明，謹慎，
假哉！天命，　　　　　　　　　偉大哉！天命，
有商孫子。　　　　　　　　　　商的子孫，
商之孫子，　　　　　　　　　　商的子孫，
其麗〔儷〕不億；　　　　　　　其數目不止一億人。
上帝既命，　　　　　　　　　　上命已經命令，
侯于周服。〔4〕　　　　　　　　於是向周臣服，歸順！

侯服于周，　　　　　　　　　　於是向周臣服，
天命靡常！　　　　　　　　　　天命向來無常，
殷〔𣧎〕士膚敏，　　　　　　　微子等殷士大爲聰慧達觀，
裸〔灌裸祼〕將于京。　　　　　也到鎬京參加灌祭，
厥作裸〔灌〕將，　　　　　　　他們參加灌祭，
常服黼冔〔絳〕。　　　　　　　仍然穿殷的禮服，戴殷冠，
「王之藎〔燼〕臣，　　　　　　「武王進用微子等士，
無念〔念毋𣧎〕爾祖！」〔5〕　莫辱沒您等的商湯、武丁等老祖宗！」

無〔毋〕〔念𣧎〕爾祖！　　　　莫辱沒您等的老祖宗，
聿〔述〕脩厥德；　　　　　　　用心修明您等的德行！
「永言配命」，　　　　　　　　「成王等長配天命」，
「自求多福」。　　　　　　　　「自求多福多享」。
「殷〔𣧎〕之未喪師，　　　　　「殷沒有喪失民心時，
克〔尅〕配上帝；　　　　　　　能配上帝。
宜〔宜儀〕鑒〔監〕于殷〔𣧎〕！　應借鑒商代覆亡的教訓！
駿〔峻〕命不易！」〔6〕　　　　崇高的使命談何容易！」

「命之不易，　　　　　　　　　「崇高的使命談何容易，
無遏〔謁〕爾躬；　　　　　　　無害於你們自身，
宣〔顯〕昭義問〔聞〕，　　　　使普天下顯揚昭著周文公的美譽，
有虞殷自天。　　　　　　　　　又法度正自天命。
上天之載〔絳〕，　　　　　　　上天的大道、規律，
無聲〔馨〕無臭；　　　　　　　沒有馨香，沒有氣味。
儀刑〔型形毟型〕文王，　　　　大家效法周文王，
萬邦〔國〕作孚〔曑邦复反〕！」〔7〕萬國則都會信服！」

【詩旨】

《詩論》簡22「〔文〕王才（在）上，於邵（昭）於天，虘歕（吾嬂 měi，吾美）之。」簡1「告員（《詩》云）：『埶（儀）型文王，萬邦复反（作孚）。』子曰：又（有）國者章孖（好）章惡，邑眠（以示）民。」簡7：「又（有）命自天，命此文王，城（誠）命之也。信矣。孔子曰：此命也夫。文王隹穀（唯裕）也，寻虜（得乎）？此命也。」案：據《呂覽》周公作《文王》，周初，周公姬旦在詩中宣傳了「維新」思想的文化傳承、「天命靡常」論、唯有「濟濟多士」方能「文王以寧」，對前代的士如微子則戒之以「〔武〕王之藎臣，無忝爾祖」，前三章，詩人以頌詩的語言寫周文王遵天命而興周；後三章戒「宜鑒於殷，駿命不易」；對當代的臣子與士則提出了「進用唯德」「聿修厥德」亦即從我做起、大倡德治，並提出了天有大道乃是客觀規律，「上天之載，無聲（馨）無臭」這樣極其重要的哲學思想，歸結爲「儀刑（型）文王，萬邦作孚」的政治結論。詩旨在頌美周文王，以繩（繩法，繼承效法）文王之德。《呂覽·古樂》：「周文王處岐，諸侯去殷三淫（剖比干之心、斷才士之股、剖孕婦之胎）而翼文王。散宜生曰：『殷可伐也。』文王弗許。周公旦乃作詩曰：『文王在上，於昭于天，周雖舊邦，其命維新』。以繩（《字畫》作譝 shéng，稱譽）文王之德」。《後漢·翼奉傳》《世說新語·言語》同。因文王是追諡，案：結闉第二章當是寫給周文王的第三代周成王，戴溪繫於周成王時。《編年史》繫於前1035年。

〔魯說〕《漢·楚元王傳》引：「孔子論《詩》，至於『殷士膚敏，祼將於京』，喟然歎曰：『大哉天命！善不可不傳於子孫，是以富貴無常；不如是，則王公其何以戒懼？民萌何以勸勉？』蓋傷微子之事周，而痛殷之亡也。」

《毛序》：「《文王》，文王受命作周也。」

服虔述《韓詩說》：《文王》至《鳧鷖》繫於周文武時，當武王時。

〔齊說〕《易林·蒙之乾》：「海爲水王，聰聖且明。百流歸德，常饒優足（優沰）。」《漢書·翼奉傳》「周公作詩深戒成王，以恐失天下，《詩》曰：『殷之未喪師，克配上帝。宜鑒於殷，駿命不易。」「臣聞之於師，治道要務，在知下之邪正。」《禮記·大學》：「道得眾則得國，失眾則失國。」

《呂覽·古樂》、《漢·翼奉傳》《世說注》引荀慈明語、宋·范處義、呂祖謙、戴溪、朱熹、嚴粲都主周公作此詩。

《直解》:「作爲樂章,用在宗祀明堂,用在天子諸侯朝會,用在諸侯兩君相見,隱然爲周之國歌。」

【校勘】

〔1〕《漢石經》《唐石經》周,《毛》周,同。《墨‧明鬼下》於昭於天《唐石經》《毛》在、昭、維,《說文》炤,《詩論》簡22作才、邵,才通在,炤古字,邵通昭。《毛》於,《單疏》於,嗚古字。《寡婦賦》《赴洛道中》注引《韓》「嗚」。《正義》《張遷碑》作國,避漢諱。」案:本字作惟,《正義》維,《唐石經》初刻作惟,後改維,《三家》《左傳》《孟‧滕文公上》《大學》《後漢》《群書治要》惟,《晉紀總論》注、《西征賦》注引《毛》惟,國家圖書館藏《敦煌文獻》131/P123.bd14636號背面維作惟,載作哉,緝熙作緝凞。案:《漢石經》緝,緝俗字,維通惟。

〔2〕《魯》《釋詁》《九辯注》《韓》漢‧王粲《荊州文學記》《毛》亹亹、聞,《慧琳音義》88(詳《續修》197/533)、《王莽傳》亹亹,《墨‧明鬼下》《夏承碑》穆穆、問,問聞古通。《集注》娓娓,《韓詩外傳》5、《齊》、《孔子家語》明明,案:正字作忞mín,《說文》作忞,亹亹、亹亹、忞忞、娓娓、暋暋、明明、穆穆、勉勉雙聲通借。《唐石經》作巳,誤,當作已。案:本字作載。《左傳‧宣15》《唐石經》、宋本、《正義》哉,《魯》《韓》《周語》《史‧周紀》《玉篇》《釋文》載,《傳》:哉,載也。《正義》支,《魯》《左傳‧莊6》《魯》《南都賦》《白帖》19、《書抄》枝。《單疏》世,《唐石經》廿,當作世,缺筆避唐諱。下同。案:本字作奕,漢‧蔡邕《太尉李咸傳》《魏書‧禮志》作奕世。《後漢‧袁術傳》奕代,作代避唐諱。《毛》凡亦,劉芳《議詩》惟。《漢石經》《魯》《釋詁》楨,《非有先生論》注引作貞,五臣注引作楨,通作楨。

〔4〕《毛》於緝熙敬止,滬博《緇衣》簡17「於茲臣畿義之,「郭店楚簡《緇衣》簡34-35於倡迊敬止」。《漢石經‧校記》一四八於作于,則于通於讀如於wū,贊嘆詞。倡同緝,迊,同熙。《毛》穆,《唐石經》《單疏》穆,避唐穆宗諱。正字作戲,《毛》麗,《說文》《廣雅》《玉篇》戲,麗通戲。於,《唐石經》作於。

〔5〕《單疏》肦,避宋太祖父諱。下同。《唐石經》《毛》殷。案:本字作祼,《周禮》《說文》《唐石經》《毛》祼,《漢石經》灌,雙聲通借。《魯》《劉向傳》《傳》《箋》《疏》《周禮‧玉人》《洛誥》《毛詩音》國家圖書館藏敦煌

131-124BD14636 號背上裸作褌，P2669、明監本作裸，當作裸。《三家》《釋名》《儀禮》《禮記·檀弓下》。《唐石經》《毛》《玉篇》哼，《廣雅·釋器》《字林》緄，同。緄隸省作哼，小徐本作哼。《毛》無，古《孝經》《左傳》作毋，古通。案：本字忝（忝），《說文》《張壽碑》《譙敏碑》忝，忝同忝。《集疏》「無念爾祖」《魯》無作毋。當從《三家》《後漢·劉長卿妻》引作「無忝爾祖」，周代常語，念通忝。

〔6〕《毛》無、念、聿，《魯》古本《孝經》《左傳·昭22》母、述，《漢·東平王宇傳》《後漢·呂強傳》術，無讀毋。下同。聿述，語詞。《三家》無忝爾祖。念通忝，《毛》克，P2669 尅，古通。《單疏》宜鑒，宜同宜。《毛》宜鑒，《齊》《大學》儀監，BD14636 號、P2669 宜監，《漢·翼奉傳》宜監，儀通宜，監通鑒。駿，《齊》《大學》峻，駿通峻。《左傳·文2》無作毋，無讀如毋，《後漢書·劉長卿傳》「無忝爾祖」，師受不同。〔釋〕忝 tiǎn，有愧於、無忝，上古習語。《堯典》：「岳曰『否德，忝帝位』。」

〔7〕《毛》《考文》《釋文》遏，或作遏。遏讀如遏。《魯》《釋詁》《潛夫論·讚學》顯昭，《毛》《唐石經》宣昭，宣通顯，《說文》炤，古字。《毛》載，《三家》《漢·揚雄傳》《甘泉賦》《廣雅》緯，載、緯同爲之部精母，通作載。《毛》聲，《三家》《衡方碑》《說文》晉·嵇康《幽憤詩》及注作馨，聲通馨。《毛》儀刑，楚竹書《紀（緇）衣》、「埅型」，郭店楚簡《緇衣》引作「埅刑文王，臺邦复反」埅儀、刑型、臺萬、复作，反古字。則「孚」古本作服，異體。《魯》《潛夫論·德化》《甘泉賦》注作形，形通刑。《魯》《風俗通義·皇霸》《齊》《緇衣》邦作國，避漢諱。此句本作「儀刑文王，萬邦作服。」

【詮釋】

〔1〕一章高屋建瓴，提出「天命靡常，」「其命維新，」「唯德是輔」的重要政治哲學。周文王姬昌爲西伯，追號文王，得呂尚，政和訟平，河東小國紛紛歸附，受命一年斷虞芮之訟，二年伐邘（今河南省沁陽縣西北），三年滅商密須（今甘肅靈臺西南）、五年滅犬戎，六年伐黎（今山西省長治市西南）、七年伐崇（今河南嵩縣北），勢力達江漢巴蜀，建豐邑（今灃河西），三分天下有其二。於 wū，於嗚古今字，嗚呼，《虞書·堯典》：「僉曰：『於！鯀哉！』」《何尊》「烏虖」嗚呼，於乎，讚歎詞，下同。昭，顯著。惟維，乃。新，《大學》引商湯《盤銘》：「苟日新，日日新，又日新。」《易經·革》「有孚改命，吉。」「大人虎變，未佔有孚。」《商·胤征》：「咸與維新。」革新思想，這

是中華民族的偉大思想。《禮記》新，革故鼎新。其命維新，惟新其命，爲叶韻而倒文。有，名詞詞頭；周，周國。《別雅》不顯，丕顯。顯 xiǎn，顯耀。時承雙聲通借。《箋》在，察。在，於；帝 dì，商周人們想像中的最高天神。案：陟降，偏義複詞，陟，升。左右，佐佑，這是中國傳統說法，把偉大人物作爲人格神。

韻部：天新，眞部；時右，之部。

〔2〕案：自二至七章用賦陳蟬聯的技法，二至七章寫周文王勉勉不已，令聞不已；濟濟多士；緝熙敬之，正大光明，諸侯們臣於周；殷之國士裸將於周京；「聿修厥德，宜鑒於殷，駿命不易；儀型文王，萬邦作孚。」《蔡侯尊》竇，《慧琳音義》88：亹亹 wěiwěi。《舜典》「惟時懋哉！亹亹 wěi，娓勉甿没密明勿穆旼、懋 mao、忞忞 mín mín，同爲明母，勉勉不已。令，善；問通聞，名聲；已，止。陳，古作陣，讀如申，申，重。申，一說敷布；錫，賜《烈祖》「申錫無疆」；哉，在。言文王能布大利於天下以利豐殖周。周，周國。侯，維，語詞。文王孫子，此處爲叶韻，文王後代子孫。案：這是夏、商、周尤其是周的宗法制度，周朝建立即封邦建國，本，宗，嫡宗，宗子，嫡長子；支古字，枝，枝子，庶子，庶出。百，多。《單疏》：丗卄，世，下同。士，功臣，享有世祿。不顯，丕顯，周代常語，《毛公鼎》《史牆盤》等習見。下同。亦通奕，奕世，累世。一說世世代代大顯其德。以下用蟬聯格。

韻部：已子，子部；世丗（世），月部。

〔3〕不丕雙聲疊韻通借，《周齊侯鐘》：「不顯皇祖」。《史牆盤》：「不顯休令」。不通丕。厥，其。猶通猷，規劃，計謀；翼翼，謹慎貌。思，語詞；皇，煌煌，美好。一說思，願，皇天；多士，英才多多。克，能夠。《魯》《釋詁》楨 zhān，榦幹，古代築牆時樹立在兩端的木柱，主幹，支柱，棟樑，其時周有周公、召公與太顚、閎夭、散宜生、南宮適等良臣，姬昌積善累德，又得呂尚爲太師。殷紂王太師庛（疵）投奔周爲周太師，少師強奔周，紂見微子降周，紂王諸父箕子從周，紂臣辛甲、周任、向摯奔周。（詳《齊傳》《漢·古今人表》）濟濟 jǐjǐ，眾多貌。以，因。《魯說》《韓說》《新書·復恩》：「『濟濟多士，文王以寧』，人君胡可不務愛士乎？」《新書·君道》：「《詩》曰『濟濟多士，文王以寧』。言輔翼賢正，則身必已安也。」

韻部：翼國，之部；楨寧，耕部。

〔4〕案：穆、忞忞 mín mín 同爲明母，穆通忞，周文王等勉勉不已。一

說敬美貌，一說深遠。嗚 wǔ，讚歎詞；緝熙 jīxī，光明；敬，慎；止，語詞。案：假 jiǎ，大，偉大，詳《方言》卷一。有商孫子，商子孫，此處爲協韻。麗通釃 lǐ，數目。不億，不超過億數。侯于周服，爲叶韻，侯，維，乃；服，臣服于周。

　　韻部：止子子億服，之部。

　　〔5〕案：商代的政治領袖以天命自居，《湯誓》：「有夏多罪，天命殛之，」商湯革命，說是「爾尚輔予一人，致天之罰。」商朝初年，傑出的政治家伊尹在《商·咸有一德》早指出「天難諶，命靡常，……惟民歸於一德」西周吉金《函皇父簋》「天命不徹（徹道）」。

　　《文王》「天命靡常，」《周書·太誓》：「吾有民有命」「天佑下民」「天矜於民，民之所欲，天必從之。」《康誥》：「惟命不于常」，惟德是依，惟善是佑。即《逸周·五權解》「吁！敬之哉！天命無常。」（《十月之交》「天帝不徹。」這爲中國思想武庫增添了一重要武器，開始懷疑夏、商的天命思想。夏桀、商紂的覆亡給後人深刻的歷史啓示，鑒於桀、紂之亡，提出「天命靡常」這一種有某種進步性的思想。祖伊向紂王說：「天既訖我殷命。」紂王說：「我生不有命在天？」祖伊駁斥道：「嗚呼！乃罪多，參在上，乃能責命於天？殷之即喪，指乃功不無戮於爾邦！」（《商·西伯勘黎》）《蕩》「天生丞民，其命匪諶。」《君奭》「天命不易，天難諶」。《魯說》、韋賢戒子孫詩：「嗟我後人，命其靡常。」（《漢·韋賢傳》）當然周代仍是天命思想，《大明》「有命自天，命此文王。」姬昌受命約在前 1054 年。周代君王也有「君權神授」的思想，《周書》等可證。

　　殷士，如微子等。《疏》引漢·王肅注：「殷士有美德，言其見時之疾，知早來服周也。」案：《魯傳》《孟·離婁上》趙注：「膚，大也。」則當訓爲膚 fū，大，大爲；敏 mǐn，聰慧，達觀。又膚 fū，（古）幫魚，與黽明母，同爲唇音鄰紐，膚敏是比較寬的疊義連語，微子等能順應歷史大潮，勉勉而進。《廣雅·釋詁》：膚，美也。厥 jué，代殷士微子等。祼 guàn，灌祭，用圭瓚酌鬱金香與黑黍釀的酒獻尸，尸用此酒灌地以降神。微子曾來鎬京參與灌祭。京，周京，在今陝西省岐山縣京當鄉一帶。將，行。其，代微子等。常，尚，仍然；服，禮服；黼 fū，領上有黑白相間紋的商代禮服；呼緝 xǔ，商祭冠。《獨斷》：以三十升漆布爲殼，廣 8 寸，長尺二寸，加冕繪其上。之，乃；藎 jìn 讀如進，進用。周武王當時也重用商代賢臣微子、箕子等人。《逸周·皇門解》：

「唯德是用」，「朕蓋臣，夫明爾德以助予一人憂，無維乃身之暴皆（是）卹。」一說王，成王。蓋，近。

案：《魯》《釋訓》：「無念，無忘也。」「無（毋）念爾祖」，案：無通毋，《左傳》《四庫》、182/7 所載古本《孝經》引作毋。案：念 niàn；《後漢·劉長卿妻》念作忝，忝 diǎn，念與忝忝疊韻通借。《小宛》：「夙興夜寐，無忝爾所生。」《瞻仰》『無忝皇祖，式救爾後』句式正相同。《後漢·列女傳·劉長卿妻》引作「無忝爾祖，聿修厥德。」於義爲長。《傳》《疏》都訓無念爲念，無，語助詞。朱熹訓爲「無念，猶言豈得無念也」。岡村繁《周漢文學史考》譯作「難道你們不思索祖先嗎？」兩者不免增字解經。不如《釋訓》「無念，常思也」，無，發語詞。

韻部：常京將，陽部；卹（緯）祖，魚部。

〔6〕第五章戒殷士，第六章戒周王室、士大夫，《正義》：「六章以下爲戒成王，言以殷亡爲鑒，用文王爲法。」「無念爾祖，聿修厥德，」「無忝爾祖，聿修厥德」，聿述，發語詞。《商·咸有一德》：「任官惟賢材，左右惟其人。臣爲上爲德，爲下爲民。」《易·小畜》象曰：「君子懿文德。」《周·泰誓》：「天佑下民」，「雖有周親，不如仁人。」《旅獒》「明王慎德。」《蔡仲之命》：「皇天無親，惟德是輔。」修德，主要指政府人員以德治國。喪喪 sāng，《毛公鼎》《魏三體石經》《說文》喪字下部都有「亡」字，《說文》喪，喪，亡。未喪師，未喪失民心。這不僅是周初明王乃至成王康王等的一貫思想，具有普世價值。東漢時四家詩俱在，《十三經》《史》《漢》《後漢》等書保留了大量《詩經》文句，可資參酌。此處以《後漢·列女傳》所引爲準。較《毛詩》爲長。《左傳》、古本《孝經》引上章作「毋念爾祖」。則此章「無忝爾祖」，戒無辱沒祖先，似順理成章，且與「宜鑒於殷，駿命不易」首尾呼應。《魯》《釋訓》：無念，勿忘也。永，長；言，語詞。配，相稱；命，天命。師，民眾。尅，克，能。儀宜古通，同在歌部；監，鑑，鏡，吸取商代亡國的歷史教訓。駿通峻，崇高；命，天降大任；不易，甚難。《齊傳》《大學》注云：「首得眾則得國，失眾則失國，是故君子先慎乎德。」《疏》：「六章以下，爲因戒成王，言以殷亡爲鑒。」

韻部：德福，之部；帝易，支部。

〔7〕遏謁讀如害，《韓》遏 è，病也。躬讀如身，與天協韻，自己。宣通顯（显），宣炤，顯昭，連語，使顯揚昭著周文王的，善聞，好名聲。有 yòu，

又；虞，揣度，一說度，法度，法令，決策；殷 yīn，正，當；自，從；漢·許慎《五經異義》引古《尚書》「自上監下，則稱上天。」天，民。一說由天而揣度殷朝之所以滅亡的原因。《泰誓》「吾有民有命！」「民之所欲，天必從之。」「惟天惠民。」「天視自我民視，天聽自我民聽。」縡載同，事。事 shì 即客觀規律，大道。臭 xiù，香臭，氣味。道、規律是無聲音馨香氣味的。《新證》：應讀作又虞依自矛，矛，矛命。《毛》《魯》《潛夫論·德化》引作聲，聲通馨，《說文》：「馨 xīn，香之遠聞者。」《義門讀書記》8「『上天之載』四句，民之悅，則天意得矣。」儀刑，儀型，連語，取法，效法。作通則。孚，信服。作，則。案：𠬝 fù，服，歸服。《全上古三代文》2 引周文王《詔太子發》：「汝敬之哉！民物多變，民何向非利？利維生痛，痛維生樂，樂維生禮，禮維生義，義維生仁。嗚呼！敬之哉！」

韻部：躬天，真部；臭孚，幽部，（𠬝服，職部）幽、職通韻。

【評論】

《詩論》簡 2「寺（讀如詩，或訓爲志或持）也，文王受命矣。訟坪惪（頌平德）也，多言遂（後）。亓樂（其樂）安而犀（讀如舒遲之遲，詳《王子午鼎銘》、漢馬王堆竹簡《天下至道談》），亓訶紳而竺（其歌塤 xūn 而箎 chí），亓思深而遠，至矣！大頭（夏，雅）盛惪（德）也，多言。」簡 21「《文王》，虘（吾）散（嫩，古美之）之。」簡 22「〔文〕王才（在）上，於邵（昭）于天，虘（吾）芺（美）之。」

《周語下》「文王質文（質性有文德），故天祚之以天下。」《正義》：「作《文王》詩旨，言文王能受天之命而造立周邦，故作此《文王》之詩，以歌述其事也。……經五章以上，皆是受命作周之事也，六章以下爲因戒成王，言以殷亡爲鑒……（《單疏》頁 287）案：周文王是后稷第 14 代孫，周朝奠基人。此詩述其功業，頌其美德，從「維新」著筆，突現了他作爲商周之際，傑出的政治領袖注重德治，《泰誓》「天佑下民」，「民之所欲，天必從之」，「惟天惠民，」「天視自我民視，天聽自我民聽」，《武成》「惇信明義，崇德報功。垂拱而天下治。」《康誥》「克明德慎罰」，《梓材》「明德」「保民」，具有進步性，所以《孔子詩論》簡六，引用了孔子對《文王》「秉德」的評價：「吾敬之。」鑒於商亡，詩以蟬聯格連鎖遞承，累累如貫珠，首章提出維新思想，五章申明「天命靡常」相呼應，宣傳了天命無常、唯善是佑、唯德是保的進步思想，《逸周書》三「令行禁止，王始也，」「九州之侯咸格於周；」卷六

「慈惠愛民曰文」，「仁義所在曰王」，卷九：「德則民戴，否則民讎」，「茲言允效於前不遠」，《文王》則蘊含哲理，全詩賦寫中寓哲理，有其則有普世價值，如「其命惟新」，「亹亹文王」，「濟濟多士，」「天命靡常」，「毋忝爾祖，聿修厥德，」「宜監于殷，」「萬邦作孚，」首章寫周文王能順應民心，其命維新，故得任天命而大興；後三章言繼任者當效法文王，敬天修德，濟濟多士；第五章寫天命靡常，藎臣；第六章、七章尤為警切之至。《詩傳大全》：「其於天人之際，與亡之理，丁寧反覆，至深切矣。故立之樂官而因為天子諸侯朝會之樂，蓋將以戒乎後世之君臣，而又以昭先王之德於天下也。」（台《四庫》經 78-702-703）周公是傑出政治家，又是文章高手，既能作《金縢》《大誥》《康誥》《酒誥》《梓材》《召誥》《洛誥》《多士》《無逸》《君奭》等，又長於詩，詩歌創作既隨機應變寫出寓言詩《鴟鴞》，又能寫渾涵長篇《文王》。詩中「周雖舊邦，其命惟新」，「亹亹文王，令聞不已」，「濟濟多士，文王以寧」，「聿修厥德」，「宜鑒於殷」，「上天之載，無聲無臭；儀刑文王，萬邦作孚」這種上升到道、規律哲理的雋句，常為後代政治家、思想家、經濟家、文學家所引用。」這雖是周朝的宮廷頌歌，伴隨頌美英主的主旨，詞語警切而靈動尤以蟬聯為長。蟬聯格的妙用，二至七章蟬嫣而下，累累若貫珠，婉轉流暢，對《大雅》中的《下武》《既醉》《戰國策》《漢樂府·飲馬長城窟行》、曹植《贈白馬王彪》、李白《白雲歌》極有影響。

《詩補傳》22「周公為此詩，始終言文王同乎天德，其形容鋪張，視他詩尤為渾全」。朱熹《朱子語錄》「平易明白。」明·姚舜牧《重訂詩經疑問》8「始說『文王在天，於昭于天，周雖舊邦，其命維新』。終說『上天之載，無聲無臭。儀型文王，萬邦作孚』。而中稱『帝命不時』，『假哉天命』，『天命靡常』，『峻命不易』，一行一回顧，一提一喚醒。而於中又吃緊語曰：『聿修厥德，永言配命』，則忠告善道，蓋莫有逾於斯詩矣。……」《周書·〔顧命〕》成王曰：「『敬迓天威，嗣守文、武大訓，無敢昏逾。』蓋深得此詩之旨矣。」《詩傳通釋》：「然則成王所以『念祖』、『修德』、『儀刑文王』之事者，誠不可以他求，亦惟法文王之敬德而已。……其語是尤為諄復（反覆丁寧）剴切（切實中肯）也」。《詩志》6「高穆之格，流出篤俳，若呵若歎，正自懍慕無窮。……通篇每以首尾聯絡為章法，二章至五章中腰過接跌頓，自成格調。」日本學者岡村繁《周漢文學史論》：「它緬懷的是周王朝始祖文王的懿德，表達出祈望周王循此而永世長存的心願。」（上海古籍出版社，2002，5）

大　明

明明在下，
赫赫在上。
「天難忱〔諶訦〕斯，
不易維〔惟〕王。
天位〔謂〕殷適，
使不挾〔俠浹於〕四方。」〔1〕

摯〔勢〕仲氏任，
自彼殷商，
來嫁于周〔週〕，
曰〔聿〕「嬪〔嬪寶〕于京〔京〕」；
乃及王季，
維德之行。
大〔太〕任〔妊〕有身〔偵姙娠〕，
生此文王。〔2〕

「維〔唯惟〕此文王〔之〕，
小心翼翼。
昭〔炤〕事上帝，
聿〔允〕懷多福〔福〕。
厥〔廐厰〕德不回〔迴〕，
以受方國〔囻〕！」〔3〕

天監〔鑒〕在下，
有命既集〔雜就〕。
文王初〔衸〕載，
天作之合！
在洽〔合郃〕之陽，
在〔于〕渭之涘。
文王嘉止，
「大邦有子！」〔4〕

大邦有子，
俔〔磬磬硜〕天之妹，
文定〔之〕厥祥，

明德在人間，
名望著天上，
「天難信，天命難以恒常不變，
可不容易爲國王。
天立了商的勁敵，
使商紂不能周洽四方。」

古摯國任家二姑娘，
從殷商的諸侯國，
來嫁于周邦，
「爲周京的新娘」，
與國王季歷，
唯德是行。
太任有了身孕，
生了這周文王，

「惟有這周文王，
謹慎所以安詳，
勉力侍奉上帝，
招來福多也吉祥，
其德從來無邪僻，
所以承受諸方！」

天帝監臨全國，
大命已經依就！
周文王當年，
上天作成百年好合，
相戀于合水北岸，
迎親于渭水之側。
周文王舉行婚禮，
「莘國有此奇女子！」

莘國有此奇女子，
宛如天帝的妹妹，
占卜納幣稱「吉祥」，

親迎于渭。　　　　　　　　　　迎娶大姒到渭水旁。
造〔艁〕舟爲梁，　　　　　　　併舟造爲浮梁，
不顯其光。〔5〕　　　　　　　　大大顯示結婚榮光。

有〔又〕命自天，　　　　　　　天命來自天上，
命〔生〕此文王。　　　　　　　授命仁德的文王。
于周〔週〕于京，　　　　　　　來到周建造京城，
纘〔續〕女〔汝〕維〔惟〕莘〔媯華〕。　聯姻的美女自大莘。
長子維行，　　　　　　　　　　長子伯邑考才會走，
篤〔蔫〕生武〔**武**〕王。　　　　大姒生了次子周武王。
保右〔祐佑〕命爾〔爾〕，　　　　授命武王並予保佑，
燮〔燮〕伐大商。〔6〕　　　　　　協和諸侯會伐殷商。

殷商之旅〔旅〕，　　　　　　　正伐商紂的各路義師，
其會〔遒膾〕如林。　　　　　　檜動而鼓，軍旗如林，
矢于牧〔坶埲〕野，　　　　　　義師誓師於坶野，
「維〔予〕予〔維〕侯〔侯〕興〔歆〕。　「大眾向周歸心，
上帝臨女〔汝〕，　　　　　　　上帝正在監臨你等，
無〔毋〕貳〔二〕爾心！」〔7〕　　莫要生疑心！」

牧〔坶埲〕野洋洋，　　　　　　牧野廣廣洋洋，
檀〔檀〕車煌煌〔皇皇〕。　　　　檀木戰車堅堅煌煌，
駟〔四〕騵彭彭。　　　　　　　四匹赤毛白腹馬十分驍強，
維〔惟〕師尚父〔甫〕，　　　　　太師呂尚統帥義師，
時維〔惟〕鷹揚〔鸞鷂〕。　　　　是爲如鷹如鸞，銳不可當！
涼〔亮諒〕彼武王，　　　　　　輔弼那一代英主周武王，
肆〔襲〕伐大商，　　　　　　　討伐殷商，
會朝〔淖鼂〕清〔瀞〕明〔盟〕！〔8〕　甲子朝晴朗天，諸侯們擁戴盟王。

【詩旨】

案：據朱熹《詩集傳》周公作《大明》。如果說《文王》是頌美周文王的大德，意在舉國以繩周文王的大德，以至於在上帝左右的一曲頌歌，《大明》則是寫周朝取代商朝的史詩，在殷紂走向衰亡的歷史大背景下，既有充滿生活情趣的王季、大任結爲秦晉之好生下周文王，天作之合周文王迎娶了大姒這樣的「窈窕淑女」，「倪天之妹」豔如天仙，生下周武王，又有呂尚輔弼，周武王牧野一戰殲滅商軍主力，完成周武革命，既有宏大的戰爭場面描

寫，又有動人的婚嫁細節，頗有歷史記錄片的生活畫面，故《大明》則是周武革命的史詩。《逸周書》4「越五日甲子朝，至，接於商。則咸劉商王紂……篇人奏《武》。王入，進《萬》，獻《明明》三終。」（《逸周書匯校集注》（修訂本），P414～428）此詩大約是宮廷詩人在前 1046 年武王克商後所寫的歡慶之歌，敘述了周部落懷疑夏、商的天命論，提出「天難忱斯」即天命難以信賴，指出「惟德之行」，寫王季、仲任與文王、太姒兩對天作之合，武王發起「燮伐大商」的義舉，以宏闊（闊）雄偉而又雋妙深邃的詩句繪寫「肆伐大商，會朝清明」的歷史畫卷。當繫於前 1046 年。《編年史》繫於前 1035 年正月。

《詩論》簡 7「裹（懷）爾㮣（明）悳（德）害（曷，何），城（誠）胃（謂）之也」『又（有）命自天，命此文王』，城（誠）命之也，信矣。孔二（子）曰：此命也夫，文王隹穀（維裕），㝵（得）虖（乎）？此命也。」

〔韓說〕《書抄》30 引《策命孫權九錫文》「故叔旦有夾輔之勳，太公有鷹揚之功。」

〔齊說〕《詩氾曆樞》：「午亥之際爲革命。亥，大明也。又：大明在亥，水始也。」

《毛序》：「《大明》，文王有明德，故天復命武王（p2669 號缺「王」字）也。」《詩集傳》16：「此作周公戒成王之詩。」

【校勘】

〔1〕《毛》《大明》，《逸周・世俘解》作《明明》，當作《明明》，其實詩本純情，詩人寫詩未必先訂題目，當時編輯家編選《詩經》往往選首句爲題，如《十月之交》又名《十月》，《唐石經》仍爲《十月》。

《唐石經》《九經字樣》《單疏》忱。案：本字作諶，《商書・咸有一德》《周書・康誥》《三家》《釋詁上》《說文》《潛夫論・卜列》《哀郢注》《繁露・天地陰陽》《漢・貢禹傳》《後漢・胡廣傳》《續漢書・律曆志論》《方言》《玉篇》諶，《魯》又作訦，《詩考》《韓詩外傳》10 訦，《說文》引作忱，「天難訦斯，不易惟王，」訦忱通諶。《毛》維，《韓》惟，維通惟。《毛》適讀如適（嫡），《新證》適讀如敵。

案：本字作浹。《單疏》《唐石經》《傳》《箋》位、挾，P2669 號作挾於，《詩考》《韓詩外傳》5 謂、俠，《魯》《釋訓》《慧琳音義》88 引《毛》浹，引《韓》。《毛詩音》挾即浹、作「浹於」，敦煌本多「於」，《唐石經》無「於」，

《箋》《疏》有「於」，異本。《釋文》挾，子燮反，一作子協反〔浹〕。案：俠挾讀如浹。謂通位，位，立，《大師盧篹》：「即立」，立作位。適讀如敵。

〔2〕《毛》摰，《包山楚簡》𡩡，古字。《毛》嬪，《單疏》《唐石經》嬪，同，p2669 賓，通嬪。BD14636 號背上、P2669 京作京，同。案：《毛》曰維，《魯》《列女傳》《釋親注》《御覽》125 聿，惟曰、聿通吹。維通惟。《毛》任，金文作妊，《世本》作任。《毛》身，金文作𦥑，身𠨎古今字，身讀如娠，《三家詩》《眾經音義》（《續修》197/247）引作娠，《魯》《潛夫論·五德志》妊，《說文》妊、娠，身妊（娠）古今字。「大任有身，生此文王」，蘇轍、何楷列入第三章，朱熹、呂祖謙、嚴粲仍從《注疏》本。案：列章應從寫作技法、協韻兩方面計，明·姚舜牧《重訂詩經疑問》8 云：「讀此詩，全要沉玩六『命』字，一『德』字。《書》成王云：『敬迓天威，嗣守文武大訓，無敢昏逾。』蓋深得此詩之旨矣。……此篇每章相承接，累累若貫珠，又是一格。」王行京商本為一組韻，而且全詩奇數章每章六句，偶數章每章八句，設如蘇、何分章則二章成六句，三章成八句，不免亂了章法。

〔3〕案：本字作惟、唯，《毛》維，《左傳·召 27》《魯》《新序·雜事》《論衡·交虛》漢·蔡邕《答丞相可齋議》《齊》《大學》《董仲舒傳》《唐抄文選集注匯存》3.471 惟、聿，維讀如惟。《毛》昭，《釋文》一作炤，同。《毛》聿，《齊》《繁露·郊祭》《明堂詩》《聲類》3 允，聿、允，語詞。《魯》《呂覽·行論》作惟、昭、聿。《毛》厥，《漢石經》𠪍，同。BD14636 北上福作𥙿，厥作廠，當是𢉖字之訛，𢉖𠪍同厥。京同京，回作迴，國作国，俗字。

〔4〕《唐石經》在，《初學記》6 引作於。《毛》監，《張子房》詩注引作鑑，監鑑古字通。《毛》集，《韓》就，p2669 雜，雜集讀如就。《毛》洽，《魯》《史·魏世家》合，秦後作部，今合水仍作合。《說文》《史記正義》《水經注》部，《考文》合，洽部讀如合，《魯》《毛》嘉止，《魯》《列女傳》嘉之，止通之。《毛》文王，BD14636 背上作「文之」。《漢石經》矣。

〔5〕《漢石經》《說文》《釋文》倪，《韓》《說文》《考文》《釋文》《正義》磬，古文作硜，《玉篇》《集韻》《廣韻》、p2669 號作磬。磬磬通倪。《毛》文，《白帖》大。《毛》造，《魯》《釋水》《方言》《說文》《廣雅》《釋文》艁，古字，造讀如艁。

〔6〕《毛》有，《詩論》又，又通有。《毛》「有命自天，命此文王，」《贈馮文罷遷斥丘令》李注引《毛》作「有命自天，生我文王」（李善注、六臣注

同），李富孫《詩經異文釋》「案：此當涉次章『生此文王』句而牽合之」（《續修》75--242），檢《孔子詩論》簡7「『又（有）命自天，命此文王』文王佳穀（維裕）也，尋虐」（得乎）？此命也。」《魯說》《白虎通·三正》：「此言文王改號為周，易邑為京也。」則《毛詩》不誤。《玉篇》《唐石經》、p2669、《單疏》纘，同。《毛》纘女維莘，《齊》《易林》作「有莘季女」，《漢石經》女惟莘，《水經注》《御覽》汝。《說文》姺，《漢石經》《夏本紀》索隱引《世本》辛，《天問注》《鄭語》莘，BD14636作華，誤，《古今人表》㜪，《呂覽》侁，音義同。汝當作女。《毛》右，BD14636作祐，《釋文》右音佑，《御覽》303、宋本《釋文》作祐，《考文》P2669作佑，右讀如佑祐。

〔7〕案：本字作膾 kuài、坶 mǔ，《風俗通義》上《單疏》會，《三家》《左傳·桓5》《說文》馬融《廣成頌》《韻會》《集韻》膾，《姜子盉壺》、《玉篇》旝，會旝膾，雙聲疊韻通假。本字坶，《竹書紀年》《說文》《水經注·清水》坶，《單疏》牧，《古文尚書·坶誓》，《箋》《釋文》《禮記》坶。案：本作維予侯歆。《毛》維予侯興，BD14636背上作予維侯興，《漢石經》歆，興讀如歆。《毛》無貳爾心，漢馬王堆帛書《五行》：「毋貳爾心」。《齊》《漢·貢禹傳》《毛詩音》作毋二爾心，無通毋，貳古字。《毛》女，古字。《魯》《呂覽·務本》P2669、《單疏》汝。

〔8〕《毛》煌，《韓》皇，古字。本作四，《齊》《公羊·隱1》《疏》漢·揚雄《太僕箴》《干旄》正義引《毛》，《魯》《淮南·方術》高注、《毛》駟，作駟乃後人增益偏旁。《毛》父，《公羊·隱元》《疏》引作甫。正字作鴹，《毛》維揚，《魯》《天問注》《齊》《漢·王莽傳》《太僕箴》惟、揚，《魯》《釋鳥》《玉篇》《廣韻》《集韻》鴹，俗作鶬。揚通鴹，鶬異體。由《後漢·高彪傳》「師尚七十，氣冠三軍。詩人作歌，如鷹如鶬」可見揚必為鴹字。案：本字作亮，《舜典》《三家》《漢·王莽傳》《漢石經·校記》《釋詁》《風俗通義》1《中論·爵祿》《廣雅》亮，《單疏》《小爾雅》《唐石經》涼，《韓》《考文》《玉篇》《釋文》諒，姜尚故里在今河南省衛輝市太公泉鎮。《範式碑》、BD14636作涼，同諒。涼諒通亮。姜尚故里在今河南省衛輝縣太公泉鎮。《毛》肆，《魯》《風俗通義》作襲。《述聞》肆，疾.肆通肆。《漢石經》伐大商會朝清明，《天問》會鼃爭盟，《韓》《石鼓文》《說文》《玉篇》澮，《韓詩外傳》3又作清，《定本》會，會甲兵，《漢石經》《毛》會朝，會甲也（也當為子），《考文》「會」下有「兵」字，《台》123/220會兵甲，誤，當作「會，甲（甲子）」。鼃古字，

《魏三體石經》淖，古字，疑古本作甲黿瀞盟，爭是瀞的省借，明古字。會甲雙聲通借。

【詮釋】

〔1〕一章總目寫「天難忱斯」「天難諶斯」，斯，語詞，忱諶 chēn，信，反映商、周清醒、進步、正視現實的政治家的政治哲學，天難信，天命無常。否決了商紂王以天命自居。在，於。《虞夏書‧五子之歌》「皇祖有訓，民可近，不可下，民惟邦本，本固邦寧。……明明我祖。」明明，明察，明明德。赫赫，名望顯著。《商書‧咸有一德》：「嗚呼！天難諶，命靡常。」周初，周公《康誥》告誡衛康叔「惟命不於常」。「天難忱斯」由《周書》《大誥》「天棐忱辭」（上天以誠信之辭相助）與《康誥》「天畏棐忱」（天德輔助誠信之人）脫化。天非恒常不變，所以難以信賴。訧忱同諶 chén，誠，信任。斯，語詞。不易維（惟）王，為協韻，維王不易，維惟通為；易，容易。位讀如立；殷，殷商；《傳》，朱熹適，嫡。適讀如敵，《新證》：「言天立殷敵，使不能和洽四方也。天立殷敵，與《皇矣》『天立厥配』同一句法。」俠挾通浹 jiā，周洽，達，擁有，統治。四方，全國。

　　韻部：上王方，陽部。

　　〔2〕二章寫王季、太任聯姻。案：二至六章寫賢內助的至關重要。周代文化制度，禘祭時祖姙同祭，父母同祭。郼摯 zhì，夏奚仲之後，薛，商代王畿內的諸侯國，在今河南省汝南縣東南。仲，中，排行二；任 rén，任氏，姓任。曰聿通欥，詮詞，加以詮釋；嬪 pín，嫁；京，岐周之京，周在今陝西省岐山縣南；乃，於是；及，嫁與，《縣》「爰及姜女」；王季，《齊》《古今人表》：周公季歷，娶摯國任姓中女，太任 rén，《魯》《列女傳》稱太任「端壹誠莊，維德之行。」《水經注》合水南有文母廟。生文王。周王季歷，被商王文丁封牧師，管理商的畜牧業，負責對西戎的戰爭，文丁後又殺季歷。維通惟。案：之通是。詩眼：「維德之行，」即惟德是行，「維德之行」是詩歌語言中的瑰寶，千古名言！摯 zhì，古國名，在今河南省汝南縣東南；任姓，字仲。大音太；身，侽，娠；太任生姬昌，後人追稱文王。商第 30 代王帝乙（前 1101～前 1076）卒，長子微子啟因母賤不得嗣，少子辛立，即紂王，文過飾非，沉湎酒色，百姓怨，諸侯叛，紂王封姬昌為三公之一，後又囚之於羑 yǒu 里（商的監獄，今河南省湯陰縣北），釋放後封為西伯，「西伯歸，乃陰修德行善，諸侯多叛紂而往歸西伯，西伯滋大。紂由是稍失權重。」人神共憤，紂臣祖伊歎道：「紂不

可諫矣！」諸侯稱道：「西伯蓋受命之君也！」《竹書紀年集證》：「帝辛五十二年庚寅，周始伐殷。秋，周師次於鮮原。(《皇矣》)多十二月，庸、蜀、羌、髳、微、盧、彭、濮人從周師伐殷。」「周武王十二年辛卯，王率西夷諸侯伐殷，敗於坶野。王親禽受（擒紂王受）於南單之臺，遂分天之明。」

韻部：商京行王，陽部。

〔3〕三至五章栩栩欲生，刻畫周文王與太姒聯姻，生武王。姬昌在商紂時，翼翼，謹慎貌。炤昭通劭 shào，明，勉；事，侍奉。案：聿允，發語詞；懷 huài，懷通來，招來。厥，其；德，德行；《魯》《抽思注》：回，邪也。以，因此；受，承受；方國，案：方，大，方伯之國的政治待遇。姬昌被從羑里釋放，商紂王封他爲「西伯」，成爲當時商末西部諸侯之長。《箋》：「萬國，四方來附者」。在周文王時期，北逐獫狁，西攘混夷、犬戎，征服密須，東征黎、邗、崇，建都豐京，由於感化良知而斷虞芮之訟，爲周克商立基業。

韻部：翼福國，之部。

〔4〕甲骨文、金文「天」如人形，古作爲人格神。監鑑，監察；下，全天下。案：集 jí 就 jiù 同爲從母，集通就，依就。天作之合，最美妙的婚配。載年。《古義》10 引王通云：「讀《大明》之詩，而知人之求配，不可不慎擇也。」洽郃合 hé，合水，今名金水河，源出今陝西省合陽縣北，流入黃河，合川有豐富的古文化遺址，位於黃河小小北幹流北端的合陽黃河魂生態遊覽區，弘揚黃土高原文化。是國家重點風景名勝區。涇、渭東南合流，如《禹貢》云：「弱水既西，涇屬渭汭」。古涇、渭合稱，陽，涇水的西岸。周在涇水西，涘 sì，河岸。案：止通禮，《抑》「告爾舊止，」嘉止，婚禮。夏周歷史淵源至深，大邦，古莘 shēn 國，在今陝西省合陽縣東南，姒姓。長子 zǐ，指女，大讀如太，太姒，太姒即《關雎》淑女，姒家大姑娘。太姒生武王。此時周國擁有今陝西省長武、彬縣、旬邑、麟遊、永壽、鳳翔、岐山、乾縣、扶風、武功、涇陽、禮泉與甘肅東北。《魯傳》《韓傳》《新序・雜事》「文、武之興以任、姒。」太姒是周文王的賢內助。《魯傳》《韓傳》《列女傳》「太姒號曰文母。文王治外，文母治內。」

韻部：集合，緝部；涘止（之）子，之部。

〔5〕瑩瑩讀如倩 qiàn，譬喻，貌若天仙。或訓爲罄，罄，盡，竟，竟然是天帝的妹妹。或訓爲俔，聞見，聽說是，見若如。《周易・歸妹》「六五，帝乙歸妹」。文定厥祥，占卜定其吉祥，納聘禮，這是婚禮的第三程序。迎娶

至涇河。艁 zào，連船加上木板聚合爲浮梁。這是古代迎婚最高禮節。親，新迎新娘，是第六禮節。不，丕，大；顯，顯赫，光，顯耀，豪華。寫喜慶的盛大場景，歷歷如繪、《關雎 jū》寫最詩意的愛情告白，演繹了王子淑女唯情唯美的愛情童話，《大明》則寫迎娶的豪華排場。

韻部：妹渭，微部；梁光，陽部。

〔6〕案：六至七章寫周武革命，此章寫周文王與夏部落後裔聯姻，《世本》3「莘，姒姓，夏禹之後。」又通有；命，天命；自，從。命，授命。《泰誓》記載周武王在提出了「惟人，萬物之靈」的重要思想後，仍以天命自許，「皇天震怒，命我文考，肅將天威，大勳未集。」「天矜於民，民之所欲，天必從之。」案：于，於；于爲雙聲通借，建設。京，京城。纘 zuǎn，孂 zǎn，美好貌，比《傳》之義爲長，纘纂 zuǎn，疊韻通借，聯姻的女方是莘國的淑女太姒，維，有。莘國，古國名，在今陝西合陽縣東南三十里。前人訓長子爲太姒，結合下文，則當是長子伯邑考，《魯說》《管蔡世家》：「⋯⋯母曰太姒，文王正妃也，其長子曰伯邑考，次曰武王發⋯⋯」《詩》突出武王，《周本紀》：「季歷娶太任，皆賢婦人，生昌，有聖瑞。古公曰：『我世當有興者，其在昌乎！』長子太伯、次子虞仲知古公欲立季歷以傳昌，乃二人亡（逃）如荊蠻。」而且，據《易林》「有莘季女」則太姒是第三女，並非長女。所以「長子維行」，當訓爲長子伯邑考；維，乃，才；行，當是才會走路，後來被紂王烹死。篤 dǔ，厚。生，生育。右，佑；爾，之。周武王九年觀兵孟津（在今河南省孟津縣東北），有八百諸侯會盟，十一年正月甲子日牧野一戰擊敗商軍。燮 xiè，通協，協和諸侯們，《竹書紀年》：帝辛 42 年西伯姬發受丹書於呂尚。44 年西伯發伐黎，51 年師渡孟津，52 年伐殷。

韻部：天莘，眞部；王京行王商，陽部。

〔7〕案：殷 yīn，正 zhèng，殷通正，《堯典》「以殷仲春」，《尚書》四「惟殷於民」。又殷通敦、敦伐。正商，伐商；旅，眾，義師。遒會通旝 kuài，《韻會》引《說文》：旝，令旗，旌旗也。《左傳・桓 5》「旝動而鼓」，如林，眾多。高本漢：會，會聚。矢通誓，牧埛，在今河南省淇縣南。案：維，語助詞；予，周；侯，乃；案：興讀如歆 xin，歆歆，內心喜服而歸心，倒句以協韻，《周語下》「以言德於民，民歆而德之，則歸心焉。」《魯》義爲長。臨，監臨；女，汝；無貳爾心，貳，疑。無，毋，不得；貳，二，疑心！《魯》《釋詁》：「貳，疑也。」周武王廟在今河南省獲嘉縣照鏡鎮東南。

韻部：林歆（興心）心，侵部。

〔8〕八章寫周武王革命的宏大場面，呂尚的賢輔地位。周武王統領諸侯聯軍沿渭河、黃河、盟津，民心所向，《魯說》《秦楚之際月表》《新序・善謀下》都記載周武王到孟津，「不期而會孟津上八百諸侯」。前1046年一月十四日在孟津作《泰誓》「師畢渡盟津，諸侯咸會曰：『孳孳無怠！天將有立父母，民之有政有居』，這是諸侯們勸戰之詞。」同年一月二十日於牧野作《牧誓》，「今予發（周武王）惟共行天之罰」，擊敗商紂軍，牧坶埖 mǔ，在今河南省淇縣西南，殷都在今鶴壁市淇濱區。洋洋，廣闊貌。檀車，檀木做的堅韌的戰車，皇皇，煌煌然，鮮明貌。駟，四，騵 yuǎn，赤色白腹馬，彭彭，驕驕，強勁貌。案：維，語詞；師，太師；《齊世家》：「呂，氏，姜姓名望」尚父，尊稱，太公，以年高望重的敬稱，謀略、勇氣為三軍之冠。姜太公故里在今河南省衛輝市太公泉鎮。姜太公在蟠溪遇周文王而被重用。姜子牙釣魚臺在今陝西省寶雞市東南40千米蟠溪河上。蟠溪有太公廟、文王廟。商紂王墓在今河南鶴壁市淇縣。在《六韜》中提出「立斂眾心」，「翦商羽翼」「聰明伐商」等計策，《魯說》《韓說》《說苑・政理》「太公曰：『治國之道，愛民而已』。」《魯傳》《齊世家》：周文公能從羑里歸，三分天下有其二，「太公之謀居多。」時，是；維惟，為；揚通鸈（鷁）yáng，鸈，白鷺 jué。俗名白鷸子，似鷹，尾白，鷹鸈，如鷹如鸈。涼諒通亮 liàng，引導，輔佐。案：此章提出用賢，〔魯傳〕漢・王逸《九思》：「呂望傳說舉兮殷周興」案：肆伐，連語，《皇矣》「是伐是肆」，肆，《魯》《風俗通義》一作襲，肆 sì，《廣雅・釋詁》肆，殺也，肆伐即殺伐，《單疏》訓肆為疾速；襲 xí，《玉篇》：襲，古文戲字，戲伐，連語，掩取，奔襲，此章寫大規模車戰，「武王使尚父與伯夫致師。王既以虎賁戎車馳商師，商師大敗」（《逸周書彙校集注（修訂本）》，頁341）。《傳》訓「會，甲也（子）。不崇（終）朝而天下清明」可備說。案：牧通坶 mǔ，在今河南省鶴壁市淇濱區西南，今河南省汲縣北，商紂都城在今淇濱區。會，合，逢。《考文》《定本》會、甲，《牧誓》《逸周・世俘解》《竹書紀年》、《史》記載甲子朝，周武王時吉金《利簋》：「王武征商，隹（維）甲子朝。」904年抄《玉篇》引《韓詩》瀞，明也。清是瀞的省借，清瀞同。當時各路諸侯參戰，周武王是諸侯聯盟長。《泰誓》中提到「我友邦塚君」「天視自我民視，天聽自我民聽」。王肅：「以甲子昧爽與紂戰，不崇朝而殺紂，天下乃大清明，無復濁亂之政。」（《續修》1201/313）《牧誓》中提到「庸、蜀、羌、髳、微、盧、

彭、濮。分別在今湖北省竹山、四川省松潘縣理縣巴縣、湖北省南漳、四川省彭山，湖南省常德鎮。

韻部：詳皇（煌）彭（讀如騯）揚（鸒鸒）王商明（讀如盟），陽部。

【評論】

《初學記》9引晉・摯虞《周武王贊》：「於皇武王，天命是鍾，七德既耀，莫不率從，奄清宇宙，湯商之蹤。」《詩誦》4「八章，六句、八句次第相間，格局宏整，此《大雅》之體也。六章承天心，天心貴和，故曰『燮伐』末章合眾力，眾力貴武，故曰『肆伐』，用字俱有精義。」《注析》：「本篇在寫作上有兩點是值得注意的。其一是首尾的緊密呼應突出了主旨。全詩的重點是武王伐商，首章卻以天命難測和殷商失國領起，側面著墨，隱含主題。二至六章轉而敘述王季與文王的婚事，是鋪敘前文的筆法。七、八章始實敘伐商而有天下，照應首章之意，使全文神全意足。」案：《大明》是對《周書・牧誓》、《逸周書》的《武寤解》《克服解》的藝術展示，更富於情節性、意象性、細節性。誠如卡爾・馬克思所說：革命「是歷史的助產士」，「歷史的火車頭」。《大明》寫周武王革商紂命。作為史詩，擅長場面描繪，又多佳句，細味此詩，善於寫重大歷史事件的場面如後三章，詩人高明處還有三點：一、善於蓄勢首章寫周代商的歷史大趨勢；二、三章寫周文王應運而生，又小心翼翼積蓄力量；二、寫好賢內助，饒有生活情趣，二章、四、五、六章；三、每一章都有箴言警句統領，如天難諶斯，惟德之行，小心翼翼，天作之合，倪天之妹，燮伐大商，「其旝如林」，會朝清明，「會朝清明」結得妙絕，餘味曲包。周文王，太姒聯姻寫得充滿情趣。比《利簋》、《逸周・世俘解》尤富於藝術性，達到了歷史的真實性與詩歌的審美性的統一，末二章闊大宏偉，氣勢雄邁，末四句儁妙深邃，要言不繁。『其旝如林』四字將義師寫得十分強大。『洋洋』、『煌煌』、『彭彭』，三組疊詞，渲染軍威。是以『鷹揚』形容太師、上將姜尚。我們不禁想起著名的荷馬史詩《伊利亞特》中描寫特洛亞城下希臘人與特洛亞人的戰鬥，洋洋萬言，窮形極相。而《大明》描寫殷、周牧野決戰卻只有寥寥數語，粗筆勾劃，又豪情瀾滄，可以補《史》《周書・武成》《孟・盡心下》。風格是迥然不同的，效果也各有千秋。詳盡的能供人細細咀嚼，簡略的可引起聯翩浮想，倒也未必能以詳略來軒輊它們的高下。《魯語下》引魯國師亥云：「詩所以合意，歌所以詠詩也。」旨哉斯論。

緜

緜緜〔綿〕瓜〔爪〕瓞〔㼖㼫〕！　　　　　如同大瓜小瓜綿綿不絕，
民〔尸人〕之初生，　　　　　　　　　　周民初始發展，
自土〔圡杜〕沮〔徂〕漆〔漆柒沮〕。　　從杜水遷向沮水漆水，
古公亶父〔甫〕，　　　　　　　　　　　古公亶父，
陶〔窯〕復〔覆覆腹〕陶穴〔冗〕，　　　橫掏為復，直掏為穴，
未有家室。〔1〕　　　　　　　　　　　那時尚無房屋宮室。

古公亶父〔甫〕，　　　　　　　　　　　古公亶父，
來朝〔周〕走〔趣〕馬，　　　　　　　　為來周原急趨馬，
率〔率帥〕西水滸〔汻〕，　　　　　　　沿著沮漆兩水邊，
至于〔於〕岐下。　　　　　　　　　　　一直跑到岐山下。
爰及姜女，　　　　　　　　　　　　　　於是攜著愛妃太姜，
聿來胥〔相〕宇。〔2〕　　　　　　　　勘測周原忙安家。

周原〔原〕膴膴〔腜腜〕，　　　　　　　周原真膏腴肥美，
菫〔堇菫〕荼如飴。　　　　　　　　　　菫葵苦苣好滋味，
爰始爰謀，　　　　　　　　　　　　　　於是謀劃大事業，
爰契〔挈契〕我龜。　　　　　　　　　　契龜占卜求吉利，
曰止曰時，　　　　　　　　　　　　　　說是居此大吉利，
「築〔簍〕室于茲〔茲〕。」〔3〕　　　「定居於此地！」

迺〔酒乃酒〕慰迺〔乃酒〕止，　　　　　於是安心住下來，
迺〔酒乃酒〕左迺〔乃酒〕右，　　　　　於是區劃妥安排，
迺〔酒乃酒〕疆〔彊〕迺〔乃酒〕理，　　於是分界忙開墾，
迺〔酒乃酒〕宣迺〔乃酒〕畝〔畝〕，　　翻耕疏通種起來。
自西徂東，　　　　　　　　　　　　　　從渭西到涇東，
周爰執事。〔4〕　　　　　　　　　　　政事周密樂開懷。

乃〔酒酒〕召司空，　　　　　　　　　　召來司空建城邦，
乃〔酒酒〕召司徒，　　　　　　　　　　召來司徒管徒役，
俾〔俾卑〕立室家。　　　　　　　　　　命令他們建宮室，
其繩〔乘〕則直，　　　　　　　　　　　繩墨一拉準筆直。
縮版〔板〕以載〔栽〕，　　　　　　　　束緊牆版栽長版，
作廟〔唐庿〕翼翼。〔5〕　　　　　　　宗廟嚴正又壯麗。

捄〔捊〕之陾陾〔陑〕，　　　土籠裝土陑陑陑，
度之薨薨，　　　　　　　　　投土填土薨薨薨，
築之登登，　　　　　　　　　用杵搗土登登登，
削屢〔婁〕馮馮。　　　　　　　削牆鞭牆馮馮馮，
百堵皆〔偕〕興，　　　　　　百堵城牆一齊起，
鼛鼓弗〔不〕勝。〔6〕　　　　高鼓勸役聲沸滕。

迺〔廼〕立皋〔皇睪高〕門，　　於是城門已建成，
皋〔睪高〕門有伉〔亢閌〕。　　高高城門高入雲。
迺〔廼迺乃〕立應門，　　　　於是宮門又建成，
應門將將〔鏘鏘〕，　　　　　宮門宏偉又嚴整。
迺〔廼乃〕立塚土〔社〕，　　　於是建成大社壇，
戎醜〔聭〕攸〔悠〕行。〔7〕　　大眾行祭遂願心。

肆〔肄〕不殄〔殄〕厥〔廊〕慍，　　所以雖不絕禋祀，
亦不隕〔殞〕厥問〔聞〕。　　　　也不失周國的好名聲，
柞棫拔矣，　　　　　　　　　麻櫟、白桵翦除了，
行道兌矣。　　　　　　　　　道路開通利人民。
混〔毌昆畎犬〕夷駾〔呬突〕矣！　王季征伐，昆夷奔逃，
維其喙〔瘃殨〕矣。〔8〕　　　　昆夷只有逃竄，只有疲困。

虞芮質厥成，　　　　　　　　虞、芮爭訟已調停，
文王蹶厥生。　　　　　　　　只為文王文德感動其天性。
予曰〔聿〕有疏〔胥〕附，　　　我們有四十餘國歸附的人民，
予曰〔聿〕有先後，　　　　　　我們有輔弼大業的名臣，
予曰〔聿〕有奔〔本〕奏〔走輳〕，我們有在萬方奔走宣傳的人臣，
予曰〔聿〕有禦〔御〕侮。〔9〕　　我們有武將禦侮，為國干城。

《漢石經》《大明》《緜》

【詩旨】

案：《周本紀》《古今人表》公祖子大王亶父，娶有邰氏女太姜，開創岐周農業國，生太伯、伯雍、王季，創立周，《緜》大約是宮廷詩人所寫的關於先周文化、周部落髮展史中的重要的領袖，周第十二代王古公亶父的創業史、建周史，經營建築京城以及遺澤西伯的歷史的頌歌，周初舉行報祭祭祀周太王時的樂歌。繫於前 1045 年。《編年史》繫於前 1035 年正月，周公作。

　　〔魯說〕《周本紀》：「古公亶父復脩后稷、公劉之業，積德行義，國人皆戴之。薰育、戎狄攻之，欲得財物，予之。已復攻，欲得地與民，民皆怒，欲戰。古公曰：『有民立君，將以利之。今戎狄所為攻戰，以吾地與民，民之在我，與其在彼，何異？民欲以我故戰，殺人父子而君子，予不忍為！』乃與私屬遂去豳，度漆沮，踰梁山，止於岐下。豳人舉國扶老攜弱，盡復歸古公於岐下。及他旁國聞古公仁，亦多歸之。於是古公乃貶戎狄之俗，而營築城郭室屋，而邑別居之。……古公卒，季歷立，是為公季。公季脩古公遺道，篤於行義，諸侯順之。公季卒，子昌立，是為西伯，西伯曰文王。」案：漢·蔡邕《琴操》認為周太王〔王季〕作。誤。王季作，不可能寫末章。

　　〔齊說〕《詩含神霧》：「集微揆著，上統元皇，下序四始，羅列五際。」宋均曰：集微揆著，若綿綿瓜瓞，人之初生，揆其始，是必將至者，有天下也。」

　　〔毛序〕「《緜》，文王之興，本由（一本無「由」字）太王也。」（P2669號「也」字下有「大王能興綿綿之化，文王因以廣大也。」）

【校勘】

　　〔1〕《毛》緜，古字，p2669 綿，同。《毛》瓜，《唐石經》爪，同。本字作㼝，《魯》《釋草》㼝 bó，《毛》瓞 diè。《魯》《釋草》㼝，《說文》瓝 bó、《毛傳》瓞，㼝也，同。《漢石經》民，《齊》《漢志》人，《唐石經》㠯，避唐諱。《毛》「自土沮漆」，當依《三家》《漢·地理志》注引、《水經注》「自杜漆沮」，土讀如杜，沮父家叶韻。《三家》《說文》《漢石經》《孟子趙注》《論衡·定賢》《書大傳》《白虎通義·姓名》《韓詩外傳》《吳越春秋》《釋文》甫，《齊》《古今人表》《唐石經》父，父讀如甫。本字作覆，《單疏》覆，《唐石經》復，《漢石經》《說文》復，覆覆通復。

　　〔2〕《毛》朝，《毛》P2669 作走，《新證》朝周古音近字通，走金文作󱀀，走趣古通。「來朝走馬」，應讀作來周趣馬。謂太王自豳遷於岐周。而養馬於斯也。三章云「周原膴膴」，正言來周後而見周原之膴膴也。

　　走，《說文》《玉篇》《韓》《考文》趣，《魯》《孟·梁惠王》趙注、《離騷注》《西征賦》注引《毛》走，走讀如趣。

　　《毛》走、率，《晉紀總論》帥、循，古作衛。P2669 䢦，古字，率通帥。正字作汓，《單疏》㳂，《三家》《說文》《玉篇》《群經正字》汓，徐鉉：今作

「澌」。非是。汻古字。《毛》于，《魯》《新序》於，于通於。《毛》姜女，《列女傳・母儀》太姜，《魯詩》於義爲勝。《毛》胥，《魯》《新序・雜事》2《箋》作相，P2669，同，胥相雙聲通借。

〔3〕《漢石經》㝗，《毛》原，《釋文》引《韓》《毛》p2669、《白帖》膴，《廣雅》《魏都賦》張載注引《韓》腜，從韻而論，膴在魚部，腜在之部，腜與飴謀龜時玆等之部協韻，膴腜通。案：本字作堇，《說文》堇，《齊》《禮》《爾雅》《詩》《單疏》堇，《詩傳大全》菫，P2669作莖，同堇。《毛》契，當從《三家》《漢・敍傳》注《群經音辨》《釋文》挈，P2669挈，《唐韻》契，挈挈異體。《毛》築，《說文繫傳》篁，篁古字。《毛》玆，《唐石經》玆。

〔4〕《唐石經》《釋文》《考文》P2669 迺慰，《漢石經》《唐抄文選集注匯存》乃慰，迺古字。下同。《漢石經》乃，《考文》《唐石經》《白文》迺，《毛》迺，同。《唐石經》小字本、相臺本疆，《釋文》本又作壃，P2669、十行本《正義》、明監本誤作彊。《漢石經》《毛》畝，《唐石經》畝，同。

〔5〕《毛》小字本、相臺本作乃，《考文》《唐石經》迺。《漢石經》《毛》《箋》俾，《唐石經》俾，《釋文》《釋器》卑，卑通俾。案：本字作繩，《單疏》《毛》繩，《傳》《單疏》P2669 乘，《箋》乘，聲之誤，《釋文》繩如字，本或作乘，當從《魯》《釋器》作繩。本字作版，古字。《說文》《漢》《唐石經》《五經文字》版，《齊》《檀弓》注、BD14636、P2669 板。《毛》載，《三家》《說文》栽，載讀如栽。《毛》廟，古寫竹簡 P2669 作庿，當爲庿。

〔6〕《單疏》捄，《箋》《說文》小徐本作捊，《釋文》裒，古字作褒，本或作捊。《考文》作捊。案：正字作隒，《說文》《毛》陾，《大藏音義》引《韓》作陑，《說文》陾，陑讀如陾，當作陾。《毛》屢，由《傳》《箋》推知屢當爲婁，《考文》婁。《唐石經》婁，同婁。《漢石經殘字》《毛》馨，《毛》弗，《三家》《說文》弗《周禮》《考文》皋，皋通馨。

〔7〕《唐石經》臯，《韓》高，《唐抄文選集注匯存》1.181、P2669 作睪，《單疏》臯，同，高通臯。本作阢，《說文》阢，《魯》《西京賦》《魏都賦》注引《韓》《玉篇》《類篇》《釋文》《類聚》63 閟，《釋文》本又作阢。《單疏》《唐石經》將將，《魯》《東京賦》注引作鏘鏘，《齊》《西都賦》《後漢》注《正字通》引作牆牆，將將鏘鏘牆牆音義同。《毛》迺，《魯》《釋天》《齊》《漢・郊祀志》《白帖》76 乃，迺古字。《毛》土，《齊》《漢・地理志》社，土讀如社。《毛》醜攸，BD14636 隕悠，隕同醜，悠同攸。

〔8〕《毛》隕問，案：《孟·盡心下》《釋文》殞，隕通殞，《箋》問，《魯》《孟子趙注》聞，俱可，作聞義長，問讀如聞。案：《單疏》混夷駾矣，《魯》《孟·梁惠王下》趙注、《魯靈光殿賦》張載注引「《詩》云『昆夷突矣』。」《史》緄夷，《齊》《漢·匈奴傳》《書大傳》注作畎夷，《聲類》兌，突也。《毛詩音》《釋文》混音昆，甲骨文作丱 guàn，丱。串，混昆古今字，《正義》《宋石經》混，《孟子趙注》昆，《說文》：「犬夷呬矣」，《唐石經》《單疏》混夷駾矣，《釋文》昆，《孟·盡心下》趙注作畎，畎混昆讀如丱 guǎn，《毛》喙，《說文》呬。《廣韻》「昆夷瘣矣。」《方言》喙，喙讀若殘瘣 huì，困極。案：《三家》《說文》《魯靈光殿賦》注引作：「昆夷突矣」，《毛詩音》「駾讀突。」《說文》「呬，息也」，《三家》作突。《毛傳》駾，突。《毛》喙，《說文》「犬夷……呬」，段玉裁、馬宗霍認為《說文》是隱括兩句。《方言》喙呬，息也，段氏《定本》瘣，呬喙瘣音近，本字作瘣。劉毓慶、李蹊譯注《詩經》「疑『駾』與下『喙』字誤倒。上言其困窮無力支撐，下言其奔突逃竄，於理為順。」

〔9〕《毛》生，《通釋》性，生古字。《蔡姞彝》彌厈生，《卷阿》「俾爾彌爾性」。《毛》曰，《毛》聿疏，《三家》《離騷注》聿，下同。《魯》《新序·雜事》《詩考》相，《齊》《書大傳》《聲類》3 胥附，疏通胥。案：本字作走，《孔叢子》趍，容庚《殷周青銅器通論》：西周前期吉金《效尊》銘曰：「烏乎（嗚乎）！效不敢不萬年夙夜奔走揚公休。」《書大傳》《魯》《離騷注》《後漢·何顒傳》《正義》p2669 走，《釋文》：本，本又作奔；奏，如字，本又作走，音同。《唐石經》《傳》《箋》小字本、相臺本《述聞》奔奏，案：趍奏通走。《毛》禦，《釋文》御，本又作禦。

【詮釋】

〔1〕案：一至七章頌美古公亶甫建周國的偉大業績，《周書·武成》：「大王肇基王跡。」《魯說》《新序·善謀下》：「太王以狄伐，去邠，杖馬策居岐，國人爭歸之。」太王古公亶父（父甫 fù，男子的美稱。《單疏》亶甫，字）居豳時，橫蠻兇暴的狄人侵犯豳，事之以皮帛、犬馬、珠玉而不受，所欲唯地。漆，今名漆水河，源於陝西省麟遊縣西至武功縣入渭。商武乙元年，古公亶父杖策離去，越過梁山（今陝西乾縣內），至岐山之陽，吸納商文化，故漆水、渭水流域多先周文化遺址，「民相連而從之，遂成國於岐山之下。」《後漢·西羌傳》注引古本《竹書紀年》：「周人伐西落鬼戎、餘無之戎、始乎之戎、翳徒之戎皆勝，商王太丁卻殺周王季歷。姬昌立，商王命為西伯。」緜緜，

綿綿不絕；瓜，大瓜；瓞瓝瓝 dié，小瓜。比喻周民族綿延不絕。人，周民，周部落聯盟；初生，當初發展。據文獻、考古發現，周部落自甘肅平涼、慶陽、六盤山、隴山至岐。自，由；土 dù，杜，杜水又名杜陽川，出杜陽山，南入於渭河；沮漆，案：當從《齊》作沮，沮水，漆水，《周本紀》《水經注校證》《唐石經》《漢‧地理志》沮、漆。《水經注》16 沮水出北地直路縣，東過馮翊祋縣北，東入於洛；漆，今漆水河，陝西省麟遊縣西，東南流入武功縣入渭。古公，尊稱，亶父是周文王祖父，避薰育、戎狄的掠奪，率周部落離豳，渡杜水、漆水、沮水，來周原，周原相當於今陝西岐山、鳳翔、扶風、武功、寶雞等地，地、水、物產資源豐富，農業、青銅冶煉業、建築業、手工業、絲織業有相當水準。古公亶甫是古國周國的締造人。案：陶，掏，窯洞成為陝北民居的重要模式，重要為正窯，向下掏為穴為深土窯為土室，復讀如覆 fù，地室土窯，向橫掏為覆，地室，為重窯，挖山洞作山室，又如燒製陶器，用火烤過，以防潮濕。「陶復陶穴」，穴，土室，應為「陶穴陶覆 fù」，為協韻而倒文，《說文》：家，居也。

　　韻部：瓞穴，質部；沮父家，魚部。

　　〔2〕朝 zhāo，周 zhōu，朝通周，詳《新證》。周，周原。原，平而廣。《史》《正義》：「太王居周原，因號為周。在今陝西省武功縣西北二十五里有太王城。來朝走馬為協韻，趣馬來周。走通趣，趨 qū，疾行。案：率帥通循。汻滸 hǔ，水邊，因古公亶甫要避開西戎、北狄、薰育的侵擾和掠奪，與《漢書‧地理志》《水經注》詩史互證，西當是上承首章「沮漆」，即沿涇河再沿漆水考察土質、水源，扶風等地有漆水通過，不當詮釋為渭河，周原如鳳翔、岐山、麟遊、扶風、乾縣、武功都在渭水北岸。汻滸古今字。岐山，在今陝西省岐山縣東北十里。爰，於是；案：及，與；有與、歸義項。及 jí〈古〉群緝，如《谷風》「及爾同死」，《氓》「及爾偕老」，《湯誓》「予及汝皆亡」，司馬遷引作與，此詩訓嫁與，歸與。《三代世表》周始祖后稷堯時為大農，姓姬氏，姜女，有邰氏姜女，姜在陝西姜水一帶，當依《列女傳》稱太姜。姬、姜聯姻，亶甫與太姜、季歷與太任、姬昌與太姒這三代三對模範夫婦奠基時期意義重大的伉儷。後代周王康、穆、懿、孝、厲、幽王也是娶姜女的。案：聿，發聲詞；來，同來周原；胥 xū 相 xiāng 同為心母，胥通相，考察，審視，丁山：胥，「夏」的聲訛，地名，在今陝西合陽（丁山，1935：92-93）；宇，居住。

　　韻部：父（甫）馬（音姥）汻（滸）下（音戶）女宇，魚部。

〔3〕案：據殷代卜辭，武丁前卜辭已有「有周」，已在太王前。周原，在今陝西省岐山、扶風兩縣接壤處，是周文化的發祥地，考古發掘有大量青銅器、甲骨文等文物，今陝西省寶雞市有周原遺址。周人以陝西西部以岐山爲中心，北依岐山，南濱涇渭，都城在「京城」，京、大，故址在今岐山縣京當鄉，扶風縣黃堆法門鄉一帶，爲周的政治、經濟、文化、軍事中心。岐山、鳳翔、麟遊、武功、扶風、眉縣等地名爲周原，《帝王世紀》《通鑑外紀》太王居周原，改國號爲周。這在當時全世界尚屬先進，周，甲骨文、金文本義是耐旱的農作物粟黍，又是周氏族的名稱，周以農業立國，周，岐山南，周發祥地、大本營，含今陝西省岐山、武功、鳳翔、扶風、眉縣、寶雞、乾縣、永壽等地。膴 wǔ；《韓》《廣雅》腜 méi，同爲明母，膴通腜，土地肥沃。案：此章用誇飾技法。菫菫 jǐn，菫葵，野菜名，葉如細柳，菫雖苦，得霜而甜脆，蒸食之，甘，瀹 yuè 之則甘滑；荼，苦苣菜；如飴，甜脆。可蒸食，甘，根莖可作鎮靜藥，治毒、腫、心下煩熱等。爰，於是；始 shǐ 治 chí 疊韻通借，《荀·禮論》「所以別貴始」，《史·禮書》引作治；治謀，連語，周密謀劃。契，挈，刻；我，語詞；龜，刻龜板以占卜。曰，助詞；時通跱，止跱，連語，卦辭說周原宜於定居創業。茲，此，岐山、周原。

韻部：膴，魚部；腜飴謀，之部；龜時茲，之部。

〔4〕迺，乃。慰，慰止，連語，安心居住，《方言》慰，居。左右，區域。疆，劃分土田，理，整理開墾。宣 xuān，疏導，朱熹：宣，布散而居也。或曰：「導其溝洫也。」畝，治理耕種。自西（寶雞）；徂，至；東，武功。爰，於；周，周國全國；執事，統一治理。

韻部：止右理畝事，之部。

〔5〕司空，職掌建築工程。司徒，職掌徒役。卑通俾，俾，使；立，建立；室家，房屋、宮殿。乘通繩 shéng，直，用繩墨測量規劃。縮，束，用繩束緊牆版；載通栽 zāi，《三家》《說文》「栽，築牆長版也。」板通版，築土牆用的夾板，樹立爲牆垣。商周已有版築牆，有規模宏大的宮室建築群。作，建築；廟，宗廟；翼翼，嚴正貌，一說恭敬。周人於周原立國稱周，周字與田有關，周人是善於農業的民族，先周文化有邠縣、長武、麟遊、岐山、扶風、鳳翔、寶雞、武功、乾縣、耀縣、咸陽、戶縣、長安、鳳縣與甘肅平涼、靈臺、慶陽，周政治中心在岐山縣鳳雛村有宮殿，扶風縣召陳村有宗廟，設司空、司徒等官職，是比較成熟的、複雜的部落聯盟。

韻部：徒家（音姑），魚部；直載（栽）翼，之部。

〔6〕捄 jū，（古）見幽；抒 póu，（古）並幽，同為幽部，見、并準鄰紐，捄通抒，引土盛於土籠。案：度 duó，填土投土，《釋文》引《韓詩》度，填也。築，用木杵搗土築牆垣。屢 lù 讀如婁 lóu，空，斂，土牆隆突部位，通過削牆、鞭牆加以斂固。陾陾 réng réng，眾多；薨薨 hōng hōng，登登、馮馮、嗙嗙，擬聲詞，分別為眾多的裝土聲、投土聲、築土聲、削牆鞭牆聲，眾多的築牆聲。八尺為版，五版為堵，百堵言其宮室廣大；興，建起。鼛 gāo 鼓，長一丈二，用於勸役的大鼓；弗通沸，勝通滕，鼛鼓響起振奮眾心，百堵齊起，眾人呼好。朱熹：「弗勝者，言其樂事勸公，鼓不能止也。」

韻部：薨登馮興勝（滕騰），蒸部。

〔7〕皋此章寫周都建立，宗廟社稷建立，眾人祭祀，先周文化考古同。門，郭門。伉阬閌從亢，亢亢 gāng gāng，高貌。《周禮・閽人》鄭司農注：王有五門：外，皋門；二雉門；三庫門；四應門；五路門。應門，正門。將將鏘鏘牄牄 qiāngqiāng，嚴正貌。立，建；塚 zhong，大；土，社，祭土神。戎，大；醜 chǒu，眾；攸，所；行，行祭。

韻部：亢（伉阬閌）將（鏘牄）行，陽部。

〔8〕肆，隸 sì，所以，一說肆，語詞，《傳》訓為今；不殄 tiǎn，不絕。《新證》：慍通禋，禋祀。塚，大；戎，大；醜，眾。季歷打造兵器，實行男子皆兵。《魯傳》《孟・盡心下》趙注：「『肆不殄厥慍，亦不殞厥問』，文王也。殄，絕；慍，怒。殞，失。言文王不殄絕昆夷之慍怒，亦不能殞失文王之善聞問也。」朱熹《詩集傳》、胡廣《詩傳大全》同。《周紀》：「公季脩古公遺道，篤於行義，諸侯順之。」柞 zuó，櫟；棫 yù，白桵 ruí，薔薇科，果實可釀酒，食用，果仁入藥；拔，翦除；矣，了。行道，路；兌 duì，通達。《竹書紀年集證》：商武乙二十一年（前 1126 年）亶父卒，30 年（前 1117 年）周師伐義渠之戎，獲其君以歸，向商王獻捷；後伐西落鬼戎，俘十二翟王，部份鬼戎逃竄；後伐餘元之戎，克之。後伐始呼之戎，克之。後伐翳徒之戎，捷。案：甲骨文作毌 guàn，毌串混昆畎同中國古代西部少數民族名。駾 tuì 突雙聲通借，奔突。維其，何其；呬 xī，喘息，殢喙瘄 huì，呬喙瘄，雙聲通借，極疲困。

韻部：慍問，諄部；拔兌駾（突）喙（呬瘄），月部。

〔9〕案：此章寫周文王是武王革命、滅商興周的奠基人。前 1056 年周

文王受命商紂王任命爲西伯，斷虞、芮之訟。前 1055 年伐大戎；前 1054 年伐密須；前 1053 年伐黎；前 1052 年伐邘；前 1051 年伐崇侯虎，周代商大勢已定。虞 yú，在今山西省平陸縣東北；芮 ruì，在今山西省芮城縣西（有人說在陝西省大荔縣，誤，那是周文王所封，非商朝古芮國，詳譚其驤教授主編《簡明中國歷史地圖集》7～8 頁）。虞、芮二國近周，爲周國善良、公允、謙讓，淳厚的民風所感化。詳《周本紀》。《齊傳》《古今人表》注：二國訟田，質於文王者。贀（質），評斷，評量，求質於文王，決斷公允；成，和平相處。蹶 guì，感化而動。《說文注箋》：生，古性字。生讀如性，天性，天理良知，生讓畔之心。予，祭祀樂歌的作者詩人；聿曰，說。詩人用排筆頌美周文王：〔西伯姬昌〕善於團結人材，疏胥疊韻通借，胥附，連語，歸附，率下親上之臣。夏傳才教授：藩屬。先後，謀士軍師輔臣，輔佐引導之臣。奏輳讀若走 zǒu，《虞夏書·舜典》：「敷奏以言，明試以功」，奔奏，奔輳、敷奏，趨同，奔走，宣傳家，實行家，爲之普遍地奔走效力、宣傳教育。禦侮，武將折衝。抵禦侵略者的武將。《周書·武成》：「惟先王建邦啓土，公劉克篤前烈，至於太王肇基王跡，王季其勤王家。我文考文王，克成厥勳，誕膺天命，以撫方夏。」

韻部：成生，耕部；附後奏（走）侮，侯部。

劉毓慶教授考辨校勘此章爲：

> 肆不殄厥慍，亦不隕厥問。
> 虞芮質厥成，文王蹶厥生。
>
> 柞棫拔矣，行道兌矣。
> 混夷喙矣，維其駾矣。
>
> 予曰有疏附，予曰有先後。
> 予曰有奔奏，予曰有禦侮。

詳劉毓慶《雅頌新考》、《詩經講讀》。

【評論】

《孟·梁惠王下》：「……鄹人曰：『仁人也，不可失也。』從之者如歸市。」《魯傳》《韓傳》《新序·至仁》「大王有至仁之恩……遂居岐山之下，邠人負幼撫老，從之如歸父母。」《正義》：「作《緜》詩者，言文王之興本之於大（太）王也。大王作王業之本，文王得因之以興。今見文王之興，本其上世之事，

所以美大王也」（《單疏》頁300）宋·蘇轍《欒城集·詩病五事》：「九章，初誦太王遷豳，建都邑，營宮室而已。至其八章乃曰：『肆不殄厥慍，亦不隕厥問』。始及昆夷之怨，尚可也。至其九章乃曰：『虞芮質厥成，文王蹶厥生。予曰有疏附，予曰有先後，予曰有奔奏，予曰有禦侮，』事不接，文不屬，如連山斷嶺，雖相去絕遠，而氣象聯絡觀者知其脈理之為一也。」饒宗頤教授：「像享禮時奏歌《文王》《大明》《緜》，作為西君相見的『樂』，因為這幾篇詩是周人開國的史詩。」（《饒宗頤新出土文獻論證》，上海古籍出版社，2005，198）案：古公亶甫完成了由豳至岐的大遷徙，古公亶甫、季歷、姬昌三代的努力，天下三分有其二，詩人繪聲繪色地描繪了建設周京宏偉而生動的場景，擅長細節描寫，寫王季時混夷狼狽逃竄「昆夷突矣，維其瘏矣」，情景畢現，詞藻準確，句式多變，音韻諧暢，宏構傑作，謹於構思，經緯綿密。末章善用排筆，先寫周文王文德感動，感化鄰國人的天性，虞、芮質成這一典型事件，用排筆極寫周文王的民心歸附、輔臣擁戴、為之奔奏呼號宣示萬方的人大有人在、武將足以禦侮的一代盛況，彰顯了明德惟馨，英才濟濟。卒章運用意象輻輳的技法，向心而聚，詩旨在於一代英主周文王具有非凡的凝聚力，與崇高的人格美，言簡而意深，為周文王、周武王的翦商大業作了極好的鋪墊，而屏絕了平鋪直敘，精於構架，經緯綿密，末章尤見才力，是一首不可多得的周代發跡史詩。《陌上桑》胎息於此。《原解》25「此詩詠太王始遷岐山，人心歸附，肇基王跡。而文王因之，以受天命也。」《重訂詩經疑問》8「『緜緜瓜瓞』句極比得好，通章只此一句，足以概之。又詩之一格也。」清·焦循《詩說》「詩人寫築牆之情事，尤詳細如繪，以虆盛土，投之版中而築之，築其上也，其旁必有溢出版者。則『削』之『屢』字，『屢』乃古『婁』字，婁者斂也，斂之使堅，必用鍛，鍛者，椎也。椎而斂，即今以繩纏柳而鞭之也。……削用錭，屢用鞭，二字犬鍊甚。」

棫 樸

芃芃棫樸〔樸〕，薪之槱〔栖禂〕之。	白桵枹樹蓬蓬生，積木燎祭禱群神。
濟濟辟王，	咱們國王有威儀，
左右趣〔趨趍〕之。〔1〕	將相疾趨求大成。
濟濟辟王，	咱們國王有威儀，
左右奉璋。	左右大臣捧璋緊相隨，

奉璋莪莪〔俄峨蛾〕，　　　　　　　捧璋都呈端莊相，
髦士攸宜〔冝〕。〔2〕　　　　　　　俊才英賢得所宜。

淠〔渒〕彼涇〔淫〕舟，烝〔蒸〕彼楫　涇河竹舟淠淠響，眾兵劃槳志軒昂。
〔橶〕之。

周王于邁，　　　　　　　　　　　　穆王往北伐薰育人，
六師及之。〔3〕　　　　　　　　　　六軍汲汲從穆王。

倬彼雲漢，爲章于天。　　　　　　　浩浩雲漢耀大千，發出光彩照長天，
周王壽考，　　　　　　　　　　　　穆王高壽世罕比，
遐〔胡瑕〕不作人？〔4〕　　　　　　何不大量造就英賢。

追〔鎚琱彫雕〕琢其章〔璋〕，金玉其相。　琱琢玉璋成國寶，金玉質地實重要。
勉勉〔亹亹亹〕我王，　　　　　　　國王勉勉事必成，
綱紀四方。〔5〕　　　　　　　　　　治理全國多榮耀。

《漢石經》《棫樸》《旱麓》。

【詩旨】

　　案：周穆王善用賢能、能作群才，培養群材、雕琢國士、郊祭天地、善於治理國家，這是周穆王郊祭時的樂歌，「遐不作人」成千古箴言，治邦要義。《齊說》《春秋繁露·郊祭》繫於周文王伐崇前的郊祭即公元 1051 年，《毛序》與孫毓歸入周文王。似欠妥。今人研究認爲周文王僅 50 多歲，這在古代屬於「中壽」，不及「壽考」，而且也尚未王天下，追諡周文王，成王在位僅 17 年，康王在位 30 年，成、康世幾無戰爭。昭王在位 19 年，征楚後亡於長江。周穆王姬滿（前 976～前 922）在位 54 年，又有征討。前 965 年穆王北伐大戎，取其五王以東；前 963 年穆王大破徐偃王；前 960 年穆王西征犬戎；前 940 年穆王伐楚；前 922 年穆王擊戎，全勝。此詩當是周穆王（《周本紀》：「穆王即位，春秋已五十矣。」聶師主編《新注》：「『我王』當是穆王。」周穆王前 976～前 923 年在位，則 103 歲。《竹書紀年》《穆天子傳》《周語》《後漢·東夷傳》記載穆王征伐。）一、二章寫郊祭、三章寫征伐，四章寫遐不作人〔胡不作人〕，五章寫雕琢、貴相與勉勉不已，能綱紀四方。繫於前 922 年。《編年史》繫於前 1035 年正月。《棫樸》《旱麓·思齊》《皇矣》《靈臺》《下武》《文王有聲》同年作。

　　〔魯說〕《新書·連語》：「故其可憂者，唯中主耳，又似練絲，染之藍則

青，染之緇則黑，得善佐則存，無善佐則亡，此其不可不憂者耳。《詩》曰：『芃芃棫樸，薪之槱之；濟濟文王，左右趨之。』此言左右日以善趨也，故臣竊以爲練（練，選）左右急也。」《魯》《韓》《新書・容經》「古之人謹於所近也。」

〔齊說〕《春秋繁露・郊祭》「文王受天命而王天下，先郊乃敢行事，而與師伐崇。」郊祭歌。

《毛序》「《棫樸》，文王能官人也。」《齊》《毛》繫於周文王（黨在前 1051 年）《香草校書》16 陳奐《傳疏》：當云：「《棫樸》，文王受祖也。」

【校勘】

〔1〕《毛》樸，《說文》樸橀、趣，古字。案：本字作橀，趣，《三家》《新書・容經》《連語》《風俗通》《大宗伯》《東京賦》《說文》《唐石經》《單疏》橀，一作禠，楢或體，BD14636.P2669 宋本《釋文》栖，通橀，又作禠，禠字誤，本字作趣，《毛》趣，訓爲趍，《晏子內篇・問下》《新書・連語》《繁露・郊祭》《釋文》趨，趣通趨，趍異體。

〔2〕《毛》峨峨，BD14636 號背上作娥。《唐石經》同，閩本、明監本作莪莪，《公羊・定 8》《解詁》《釋文》本又作俄。又作蛾。蛾娥俄讀如莪。

〔3〕《說文》《集注》《定本》《唐石經》《單疏》《五經文字》淠涇，閩本、明監本誤作淖。BD14636 背上作浬淫，誤。《魯》《毛》烝、楫，《齊》《繁露・郊祭》蒸檝，音義同。

〔4〕《毛》倬，《毛詩音》引《韓》菿，《魯》《釋詁》菿，義同，通作倬。《台》123/220、S6346V/1《毛》遐，《魯》《潛夫論・德化》《齊》《士冠禮》注引作胡。據《傳》《疏》本《左傳・成 8》杜注「不，語助」，則當作「遐不作人！」依《魯》《齊》《朱子語類》「遐，胡也」，則當爲「胡不作人？」

〔5〕《周禮》《釋文》《毛》追章，《釋器》彫 diāo，《三家》《荀・富國》《孟・梁惠王章句》《說文》《說苑・修文》《齊》《周禮・追師》鄭注琱、雕、璋，《向達敦煌遺墨》引敦煌本作追瑑，BD14636 背上追瑑其璋，鈺其相瑑即瑑 zhuan 王讀如玉。《廣韻》鎚 duī，追琱古通。《毛》勉，《魯》《荀・富國》《說苑・修文》《韓詩外傳》《詩異文異義》亹，《齊》《白虎通・三綱三紀》亹，《說文》亹《御覽》532 引漢・崔駰《章帝諡議》引作雕、亹，《魯》《中論・修本》勉亹亹亹與《說文繫傳》娓、《毛》勉，同聲通轉。

【詮釋】

〔1〕案：首章興，寫作育人才。結合詩中「涇」、「周考」、「遐不作人」，與《古本竹書紀年》《史》《後漢》《致篓》，當是穆王 55 年擊戎。芃芃 péng péng，茂密貌。棫 yù，白桜；樸 pú，枹櫟 bāolì，嫩葉可飼蠶，殼斗、樹皮可提栲膠。櫟，木質堅硬，可作器具車輪。薪，取以為薪；楢通檍 yǒu 檍 yǒu，柴祭天神。棫樸 yùpú 比喻賢才眾多。《梁書‧裴子野傳》：「皇家淳耀，多士盈廷，官人邁乎有媯，棫樸越於姬氏。」濟濟 jǐjǐ，多貌；辟，君，辟王，連語，國王。左右，左右卿士大臣；趣 qū 通趨 qū，疾趨，賢人眾多，歸附國王。寫國王能任賢使能。《魯傳》《新書‧容經》：「此言左右日以善趨也。」

韻部：檍（栖），幽部；趣（趨趨），侯部。幽、侯合韻。

〔2〕二章寫賢卿，璋，半珪，祭天禮器。俄娥蛾讀如峨峨，畢恭畢敬。《魯》《釋言》髦 máo，俊 jùn，才德超群者；卿士，諸侯；《魯》《釋言‧郭注》：「取俊士令居官。」攸，所；宜，各得其宜，各得其用。《齊》《繁露‧郊祭》：「已受命而王，必先祭天，乃行王事，文王之伐崇事也。……此文王之郊也。」

韻部：王璋，陽部；峨宜，歌部。

〔3〕《齊》《繁露‧郊祭》伐辭（辭）。三章寫周王統領六軍。案：淠，淠淠 pìpì，舟行擊水聲。涇，涇河，經合水、寧縣、旬邑、彬縣入渭河。烝蒸同，眾；徒，部屬，船夫；楫，用楫（槳）划船。大約是周穆王西征犬戎時軍旅詩之吟此。于，往；邁，征伐。六師，即三軍，37500 人，及 jí，參與，又及通汲，汲汲 jíjí，急切，緊隨。

韻部：楫及，緝部。

〔4〕四章寫大量造就英才。倬，倬倬 zhuō zhuō，菿，菿菿 dàodào，廣大貌。雲漢，銀河。為，發；章，光彩。周王，周穆王或周宣王，周穆王在位 53 年，周宣王在位 46 年，稱美其「壽考（高壽）」，又征伐，當是二王之一。《魯》《左傳‧成 8》引《詩》杜注：《釋詁》：遐，遠也」；不，助詞；作人，作育人，不斷地大量培養人材，鼓舞振奮人材。遐、瑕 xiá，胡 hú，上古音遐瑕胡雙聲疊韻通轉，遐不、瑕不即胡不，胡不作人，何不作人？極言國王重視教育人材。相，內質。亹亹 wěiwěi，勉勉，勤勉不止。「遐不作人」成為大力培養人才方能使國力強盛而無敵不克的千古箴言。案：此章以生動的畫面，濃濃的情致所抒寫的深邃的情景交融的立國箴言的哲理性發人深省。

韻部：天人，眞部。

〔5〕五章寫國王勉勉，綱紀八方。鎚追讀如彫、琱 diāo，追琱雙聲通借。琢，雕刻。相 xiāng，質地。《魯》《說苑·修文》「言文質美也」。章，璋，玉製珪璋。亹亹、豐豐、覼沒、孟勉同聲通借。勉勉。綱紀，治理好；《盤庚》：「若網在綱，有條而不紊。」四方，全國。

韻部：章相王方，陽部。

【評論】

《疏》：「言勉勉然勤行善道不倦之我王，以此聖德綱紀我四方之民，善其能在民上治理天下。」《詩本義》：「詩人本以文王能官賢才，任國大事，故美之。」《詩集傳》：「前三章寫文王之德，爲人所歸。後二章寫文王之德，有以振作綱紀天下之人，而人歸之。」元·朱公遷《詩傳疏義》：「此以用心至極爲興，蓋追琢金玉，是貴重於物而用心致美之極，勉勉不已，是勤勞於事，而用心致治之極。」《詩志》6「高簡遒卓，節短音長，取象最遠。」《詩誦》4「此詩精神在『勉勉』二字上。」《原始》13「此詩亦倒敘法耳。」蔣見元：此詩歌功頌德，前人評末二章高華典麗，但遣詞章法均嫌板滯。

旱 麓

瞻彼旱麓〔鹿〕，　　　　　　齊瞻那旱山山麓，
榛〔亲〕楛濟濟，　　　　　　榛楛郁郁已成林。
豈弟〔愷凱悌〕君子，　　　　平易和樂的國王，
干祿豈弟〔愷凱弟〕。〔1〕　　求福和易都遂心。

瑟〔璱恤邲邲〕彼玉瓚〔瓉鄼〕，鮮潔那玉珪勺兒，
黃流在中。　　　　　　　　　鬱金香酒在金勺，
豈弟〔愷凱悌〕君子，　　　　平易和樂的國王，
福祿攸降。〔2〕　　　　　　　所賜都是福和祿。
　　　　　　　　　　　　　　〔各得其所，各盡其材，盡自然之機〕

鳶〔鳶鴦鳶〕飛戾〔戾厲〕天，　老雕一飛到長天，
魚躍于淵〔渊洀〕，　　　　　　魚兒要躍躍深淵。
豈弟〔愷凱悌〕君子，　　　　　平易和樂的國王，
遐〔胡〕不作人？〔3〕　　　　　何不大量育英賢？

清酒既載〔酨〕，　　　　　　清酒已經陳設好，
騂牡既備，　　　　　　　　　紅牛犧牲已具備，
以享以祀，　　　　　　　　　獻祀天地與祖宗，
以介〔介〕景〔景〕福〔福〕。〔4〕　宏福求得降下來。

瑟〔璱〕彼柞棫，民〔𡰥〕所燎〔尞〕矣。　密密那柞棫，群眾積木紫祭天，
豈弟〔愷凱悌〕君子，　　　　　平易和樂的國王，
神所勞矣！〔5〕　　　　　　　天神慰撫喜盈盈。

莫莫葛藟〔藥〕，施〔延〕于條枚〔杴〕。　茂茂密密葛與藟，延蔓於樹梢。
豈弟〔愷凱悌〕君子，　　　　　平易和樂的國王，
求福不回〔寁違〕！〔6〕　　　　求福不違先王之道！

【詩旨】

周成王樂在造就許多人才，是強國之道。宣傳了女子的莊敬賢淑美。

《魯說》：《呂覽·知分》高注：「樂易之君子，求福不以邪道，順於天性，以正直求大福。」

《毛序》「《旱麓》，受祖也。周之先祖，世脩后稷、公劉之業，太王王季申以百福干祿焉。」大約是在周成王柴祭於旱山時的樂歌，宣傳君臣和易的傳統思想。《編年史》繫於前 1035 年正月。

《今注》：「這首詩敘寫君子祭神求福得福，並讚美君子有德，能培養人材。」

【校勘】

〔1〕《毛》麓、斄，《釋文》麓，本又作鹿，古字。《毛》榛，《說文》亲，古字。《毛》豈弟，《周語下》《魯》《新序·雜事》《說苑·修文》《韓詩外傳》、BD14636 背上、P2669、《考文》. S6346v/1 背面作愷悌，《齊》《表記》凱弟，下同，本字作愷悌。凱通愷，豈通愷，弟通悌。《單疏》《正義》《唐石經》《經說》《詩總聞》《續〈讀詩記〉》《詩集傳》都作干。一說作千，誤。

〔2〕案：本字作璱，《漢石經》殘字、《唐石經》瑟，《說文》《玉篇》唐寫本《切韻》《釋文》《集韻》《廣韻》璱。《傳》《箋》《單疏》s6346 瑟，省借字，《單疏》瓚，《說文》《白帖》瓚，同。《典瑞》鄭眾注引《群經音辨》邮，《周禮》《釋文》邺，《周禮》賈《疏》《群經音辨》《聲類》3 恤，《毛詩先鄭義》「邮彼玉鄭」。瑟邺恤邮通璱，鄭讀如璱。

〔3〕本字作鳶，《單疏》鳶、戾，《魯》《潛夫論·德化》屬。《說文》《玉篇》鳶，古作弌，《集韻》戴，S6346 作鳶，同，鳶異體。《毛》淵，《唐石經》㳂，避唐諱。《唐石經》遐，《魯》《潛夫論·德化》胡，遐通胡。

〔4〕《毛》福，《石鼓文》《說文》《廣雅》䄏。BD14636 介作介，S6346 作不，景作景，福作福。俗字。《漢石經》瑟，《釋文》字亦作瑟。

〔5〕《毛》民，《唐石經》㞢，避唐諱。䄏《說文》奱，奱古字。《毛》豈弟，《左傳·僖 12》S6346 愷悌。《魯》《說苑·修文》《毛》豈弟，《魯》《呂覽·知分》注《說苑·修文》《齊》《表記》凱弟，《韓詩外傳》2 愷悌，豈弟愷悌古今字，凱讀如愷。

〔6〕本字作靁，《毛》蠱，《後漢·蘇竟傳》《考文》藥，《魯》《列女傳》羸。《三家》《呂覽·知分》《晏子春秋》《後漢·黃琬傳》注《韓詩外傳》2 延，《毛》《齊》《表記》施、豈弟，《說文·修文》施、愷悌。豈弟，《左傳·成 8》愷悌，豈愷弟悌古今字。《釋文》：豈，本亦作愷，又作凱，苦亥反。弟，亦作悌，徒禮反。豈，樂也；弟，易也。案：本字作延，《經義考》：延，今作施。施，讀如延。本字作違，《魯》《說苑·修文》《箋》作違。《毛》回，《說文》圍，古字，回讀如違。

【詮釋】

〔1〕一章用興，旱山，在今陝西南鄭縣西南二十里，沱水所出。鹿通麓 lù，山腳，大祭處。榛樹，子可食；楛 hù，可為箭、筥、箱。濟濟 jǐjǐ，眾多貌。豈愷，弟悌，平易和樂。君子，國王，《單疏》：王季，《後箋》：文王。干，求；祿，福祿。攸 you，所。

韻部：濟弟，脂部。

〔2〕瑟邲卹恤通瑟，瑟瑟、瑟瑟 sèsè，鮮潔溫潤。鮮潔美好貌。玉瓚 zàn，《考工記·玉人》諸侯用三分玉二分石的玉石為柄，黃流，用黑黍米和以鬱金作香料煮酒，盛在用黃金為柄的一端勺中，酒流動呈現金燦燦色，故稱黃流在中。《玉人》：天子用全圭純玉，侯用瓚。瓚，盛鬯酒的禮器，容五升。裸祭時用這種勺行灌鬯祭祀。

韻部：中降（戶冬反），中部。

〔3〕本字作鳶 yuān，弌鳶戴同。戾、厲通麗 li，至。淵，深潭。遐胡雙聲疊韻通借，《單疏》：「能化（造化，造就）及上下，故歡美之。」《詩集傳》豈弟君子，而何不作人乎？言其必作人也。「此章的哲理性尤耐人深思。黃焯

《平議》：「胡不作人？」，「何不作人？」一說，遐，大，遠；不，語詞；作人，造就賢良人才。

　　韻部：天淵人，眞部。

　　〔4〕載 zài，通䞓 zài，陳設。《西征賦》注引《韓詩章句》：「載，設。」騂牡，紅色公牛作犧牲祭品。以，用；享，祀，獻祭。介通匄 gài，求；景，大。

　　韻部：載備祀，之部；福，職部。之、職通韻。

　　〔5〕案：瑟瑟 sè，謐 mì，瑟、瑟謐疊韻通借。瑟瑟、謐謐，茂密貌，柞 zuò，麻櫟；棫 yù，白桵。寮、燎，柴 chái 祭天，積木燒以祭天神。勞 lào，勞倈，慰撫。

　　韻部：燎勞，宵部。

　　〔6〕案：莫 mò；茂 mào，同爲明母，莫莫、茂茂，延蔓貌。葛，葛藤；藟，藟藤。藥蘽藟字異音義同。施讀如延 yì，《箋》延蔓，蔓延；枚，幹。回，邪。《魯》《呂覽・知分》高注引《詩》云：樂易之君子，求福不以邪道。《箋》：不回者，不違先祖之道。

　　韻部：枚回，脂部。

【評論】

　　《周書・君陳》：「黍稷非馨，明德惟馨。爾尚式時周公之猷訓：『惟日孜孜，無敢逸豫。』」《詩疑》1「〔《棫樸》、《旱麓》〕二詩鏗鏘淵永，極其形容。」《詩故》9「曰鳶飛，曰魚躍，言精誠之格於上下也。錄是詩者，著勤民也。」《詩志》6「清華典麗，高渾堅實，尋繹不盡。」案：此詩善於用比，善於用興，寫國王和易，善於作育人才，第三章善於用喻，極寫眾才得以發揮的生動場面。人才各得其所，各盡其用，各隨天性，庶民擁戴，雖說是王室祭歌，蘊含良深。

思齊（思齋）

思齊〔齋斎〕大〔太〕任，	太任爲人甚端莊，
文王之母。	她是周文王的親娘；
思媚周姜，	太姜人品眞美好，
京室之婦。	她是王季的新娘。
大〔太〕姒嗣徽音，	太姒繼承美名揚，
則百斯男。〔1〕	多子多孫多吉祥。

惠于宗公，
神〔臣〕罔時怨，
神罔時恫〔恫〕。
刑〔荆形〕于〔於〕寡〔寡〕妻，
至于兄弟，
以〔㠯〕御于家邦。〔2〕

孝順尊崇諸先公，
群神從來不怨他，
群神從來不傷痛。
以太姒爲榜樣，
推及同宗諸兄弟，
推廣治理國家與諸邦。

雝雝〔雍廱〕在宮，
肅肅在廟。
不顯亦臨，

和和樂樂在宗廟中，
肅肅敬敬祭祖先。
光明正大君臨天下，
〔連幽隱處也能照臨巡查到〕

無射〔躲鞍斁〕亦保。〔3〕

爲保民安則無厭倦。

肆〔隸〕戎疾不殄，
烈〔廬厲癘癘列〕假〔蠱蝦遐瑕瘕罟〕不遐〔瑕〕。
不聞亦式，
不諫亦入〔納〕。〔4〕

如今大病疫病都絕跡，
雖爲病疵都不足爲病疵，
聽說的也能用，
不是諫諍的也能採納之。

肆〔隸〕成人有德，
小子有造。
古之人無斁〔斁擇〕譽髦斯士。〔5〕

如今成年人有德行，
青少年造就成精英，
古之人無厭於選擇英材，唯
賢良俊傑是與親近。

《漢石經》《旱麓》《靈臺》《思齊》《皇矣》

【詩旨】

案：以詩的藝術形式宣傳賢內助的正德美，莊敬美，修身、齊家、治國、平天下的政治思想，此詩列三代賢內助，突出周文王受祖母聖母的良好影響，在夫婦、兄弟、全社會推廣道德規範，能君臨，能保民，善聞能接受，諫諍能採納，士大夫有行爲規範，造就青少年，此爲興邦之本。繫於周初。《編年史》繫於前 1035 年正月。

《毛序》「《思齊》，文王所以聖也。」

朱熹《詩集傳》16「此詩亦歌文王之德，而推本言之。」

分章從《箋》四章章六句，不從《傳》，《詩集傳》五章，二章章六句，三章章四句。

【校勘】

〔1〕本字作齋，《毛》齊，訓莊，齊讀如齋，《考文》BD14636 齋，《白帖》69、S 6346 V/1 作齋，又作齋齋，《釋文》：齊，本亦作齋，齋，莊。朱熹：齊音，齋，齋、齊、粢同在脂部，古字通。《魯》《列女傳》太，《初學記》17引《毛》謝靈運《登臨海嶠初發》注引、《釋文》、伯3383，大讀如太，太，《唐石經》大，下同。《漢石經》「任，文王之母」。

〔2〕《毛》于，《晉語》4 於，于通於。《漢石經》刑，《毛》刑寡，《韓》曹植《求存問親戚疏》刊、已，《唐抄文選集注匯存》3.474 形寡，形，刑，通型，寡俗字。《毛》P2669 神，S6346 臣，案：臣當作神。案：《魯》《胡夫人神誥》《唐石經》《釋文》《單疏》《匡俗正謬》《毛》恫，《說文》恫，又作恫，結合上句當爲恫。

〔3〕《爾雅》《考文》罹，《毛》離，《漢石經》《唐石經》雝，古通。《毛》射，《箋》擇，S6346V/1 躲。躲擇射讀如斁。《毛》肆，《說文》肄。肆通肄。

〔4〕《毛》肆，《說文》肄，《魯》《說苑·建本》無肄。案：疑《說苑》脫「肄」。《漢石經》厲罯不，癘是厲的或體，又作癘，《毛》烈假不瑕，《唐公房碑》癘蠱不遐，《齊》癘蠱，S6346V1 列遐不瑕，鄭玄烈作厲，《群經音辨》烈毈不瑕 P2669《注疏》烈瑕不遐，《定本》、《集注》厲，《箋》烈讀如癘 lì，假讀爲瘕，《釋文》又音賴（癩），《集韻》厲假不瑕。案：烈厲癩通癘，又作疫，假遐瑕通瘕蠱。《毛》入，《說文》納，入通納。《毛》式，P2669 作式，俗字。

〔5〕《釋文》《唐石經》、小字本、相臺本斁，《釋文》引古寫本、董氏引《韓》《箋》擇，古文睪見《金文編》165、《字彙》睪，古字，P2669 作躲，案：《唐石經》斁，躲古字。BD14636 作斁，P2669 作斁，斁斁擇，俗字。

【詮釋】

〔1〕思，語詞；齊讀如齋 zhāi，莊敬賢惠；大讀如太，太任，季歷妻，《齊傳》《古今人表》大任，王季妃，生文王。《列女傳》：「端壹誠莊維德之行。及其有身，目不視惡色，耳不聽淫聲，口不出傲言，能以胎教子，而生文王。」姬昌母。媚，喜愛，好，美好，《魯傳》《惜誦注》媚，愛；周姜，太姜，太王妃，《齊傳》《古今人表》姜女，大王妃。注：「亦曰周姜、大姜、皇姑大姜，有邰氏之女，大王亶父正妃。賢而有色，生太伯、伯雍、王季。大，同太。」姬昌祖母。京室，周國王婦。大姒，太姒，即《關雎》中「淑女」，姬昌妃。

嗣 sì，繼承，繼承太姜、太任的美德；徽音，善譽。則，於是；百，言其多；斯，其。姬昌有十子：伯邑考、武王發、周公旦、管叔鮮、蔡叔度、曹叔振鐸、成叔武、霍叔處、康叔封、聃叔季載。在周初發展時期常歌頌繁衍子息。清·蔣紹宗《讀詩知柄》：「首二句為一篇眼目。

　　韻部：母婦，之部；音男，侵部。

　　〔2〕《魯》《釋言》惠，順也。宗，宗讀崇，尊崇，公，先公。時，所；罔，無，不；神不之怨，神不怨之。案：侗恫痛雙聲疊韻通借，恫，傷痛，怨痛。《箋》：「文王為政，咨於大臣，順而行之，故能當於神明，神明無是怨恚，斯其行者無是痛傷，其將無有殃（凶）禍。」刑通型，正，典範。《堯典》：「觀厥刑於二女」。《易·家人》「象曰：⋯⋯男女正，天地之大義也。⋯⋯正家，而天下定矣。」《魯說》《韓說》刑，正也。寡妻，嫡妻，賢妻，太姒。御 yù，進，推而廣之。《孟·梁惠王》：「《詩》云：『刑于寡妻，至于兄弟，以御于家邦』。言舉斯心加諸彼而已。故推恩足以保四海，不推恩無以保妻子。」

　　韻部：公侗（恫痛）邦，東部；妻弟，脂部。

　　〔3〕雝雝、雍雍、雝雝 yōngyōng，平和協和貌。宮，宗廟。一說學宮。肅肅 sùsù，莊敬守正貌。不、亦，語詞，下同。顯，光明；又不，丕；顯，顯德；亦，惟；臨，君臨；一說幽隱處也能照臨巡察到，案：此句倒句為協韻，擇、斁射讀斁 yì，如猒 yàn；不厭倦則能保民。《魯》《招魂注》：射 yi，厭；保，保守，《毛公鼎》「肆皇天無射，臨保我有國。」

　　韻部：宮，冬部；臨，侵部。冬侵合韻。廟，宵部；保，幽部。宵、幽通韻。

　　〔4〕肆，隸，故今；戎，大；病，瘟疫；不、不，語詞；殄，絕。《漢石經》董，《箋》假（瘝），病。《集注》《定本》：厲，疫病。烈厲癩痫通董 lì，惡疫 yì，災禍，疫病，瑕叚罟罬蠱讀如瘕 jiǎ，瘕病或瑕疵，疾病，病害。孫詒讓《籀廎述林》：「其意若曰：『凡為汝大病者皆不足為病，為汝大疵者皆不足為疵也。』」《箋》《單疏》：瑕，已。朱熹：瑕，過（過失，疵瑕）。不、亦，語詞；聞，善聞，好的典範，好的見聞；式，效法。不諫，不是諫諍規勸的；入，採納，《左傳·宣2》：「諫而不入，莫之繼也。」諫諍規勸，樂於採納。《箋》瑕，已。

　　韻部：式，職部；入，緝部。職、緝合韻。

〔5〕案：卒章總括爲明德與作育人才的重大意義。《易·晉·象》：「君子自昭明德。」肆，所以；成年人（《箋》成，士大夫）都有德行，造 zào，造就，後輩也有造就有作爲，廣泛造就人材。斁 yì，厭倦。譽，興，許，嘉許。《箋》易斁爲擇。斁、擇 zé 古今字，選擇。譽豫雙聲疊韻通借，豫，樂於；髦穆覭勉同爲明母，勉勉不已，《單疏》引孫毓：「文王選士擇賢。」髦，英髦，英俊，選擇，選拔。《單疏》：髦，髦俊。《今注》「譽髦斯士，當作譽斯髦士，斯髦二字傳寫誤倒。《小雅·甫田》「烝我髦士」，《棫樸》：「髦士攸宜」都是髦士連文，可證。譽，借爲舉，推舉，提拔。髦士，英俊之士。」樂於勉勵或選拔、造就人材。造，造就，成就，功績。

韻部：德，職部；斁，鐸部。職、鐸合韻。造，幽部；士，之部。幽、之合韻。

【評論】

《易·家人》：「象曰：『正家，而天下定矣。』」《韓詩外傳》2「道二：之爲經，變之謂權。懷其常道而挾其變權，乃得爲賢。」王肅：「髦，俊也，古之人無厭於有譽之俊士也。《釋文》言文王性與古合。（《正義》)」（《續修》1201/314）《詩誦》4「《思齊》用韻近《頌》。於《雅》詩別是一格。次章一、三、六公恫邦爲韻，而二、四、五無韻。四章下二句式，入爲韻，而上二句無韻。卒章第一句、第三句德、斁爲韻，而二、四無韻，合數之，仍兩句得一韻，分數則參錯紛互，無一韻相同。首章、三章仍歸常格，於參差中得整齊，此調詩中僅見。」案：此詩頌美先祖妣美德，蒼核高峻，音永韻長。毛先舒《詩辯坻》：「《思齊》本頌文王，卻及其祖母與母及妻耳。然妙在先出太任，逆及太姜，凡手當從祖母順敘下，無複詞致。」

皇矣（《定本》作《皇》）

皇矣上帝，	偉大上帝光煌煌，
臨下有〔以〕赫〔荅〕；	威嚴明察於四方；
監〔鑒〕觀四方，	監視督察到四方，
求民〔人尸〕之莫〔嘆瘼〕。	以求老百姓的安詳。
維〔惟〕此〔彼〕二國，	夏桀、商紂，
其政〔正〕不獲；	官長不獲民心腸；
維〔惟〕彼〔此〕四國，	商紂諸侯都彼此，
爰究爰度。	謀劃奇謀奇方？

上帝耆〔諸指〕之，
憎〔增〕其式廓〔郭惡〕。
乃眷〔睠〕西顧〔顑〕，
此維〔惟〕與〔與予三〕宅〔度〕！〔1〕

作〔柞斳〕之屏〔摒〕之，
其菑〔甾甾薔楢楢楢〕其翳 yì〔殪〕；
脩〔脩〕之平之，
其灌〔槵〕其栵；
啓〔啓啓〕之辟〔闢〕之，
其檉其椐；
攘之剔〔髟髟〕之，
其檿其柘。
帝遷明德，
串〔毌混昆〕夷載路。
天立厥配〔妃〕，
受命既固。〔2〕

帝省其山，
柞棫斯拔〔**拔**〕，
松柏〔栢〕斯兌〔兌〕。
帝作邦作對〔對〕，
自大〔太泰〕伯王季。
維〔惟〕此王季，
因心則友。
則友其兄；
則〔載〕篤〔篤〕其慶。
載錫之光，
受祿無喪〔亡〕，
奄有四方。〔3〕

維此王季〔唯惟此文王〕，
帝度其心，
貊〔貃貉莫〕其德音。
其德克明，
克〔尅〕明克〔尅〕類，

上帝指斥了他們，
痛恨他們用擴張。
眷眷西顧望周王，
周國可望能興邦。

斬除雜樹清道路，
拉走枯死倒死眾樹木；
爲樹修剪與整枝，
灌木、茅栗排成行；
除草，整治好環境，
河柳、靈壽栽河旁；
修枝、挑選好樹苗，
山桑、柘桑養蠶忙。
上帝提昇明德王，
文王開拓道路，道路貫通沿長。
與天配德好國王，
受命鞏固福祚長。

上帝巡察岐山，
櫟樹棫樹已拔除，
蒼松翠柏都茂盛，
上帝興邦選配國王，
從那太伯王季已興昌。
當此季歷爲周王，
本心友愛敬兄長，
敬兄太伯自退讓，
則厚其善良，修明德行當國王，
上帝賜他極榮光。
賜他牧師無亡失，
由他統治西北方。

惟有周文王，
上帝知他善心腸，
勉勉明德美名揚。
明明美德大發揚，
發揚善德，能爲善良，

克〔尅〕長克〔尅〕君。

王此大邦，

克〔尅〕順克〔尅〕比〔俾〕，

比〔俾〕于文王，

其德靡悔。

既受帝祉，

施〔延〕于孫子。〔4〕

帝謂文王：

「無然畔援〔叛援畔換伴換〕！

無然歆羨！

誕先登于岸。」

密人不恭〔共〕，

敢距〔拒〕大邦，

侵〔侵〕阮徂共〔恭〕。

王赫斯怒，

爰整〔　〕其旅〔㩦〕，

以按〔遏〕徂旅〔莒〕，

以篤〔篤〕于周祜〔祐〕，

以對于天下。〔5〕

依其在京，

侵自阮〔祁〕疆〔彊〕，

陟我高岡，

「無矢我陵〔陵〕，

我陵〔陵〕我阿！

無飲我泉，

我泉我池！

度其鮮〔巘〕原，

居岐之陽，

在渭之將！

萬邦之方，

下民〔㞋〕之王。」〔6〕

帝謂文王：

「予懷明德〔襄爾絫惪〕，

能任官長，能當國王。

文王統治周國，

諸侯、民眾順從歸往，

臣子民眾從文王，

其德無悔善心張。

已受上帝的賞賜，

延續子孫國祚長。

上帝明示周文王：

「不可如此強恣逞武強！

不可如此貪羨而囂張！

先登渭岸占先機。

密王攻阮犯盟邦，

竟敢抗拒周大邦，

侵佔阮國犯共國，

〔唇齒相依焉能忘！〕

文王赫赫然發此大怒，

親帥勁旅鬥志昂，

阻止侵莒的密方，周福自強，

以酬對於四面八方。

密國殷殷重兵依憑高丘陵，

從阮國邊疆，侵犯我邦，

竟然爬上我高岡。

「不得陳兵我山陵！

不得陳兵我山阿！

不得喝我山泉水，

不得喝到我的池塘！」

渡過了鮮原，

在岐山之陽，

在渭河之一方！

諸侯們的榜樣，

萬眾擁戴咱國王。」

上帝明示周文王：

「我眷念您的明德！

不大聲以色，	莫要注重於疾言與厲色！
不長夏以革。	莫要僅靠鞭刑等酷刑！
不〔弗〕識不〔弗〕知，	學識問知多諮詢，
順帝之則。」	遵照上帝的法則！」
帝謂文王：	上帝明示周文王：
「詢爾〔示〕仇方！	「溝通協和同盟方，
同爾〔爾〕兄弟〔弟兄〕，	會同同宗力量強，
以爾〔爾〕鉤〔鈎〕援，	憑著你的雲梯，
與〔與〕爾〔爾〕臨〔隆〕衝〔衝轀〕，	憑著你的隆、轀，
以伐崇墉〔庸〕！」〔7〕	去攻破崇國的城牆！」
臨衝〔隆衝〕閑閑，	隆車轀車不可擋，
崇墉〔庸〕言言〔轞〕。	崇都城牆還堅固高高？
執訊〔計訏誶諝〕連連，	連連生擒俘虜，
攸馘〔職〕安安。	緩緩獻職報功了。
是類〔襰〕是禡，	舉行襰祭、禡祭，
是致是附。	歸附的諸侯多了。
四方以無侮。	諸侯不敢侮慢了。
臨衝〔隆衝〕茀茀，	隆車轀車真強盛，
崇墉〔庸〕仡仡〔屹忔圪圪〕。	崇城雖高動搖了。
是伐是肆，	討伐成功，
是絕是忽。	崇國滅了。
四方以無拂。〔8〕	諸侯們不再違逆了。

【詩旨】

《孔子詩論・大夏（大雅）》簡 7：「襃爾㬢𢕷（懷爾明德）害（曷），城胄（誠謂）之也。」《魯傳》《中論・務本》「人君之大患也，莫大於詳於小事而略於大道，察於近物而闇於遠數……又《詩》陳文王之德，曰：『惟此文王，帝度其心。貊其德音，其德克明，克明克類，克長克君。王此大邦，克順克比。比于文王，其德靡悔。既受帝祉，施于孫子。』」

案：《皇矣》的詩旨隱含了周武王《太誓》的進步思想「惟人萬物之靈」，「天祐下民」，「天矜於民，民之所欲，天必從之」，「惟天惠民」，「天視自我民視，天聽自我民聽」，「恭行天罰」，此詩突現了「求民之瘼」的先進思想，上蒼西顧於西伯周文王，上承王季的「受命既固」，「奄有四方」，而「莫其德

音」，寫了周文王爲何征伐密須國，有聲有色地繪寫了征伐崇國的宏大場面，又隱含了《魯傳》《說苑・指武》：「文王伐崇，令毋殺人，毋壞室，毋填井，毋伐樹木，毋動六畜。有不如令者死無赦。崇人聞之，因自請降。」（《呂覽・用民》密須氏之民，自縛其主而與文王。）此詩則正面描繪伐崇的宏大場面作爲後盾。周文王克崇，則周已占今河南中、西部，又聯合西南諸侯。要言不煩，只一句「四方以無拂（違）」如《史・齊世家》所云「三分天下，周有其二」，寫周文王奠定一統天下的政治基石。這是先周的史詩。繫於前 1051年。《編年史》繫於前 1035 年正月。

〔魯說〕《潛夫論・班祿》：「故天之立君，非私此人也，以役民，蓋以誅暴除害利黎元也。是以人謀鬼謀，能者處之。《詩》云：『皇矣上帝！臨下以赫。監觀四方，求民之瘼。惟此二國，其政不獲。惟此四國，爰究爰度。上帝指之，憎其式惡。乃眷西顧，此惟與度。』」

《毛序》：「《皇矣（《單疏》：《定本》「皇」下無「矣」），美周也。天監代殷莫若周，周丗丗（《唐石經》廿廿，避唐諱，《集注》：「莫若周也，世世修德。」《台》123/222

P2669「世世」），修德莫若文王。」《詩集傳》16「此詩敘大王、太伯、王季之德，以及文王伐密、伐崇之事。」

【校勘】

〔1〕案：本字作莫，《毛》赫監、莫，《齊》《漢・敘傳》鑒莫，通作監。《韓》《齊》《左傳》《單疏》BD14636 號背上作民莫，國家圖書館藏敦煌文獻新字型大小爲 0836 正作莫，《唐石經》作⺈莫，《單疏》民莫，《魯》《潛夫論・班祿》蔡邕《和熹鄧后諡議》、《齊》《漢》《王命論》李注引《後漢・循吏傳序》《蜀志・馬超傳》《晉・武帝紀》《齊安陸昭王碑》注引、《毛詩音》《匡謬正俗》、S6346 背面、《宋書・符瑞志》瘼，《西征賦》注引《韓》寞，《說文》嘆。師受不同。《魯》《和熹鄧后諡》人，避唐諱，《唐石經》⺝，《魯》《釋詁》《詩經小學》「嘆，定也」。案：瘼嘆寞共莫。《漢石經》《左傳・文 4》惟彼，《毛》維，《魯》《潛夫論・班祿》惟，《王肅注》《單疏》《毛》政，《箋》《唐石經》正，《左傳・文 4》《釋文》政，黃焯《匯校》實作正。政通正。《箋》《單疏》《毛》廓，《毛》耆，《魯》《潛夫論・班祿》指、惡，耆、指通諸 chī。《釋文》《台》123/222 郭，《釋文》郭本又作廓，S6346 背面作憎其式，P2669作憎其式郭.《台》45/252 廓，鄒漢勳《讀書偶得》、汪繼培《潛夫論箋證》：

惡乃廓之之誤。《單疏》《西都賦》六臣注引《說文》眷,《魯》《班祿》《齊》《漢・郊祀志》《玉篇》《長楊賦》李注引《毛》《初學記》1、《書抄》4 作睠,同。案:《唐石經》「維此二國,其正不獲。維彼四國,爰究爰度」,《左傳・文 4》引作「惟彼二國,其政不獲。惟此四國,爰究爰度。」從文章學考慮,後者爲宜。夏桀、殷紂爲二國,彼爲四國。《毛》「政」本不誤,《箋》「正」,似有改經之嫌。《毛》此惟與宅,《左傳・文 4》《魯》《班祿》《論衡・初稟》此惟予度,《齊》《漢・郊祀志》作予又作與,S6364「此維與度」。P2669「此維與度」,《毛》宅,《左傳・文 4》,《魯》《論衡・初稟》度,與讀予,宅通度。

〔2〕《毛》作,《魯》《西京賦》柞,《載 ze 芟》「載芟載柞」,柞讀作。《魯》《釋器》斵,作通斵,屏摒古今字。案:本字作㭔,《單疏》菑,《毛》菑,《魯》《釋》《說文》《正字通》《廣韻》㭔,《釋文》菑,《漢石經》《釋文》椔,《爾雅》郭注、《詩考補遺》引《三家》作椔,俗字。菑㭔後人增益偏旁字。《毛》翳,《韓》殪,翳通殪。《毛》灌,《玉篇》樌,音義同。《毛》栵,《說文》栵,隸省作栵,案:正字作鬎,《說文》鬎又作髻,今文又作剔,髻是鬎之省,剔是俗字。《毛》脩啓 S6346 作脩,俗字。《毛》辟,《考文》闢,古今字。《釋文》《毛》串夷,《繇》混夷,《書傳》畎夷,《合》6579.6540.8626 的中方,楚竹書第二冊簡 12 的羋。《箋》患夷,《疏》昆夷,《孟子》4 作混,混讀昆,作丱 guàn 是串的古字,S6346 背面作串夷,後名昆夷,聲近義同。詳《殷契粹編考釋》。《唐石經》配,《魯》《釋詁》、《正義》妃,《釋文》媲,音義同。《毛》路,《疏證》阮《校》露,路通露。

〔3〕《毛》兗,俗字,P3383 作兌。《毛》對,《廣雅》作㦸,古字。案:本字作太,《毛》大,大讀如太,《韓詩外傳》七、P3383、S6346 太,大讀如太。《齊》《古今人表》作太,又作泰。《毛》維,《韓詩外傳》10 惟,維通惟。《毛》則慶,台 45/232 載慶,載通則。《毛》喪,桒喪讀如亡,《說文》桒《毛詩音》喪,亡聲。

〔4〕《毛》貊,《三家》《史・樂書》《樂記》《左傳・昭 28》作莫,著明「惟此文王」《單疏》作「唯此文王」,P2669、S6346 背面、《箋》《唐石經》《唐抄文選注匯存》3.468、《禮記注》、《晉紀總論》注引、《詩經小學》作「維此王季」。《單疏》云:「經涉亂離,師有異讀,後人因即存,不敢追改。今王肅注〔《毛詩》〕及《韓詩》亦作『文王』。(《單疏》頁 318、《十三經注疏附校勘記》頁 2520、119)

　　案：本文作「惟此文王」，證據有十五條：（1）、《竹書紀年》：「帝辛五十二年，周始伐商。秋，周師次於鮮原。」（2）、《左傳·昭 2》、《左傳·昭 28 年》作「惟此文王」；而王季並未稱王，也未追謚王；（3）、《魯》、漢·徐幹《中論·務本》作「惟此文王」；（《中論解詁》中華書局，2014.293）《論衡校釋》「王者則天不違，奉天之義也。推自然之性，與天合同，是則所謂大命文王也。」（中華書局，1990.131）（4）、《齊》、《禮記·樂記》引此章，鄭注云：「言文王之德皆能如此」。（《十三經注疏附校勘記》頁 1540）；（5）、《疏》引《韓》同；（6）、《春秋正義》作「唯此文王」；（7）、王肅、晉·杜預注《左傳》，漢晉時四家詩俱在，晉大夫成鱄所引同；（8）、東漢王肅注作「唯此文王」。（9）、隋代劉炫《毛詩述義》主「惟此文王」，云：「不可以文王之德還自比於文王」詳馬國翰輯本；（10）、《單疏》頁 315、頁 317 作「唯此文王」，「實至文王乃興」；（11）、從文例分析，前章「自大伯王季，維此王季，」此章「惟此文王……比于文王」，累貫而下。首章總起全詩；二章寫古公亶父；三章寫王季；四章寫文王，而且《毛傳》訓爲「經緯天地曰王」況且是周文王「王此大邦」，眉目清晰，章法自明；（12）、日本學者內藤虎次郎等著江俠庵編譯《先秦經籍考》考定爲「維此文王」；（13）、徐灝《通介堂經說》15；（14）、馬國翰《目耕帖》19 亦主「惟此文王」。（15）、高本漢《譯注》頁 800，「現在相傳的本子第四章，開頭都是『惟此王季』，但是第三章已經說過王季，本章就該說到他的兒子文王了。《左傳·昭 28》引本篇第四章是『惟此文王』，王肅的本子和《韓詩》也都是『文王』（孔《疏》），又《公劉篇》《毛傳》說到本篇，從那裏也可以看到毛氏所見也是『文王』（『猶』文王之無悔也）（詳《十三經注疏附校勘記》頁 2119、542）

　　《毛》貉，《爾雅郭注》嘆，貉嘆，安，定，古寫本、《毛》貊，《說文》貉，《釋文》貉，本又作貊，《唐石經》貊。《三家》《釋文》《左傳》《樂記》《史·樂書》《韓》《西征賦》注作莫，貊貉讀如莫。

　　《毛》克，P3383 作尅，下同，克尅古通。《毛》比，《三家》《史》《樂記》《聲類》俾。俾 bǐ，讀比。P2669 祜作祐，誤。當作祜才叶韻。

　　〔5〕《單疏》叛援，《毛》《韓》畔援，《論語》咈嗒，《訪落》判渙，《齊》《漢書·敘傳》畔換，《晉書》《玉篇》《卷阿》《敦煌文獻》「伴換」，《魏都賦》叛換，疊韻詞。《毛》歆，《魯》《中說·玄命》欽，聲近通假，強忿，跋扈。《毛》恭，《魯》《呂覽·用民》高注引作共，《釋文》共音恭，《台》45/252

恭，恭讀如共。《毛》距，《說文》距，《御覽》164 拒，古無拒字，距距通拒。《毛》共，《台》45/252 共，P2669 共作邦，俗字，共作恭。案：本字作遌莒。《毛》按、旅，《定本》《集注》按，《魯》《孟·梁惠王下》《韓非·難二》《聲類》《詩集傳》遌、莒，以篤于周祜，《孟》脫「于」，《考文》《唐石經》有「于」，《釋文》按，本又作遌，《文選注》引《毛》遌。按通遌，旅通莒。《傳》：旅，地名也。旅讀如莒。

〔6〕《毛》阮，《考文》邧。案：邧 yuán 是鄭邑名，當從《毛》作阮，古國名。《毛》疆、S6346 V/1 作彊，陵作陵，俗字。《毛》鮮，一作巘，案：當作鮮，鮮原，地名，《竹書紀年》周始伐殷，秋，次於鮮原。詳《逸周書·和寤解》《竹書紀年》。《唐石經》《單疏》，《讀詩記》《詩輯》《考文》宋版《毛》篤於，《墨》《新序》3 無「于」，從文例看當有「於」。《毛》於，《新序·雜事》於。

〔7〕《毛》予懷明德，當依《詩論》簡作褢爾㬎悳（懷爾明德）。因主體是帝，客體是文王；本章「詢爾」「同爾」「彌爾」同一句式。《毛》不，《魯》弗，一作不，《墨·天志下》毋，不通毋、弗。《毛》同爾，兄弟，S6346V/1 示，下同，案：示是尒字之訛，尒，爾，俗體。《齊》《春秋繁露》《韓詩外傳》5、《毛》不識不知，《魯》《新書》《淮南·詮言》不作弗。《毛》兄弟，當依《後漢·伏湛傳》「兄弟」作「弟兄」，「塘」作「庸」，才協韻。《毛》鉤，台45/252 作鈎，同。本字作隆轐，《單疏》《毛》臨衝，《齊》北人呼隆為臨，《說文》隆轐，《三家》《鹽鐵論》《淮南·氾論》《說文》《後漢·伏湛傳》《群經正字》隆衝，案：當從《韓》《說文》。據《後漢·衛宏傳》《毛詩草木鳥獸蟲魚疏》衛宏作《毛序》，衛宏是東漢光武時人，《毛詩》盛行於東漢，儘管漢殤帝登位一年即死，《毛》避漢殤帝諱，易隆為臨，衝古字，本作轐，隸為衝。《單疏》《毛》塘，《齊》《伏湛傳》庸，庸古字，庸通塘。

〔8〕《毛》《韓》《說文》《毛》訊，古寫本作訙，《唐石經》計，《台》45/252 作訏，《釋文》計，音信，言也，通志堂本作詘，詘字誤，宋本作訙。訊同訙。又作誶，作誶、計誤，當作訊，詳《詩經小學》。《說文》職，《單疏》䎶，《釋文》䎶，字又作職，通作職，䎶或體。《魯》《釋天》《說文》作襰 lèi，類是襰字之省。《毛》《單疏》禡，《齊》《周禮·匈祝》貉，貉讀如禡。本字作圪，《毛》仡，《說文》《九經字樣》作圪，《玉篇》《魯靈光殿賦》注引作弗弗、屹屹，《後漢·張儉傳》引作屹，仡仡屹通圪。

【詮釋】

〔1〕一章把天帝人格化，將天命賜予得民心的周部落聯盟長，皇矣，歎美詞，煌煌然，大，偉大。有赫，赫赫 hèhè，威嚴明察，有通以。監 jiān，監視，督察。案：瘼嘆寞共莫，莫，定，安定。維，惟；《魯》《潛夫論·班祿》訓：二國，夏桀、商紂。政讀如正，官長；不獲，失其道，不得民心。《詩傳大全》：「四國，四方之國」。一說，管、蔡、商、奄。爰，於，何；究度，謀劃。《魯傳》《潛夫論·班祿》：「言夏〔桀〕、殷〔紂〕二國之政不得，乃用奢誇廓大，上帝憎之，更求民之瘼，聖人與天下四國究度而使居之。」耆讀如諸 chī，指從旨，諸 chī，厭惡，指斥、憎惡夏桀、殷紂。式，用；案：廓 kuò 惡 è 同在鐸部，溪、影鄰紐，廓通惡。一說廓 guō，擴張。乃，於是；眷睠同，眷眷 juānjuān 拳拳、惓惓 quánquán 深情回顧於西部的周部落。

韻部：赫莫獲度惡宅，魚部；廓（郭），鐸部。魚、鐸合韻。

〔2〕二章寫太王開國之功。古公亶父率周部落等，作通柞斯，斬砍；屏，摒除。甾甾菑椔同椔 zī，木直立著枯死。翳通殪 yì，枯死。修平，連語，修剪芟除。灌樌同，叢生灌木；栵栵 liè，茅栗。啓辟，除掉。檉 chēng，河柳；椐 jū，靈壽木，可爲杖。攘，除；鬎鬎剔，修枝，挑選。檿 yǎn，山桑，木質堅硬，可作車轅、弓幹；柘 zhè（Cudrania tricuspidata），柘桑，可飼蠶，果可食，可釀酒，莖皮可造紙，可制人造棉，根皮可清熱涼血。遷，移。案：毌貫，夷平，貫通，平展之路。一說，配，讀如妃。

韻部：屏平，耕部；翳，脂部；殪，質部；栵，月部。脂月、質月合韻；辟（闢）鬎鬎剔，支部；椐固，魚部；柘路，鐸部。魚、鐸通韻。

〔3〕三章寫太伯王季兄弟反愛，周國大發展。省 xǐng，勘察；山，岐山。案：斯，助詞；兌，兌兌 duìduì，隧隧 suìsuì，茂盛。案：作，興；邦，周國；對對 duì，治也。言興邦興治。一說選配國王。自，從。太王亶父生太伯、仲雍、王季。大伯，太伯，《齊傳》《古今人表》太伯，注：大又作泰，亦曰吳太伯，名先闕，吳國始祖，大王長子。《魯傳》、《論衡》：「太王亶父以王季當立，故易名爲歷。歷者，適也。太伯覺悟，去而避之。」三子王季，季歷，爲周王，《古今人表》娶大任端壹誠莊維德之行生周文王，王季其兄太伯、仲雍（《古今人表》作中雍，又稱虞仲，字熟哉）本兄弟愷悌之心，遁隱於吳，即吳太伯；朱熹：因心，非勉強也。《傳疏》因，古姻字。因本心而相友愛，敬愛其兄。載，則，則，於是；篤，厚；慶 qìng，善，善事。載，乃，就；

錫通賜；光，光榮，王位。案：受，承；祿，爵位；喪，失去。《竹書紀年》：武乙 21 年，周公亶父薨。《魯》《周本紀》：古公有長子曰太伯，次曰虞仲，太姜生少子季歷。」據《竹書》推算，前 1123 年周師克程；前 1117 年、前 1108 年、前 1105 年，周王季先後伐義渠之戎、餘無之戎、王季被命爲殷牧師，又克翳徒之戎，後卻殺王季。友，善待兄弟。《論衡》《韓詩外傳》記載：當初長子太伯、次子虞仲知古公亶父欲立季歷以傳姬昌，二人往荊、蠻。吳太伯廟在江蘇省無錫市區東 13Km，仲雍墓在江蘇省常熟市虞山鎮北門大街西側。這是儒家宣導的兄弟相敬相友的道德規範，《書・君陳》「惟孝友于兄弟」，《皇矣》「因心則友，」因，親近。《論語・爲政》「友于兄弟。」《魯傳》《釋訓》「善兄弟爲友」。因姻古今字。無喪，無失。奄，擁有，四方諸侯國君民心。季歷確實在統一西部功勞甚巨，《後漢・西羌傳》引《古本竹書紀年》王季先後在商王文丁四年、七年、十一年分別戰勝了餘無之戎、始呼之戎、翳徒之戎，使得今陝西、山西成爲周部落聯盟的大本營。據《晉・束皙傳》《史通・疑古》《書抄》41 前 1108 年商王文丁封王季爲牧師（諸侯長），前 1101 年文丁殺王季。

韻部：拔兌，月部；對，微部；季，脂部。微、脂合韻。兄慶光喪方，陽部。

〔4〕貊莫 mó，定。案：此章寫周文王九德：一度，法制治國；二莫，安定眾心；三明，睿明明察；四類，善良仁厚；五長，能爲諸部落聯盟長；六君，能君臨天下；七訓，訓導全民；八比，上下親和，協和諸侯；九有，經天緯地，綱紀全國，文德文化，仁惠愛民，給全國人民以人文關懷。關於文王九德之美，《左傳・昭28》《魯傳》《中論・務本》引「心能制義曰度，德政應和曰莫，照臨四方曰明，勤施無私曰類，教誨不倦曰長，賞慶刑威曰君，慈和遍服曰順，擇善而從曰比，經緯天地曰文。」維，惟；文王，追諡廟號。度 tuó，估計。案：帝，上帝，上帝勉勵王季，主詞仍是上帝，承上者，《周紀》古公有子三人：太伯、虞仲、季歷，季歷生昌，古公說「我世當有興者，其在昌乎？」所以古公傳王季，王季傳姬昌（周文王）。貉貊嘆莫漠 mò 與穆𧈞勉同爲明母，勉勵。《韓詩》莫，定。《傳》訓靜。德音，仁德之名。克尅同，能；明，昭著；類，善。長 zhàng，首長；君，國君。王 wáng，爲此大邦的君王。俾通比，順比，連語，相從、順從。《傳疏》比，合。克順克比，周代常語，《中山王壺》「克慈（順）克卑（比）」。靡，無；悔，悔憾。祉，

大福。施通延 yì，延續。案：施于孫子，本爲延於子孫，此處爲協韻。此章核心句是「王此大邦」，非姬昌無他人，曾被商王封爲「西伯」，正是在周文王時代，前 1101 年伐商（《御覽》83 引《古本竹書紀年》）；前 1069 年，伯夷、叔齊、太顛、閎夭、散宜生、鬻子、辛甲等治國之臣歸附周文王，大軍事家呂尙爲周軍師，商紂王在拘周文王後釋放，任爲西伯；大邦，周；文王前 1051 年勢力達甘肅、陝西、山西、巴蜀、渭河流域。「三分天下有其二，」必爲姬昌。「施及子孫，」這是祝禱詞，周代習語，《中山王方壺》「以施及子孫」。施 yì 讀如延、延 yì，延續子子孫孫。

韻部：心音，侵部；類，微部；比，脂部。微、脂合韻；悔，祉，子，之部。

〔5〕《竹書紀年集證》21，密人侵阮，西伯帥師伐密。案：謂讀如誨，如《晏子春秋·諫下十八》：「故節於身，謂於民。」無，勿；然，如此；忨愒、畔援、判渙、伴換 bàn huàn，疊韻詞，暴橫、縱恣、跋扈貌，《魯》《呂覽·尊師》訓爲叛，《韓》：畔援，武強。《箋》訓爲自縱弛。歆羨，xinxian 廣義雙聲疊韻詞，羨慕，貪圖，貪羨。誕，發語詞。先登於涇河西岸，搶先登陸，奪得先機。一說崇高位。密，密須國，古國名，姞姓，在今甘肅靈臺縣西四十里有陰密城。前 1056 年周文王斷虞、芮兩國之訟，前 1055 年周文王伐犬戎，前 1054 年因密伐阮、伐共、伐旅（莒），周文王伐密，密降。前 1053 年周文王伐黎，前 1052 年周文王伐邘。前 1051 年周文王伐崇。《呂覽·用民》：「密須之民，自縛其主而與文王。」共，恭；敢，竟敢；距通拒；大邦，周國。侵徂，連語，侵犯；阮 ruǎn，商的諸侯國，偃姓，在今甘肅涇川縣內；共 gōng，商的諸侯國，在今涇川縣北。《箋》訓徂，國名。檢古籍、《歷史地理冊》，非。阮、共與周唇齒相依。王，周文王；赫，赫赫然；斯，此；大怒貌。爰，於是；整，統領；旅，師旅。案：按遏同爲影母同聲通借，檢《傳》《疏》都訓旅爲地名，旅通莒 jǔ，古國名，在今甘肅省涇川縣、靈臺縣附近（陳槃，1969：138-140）。《孟·梁惠王上》趙注「言文王赫然斯怒，於是整其師旅，以遏止往伐莒者，以篤周家之福，以揚名於天下。」《韓非子》：「文王侵盂（邘）、克莒、舉酆，而紂惡之。」對通答，以答天下對周國的殷望，即顯揚。

韻部：援羨岸，元部；共邦共，東部；怒旅旅下，魚部。

〔6〕案：前十句當是周文王帥師誓師之詞。依其，殷殷然，兵眾貌。案：

疑本章爲錯簡，當在第五章「侵阮徂共」下，「王赫斯怒」前。或是詩人追敘
密人東侵，爲求各章詩句、結構平允而獨立出來。案：依，依憑；京，周地。
侵，侵犯；自，從；阮疆，從阮國東部邊陲陟，登上我國邊陲高岡，周王發
怒道：「無矢我陵！」「無飲我泉！」案：此是大祭時的唱詞，既保有四言詩
的基本構架，又有貫通迴環之美。《傳》：矢，陳，《平議》：矢當作弛 chí（毀
壞）。陵，丘陵，我陵，疊之以足句，下句我泉同此；阿，曲阿山曲。陵阿，
連語。泉池，連語。不得陳兵於我境！不得飲我國水！第二年密人降周。度，
《箋》訓度爲謀，案：據《逸周書・和寤解》《帝王世紀》《竹書紀年》謀劃
鮮原中的涇川，鮮原，在商、周之境，在岐山之南，渭水北岸，今乾縣、扶
風、武功、禮泉、興平大平原；陽，岐山南。據《竹書紀年》《逸周書》4，
王乃出圖商至於鮮原。在渭之將，案：詩人爲避重，實在渭之陽，將 jiāng，
側，一旁，陽 yáng 疊韻通借，側，一方，北岸。「文王去商在程」，「維周王宅
程三年」（《逸周書匯校集注》頁 183、144）《竹書紀年》文丁五年王季作程邑，
帝辛三十三年文王遷於程。程邑，在今西安市咸陽縣東 21 里，正在渭河北岸。
萬邦之方，即《六月》「萬邦爲憲，」萬邦，各諸侯國；方，準則典範。一說：
方正。《箋》訓方爲嚮（向）。王，周文王。

韻部：京疆岡，陽部；阿池，歌部；陽將方王，陽部。

〔7〕懷 huái，思。不，通毋，勿；長，依仗；以，與；聲色，疾言厲色。
夏通榎 jiǎ，檟，革，皮鞭，刑罰，《齊》《學記》「夏楚二物，收其威也。」不、
弗，語詞；識知，連語，學識問知。順，行；則，法則。一說民風淳樸，不
識古，不知今。《太平御覽・文部二詩》「列子曰：『堯微服遊於康衢，聞兒童
謠曰：立我蒸民，莫匪爾極。不識不知，順帝之則』」。最後大夫告知：「古詩
也。」《魯說》《新書・君道》訓爲「言士民說其德義，則效而象之也。」詢，
詢問聯絡；仇，匹，分請同盟國與仇怨方。《詩考正》：仇方，大方。同，協
同；兄弟，同部落同宗。鉤，鈎，曲刃；援，直刃，詳《晏子春秋》《呂覽・
知分》。《單疏》鈎援，雲梯。臨隆同爲來母，臨通隆，隆車；衝，衛車，轒車，
樓車用於攻城、陷陣衝鋒。前 1051 年周征伐崇侯虎，崇，古國名，在今陝西
省戶縣東西安市灃水西，周文王來伐崇侯虎，建豐邑作國都，墉，城。《魯傳》
《淮南・道應訓》：「崇侯〔虎〕謂紂曰：周伯昌行仁義而善謀，太子發勇敢
而不疑，中子旦恭儉而知時，請圖之。乃拘於羑里。」《魯傳》《新書・退讓》
「『弗識弗知，順帝之則』，言士民說其德義，則效而象之也。」

韻部：德色革則，職部；王方兄，陽部；衝墉，東部。

〔8〕案：攸，所。閒閒 xiánxián，與僩僩雙聲疊韻通借，勇猛不可阻擋。言言 yányán，嚚嚚 yinyin，通讞讞 niè，高貌。（《箋》言言猶孽孽，將壞貌）。執訊，審訊俘虜；連連，盛多貌。攸，所；馘、聝 guó，截敵左耳以計數獻功；安安，緩緩。一說從容。是，語詞；類，禷 lèi，在內以事類祭天神；禡 mà，在野外行師祭，祭馬神。致附，安撫。四方，各國；以，而，下同；無侮，不侮慢。《疏證》：弗弗、茀茀 fúfú，勃勃，盛也。案：仡仡、忔忔、屹屹通圪圪 yìyì，《說文》圪圪，牆高貌。肆，疾。伐肆，連語，殺伐，《廣雅·釋詁一》：「肆，殺也。」案：絕忽，連語，《魯》《釋詁》：忽、滅，盡也。拂 fu，違逆。

據《魯傳》《說苑·指武》：「《司馬法》曰：『國雖大，好戰必亡。天下雖安，忘戰必危』。」

韻部：閒（僩）連安，元部；附侮，侯部；茀仡忽拂，術部；肆，脂部。術、脂合韻。

【評論】

《魯傳》《呂覽·用民》：「密須之民，自縛其主，而與文王」。高誘注：「《詩》云：『密人不共，敢距大邦』，此之謂也。」《魯傳》《韓傳》《說苑·指武》：「文王欲伐崇，先宣言曰：『余聞崇侯虎蔑侮父兄，不敬長老，聽獄不中，分財不均，百姓力盡，不得衣食；余將來征之，唯為民。乃伐崇，令：毋殺人，毋壞室，毋填井，毋伐樹木，毋動六畜；有不如令者，死無赦！』崇人聞之，因請降。」《詩論》：「《皇矣》，裒（懷）爾鬃慝（德）害（hé，曷，何），城胃（誠謂）之。」案：《虞書·皋陶謨》：「天聰明，自我民聰明。」周部落古公亶父、王季、姬昌三代英主順應歷史潮流，「求民之瘼」，勉其德音，「其德克明」，而為「下民之王」，滅密滅崇，四方無違，為周武王革命奠定了基礎。《魯傳》《韓說》《新語·至德》：「天地之性，萬物之類，懷德者眾歸之。」《潛夫論·班祿》：「故天之立君，非私此人也，以役民，蓋以誅暴除害利黎元也。是以人謀鬼謀，能者處之。《詩》曰：『皇矣上帝！臨下以赫。監觀四方，求民之瘼。惟此二國，其政不獲。惟此四國，爰究爰度。上帝指之，憎其式惡。乃睠西顧，此惟與度，』蓋此言也。」《重訂詩經疑問》8「其切為人君者，必明明德於天下，然後可對天下仰望之心，可不負上天立君之意，此詩人立言之大旨也。」孫月峰《批評詩經》：「長篇繁敘，規模鉅集闊，筆力甚馳騁

縱放。然卻有精語爲之骨，有濃語爲之色，可謂兼綜理條理。此便是後世歌行所祖。」《詩誦》4「『是類是禡，是致是附』，『是伐是肆，是絕是忽』，皆八字四韻也。此詩次章八『之』字，八『其』字，如蛺蝶穿花，蜻蜓點水，奇矣！而四章七『克』字，五章三『以』字，六章七『我』字，四『之』字，七章四『不』字，四『爾』字，卒章八『是』字，層層配合，跗萼相承。且以首章『四方』、『二國』、『四國』等字，及兩『爰』字，三章兩『斯』字，兩『作』字，三『則』字，四章三『其德』，五章兩『無然』，卒章六疊字，兩『四方』字，處處鉤貫點染之。……結到『四方』而後知天命即人心也。收拾全篇，極精湛，極宏大。首、末三『四方』字相呼應，中間四『德』字作眼目。首『四方』是天，末『四方』是人，『德』字是天人合一處。所以有四方之本也。前四章述祖德，後四章述文王。……章法整齊之至。」《原始》13：「通篇文勢皆振，後代文唯韓愈往往有之。」案：此詩宣傳了崇德尚群的重要思想，《周書・武成》：「惇信明義，崇德報功，垂拱而天下治。」詩史互證，此詩補史籍之不足。《中說》提出《書》《詩》《春秋》《三經》皆史，章學誠「六經皆史」。旨哉斯言！

靈　臺

經〔経〕始靈臺，	規劃開始建靈臺，
經〔経〕之營之。	經營設計善安排，
庶民〔民㞋〕攻之，	人民樂於忙營建，
不日成之。	不數日就建成快。
經始勿亟〔悈〕，	經營開始莫貪速，
庶民〔民㞋〕子來。〔1〕	民眾勤勉不懈怠。
王在靈囿，	文王正在靈囿裡，
麀〔麤〕鹿攸伏；	母鹿安詳臥在園；
麀〔麤〕鹿濯濯〔燿〕，	母鹿個個都肥，
白鳥翯翯〔鶴暠鵠雈〕；	白鶴潔潔多光澤；
王在靈沼，	文王親臨靈沼邊，
於！牣〔仞〕魚躍。〔2〕	嗚啊！滿池魚兒多歡悅。
虡〔㢭巨鉅簴鐻簏〕業維樅，	直柱板牙懸鍾磬，
賁〔鼖〕鼓維鏞〔甬〕。	大鼓協和配大鐘，

於！論〔侖倫〕鼓鍾，　　　　　　嗚啊！鍾鼓配樂眞和諧，
於！樂辟〔璧〕廱〔雍庸〕。〔3〕　嗚啊！文王之樂多雍容！

於！論〔侖倫〕鼓鍾，　　　　　　嗚啊！鍾鼓配樂多和諧，
於！樂辟〔璧〕廱〔雍庸〕。　　　　嗚啊！文王之樂樂璧雍。
鼉鼓逢逢〔韸蓬韸〕，　　　　　　鱷魚皮鼓響彭彭！
矇〔蒙〕瞍〔叟〕奏公〔工功〕。〔4〕　盲人樂師演奏眞成功！

《漢石經》《旱麓》《靈臺》《思齊》《皇矣》。

【詩旨】

《魯說》《孟子》2「古之人與民偕樂，故能樂也。」《竹書紀年》云商紂王40年，誤。紂（前1075～1046）如《箋》云「文王受命而作邑於豐，立靈臺，」則在前1051年。《編年史》繫於前1035年正月。疑爲周文王建靈臺、靈沼並觀賞遊樂且深受庶民歡迎，詩人從人民的視角歌頌「與民同樂」的偉大思想，當在周文王於前1051年時靈臺建成後詩人即興之作，或祭祀時所奏之歌。

〔魯說〕、漢・賈誼《新書・君道》：「文王有志爲臺，令近（匠）規之。民聞之者麇（qún，窘，群）裹（裹，攜帶乾糧）而至，問業而作之，日日以眾。故弗趨而疾，弗期而成。」

《毛序》：「《靈臺》，民始附也。文王受命，而民樂其有靈德，以及鳥獸昆蟲焉。」《單疏》同。

屈萬里《詮釋》：「此美文王遊樂之詩。」

分章從《魯說》《新書・君道》。

【校勘】

〔1〕《單疏》民，又作民，p2669経，俗字。《毛》虺，《爾雅》《說文》《玉篇》《集韻》《玉海補遺》引《三家》作愾，愾虺古通，通作虺。

〔2〕《漢石經》《毛》在靈囿、麀鹿攸，P2669作廯yōu，或體《說文》《毛》鴞，《魯》《新書・君道》《禮》𪃹，《史・秦始皇本紀》《索隱》鷃，《孟・梁惠王》鶴，《說文》《景福殿賦》雈，鷃鶴雈𪃹通鴞。《毛》牣，《魯》《新書・禮》《殷本紀》《司馬相如傳》《廣雅》仞，牣、仞字異音義同。

〔3〕本字作廣，《魯》《釋名》《考聲》《東君注》《招魂注》《齊》《檀弓》《釋文》《慧琳音義》83簾，《單疏》廣，《齊》《說文》《御覽》566巨，《上

林賦》《集注》鉅，《史·平津侯主父列傳》《索隱》鐻，巨鉅鐻簴通虡。本字作虡，《唐石經》賁，《魯》《釋樂》《說文》《廣雅》《玉篇》《東京賦》注、《齊》《考工記》《單疏》鼖，賁通鼖。P2669 鼓甫，俗字。《毛》辟廱，《齊》《王制》辟雝，《魯》《白虎通》辟廱，《韓》璧癰，正字當從《史晨碑》作璧廱。

〔4〕《毛》虡，《集注》鉅，《三家》《說文》巨，本字作虡，巨鉅讀如虡。《毛》維鏞，p2669 鼓，俗字。本字作倫，倫侖論共侖 lún，詳《單疏》。案：本字作韸韸，《魯》《呂覽·諭大》高注、《埤蒼》《廣雅》《玉篇》《考文》《集韻》《眾經音義》8 注引《毛》正作韸韸，《淮南·時則》注引作洋洋，《御覽》582 蓬蓬，《韓》濩，《御覽》565、932 英英，韸、蓬屬東部，洋英央彭屬陽部，東、陽二部相通。案：本字作矇瞍奏功，《五經文字》《演連珠》注引《韓》《毛》矇瞍奏公，《單疏》矇，又作蒙，《白帖·蕡宗第七》蒙腴，《魯》《屈原傳》《集解》《懷沙注》作工，《抽思注》《呂覽·達鬱》注引作「矇叟奏功」，《釋文》瞍，依字作叟，工公通功，蒙叟是矇瞍之省。

【詮釋】

〔1〕前三章民眾樂周文王有靈臺靈囿之樂，《逸周書·小明武解》周文王深知：「國為偽巧，後宮飾女；荒田逐獸，田獵之所；滛觀崇臺，泉池在下；淫樂無既，百姓辛苦。」經始，當初策劃、建築。靈臺，依《舜典》，當是「以齊七政」的措施；天象觀測臺，有靈臺鄉（在今陝西省戶縣）。經營，連語，規劃建築。亟 jiè 亟 jí 雙聲通借，《魯》《釋言》亟，急也。庶民，平民；子通孜，孜孜然不倦；俞氏《平議》子，滋。來通勑，勑，勞，勉勉不已貌。不日，不數日。

韻部：營成，耕部；攻，東部。耕、東通韻。亟，職部；來，之部。職、之通韻。

〔2〕靈囿，在西安西北四十二里（在今陝西省戶縣）。皇家設有圍牆的養育禽獸以供觀賞與狩獵的苑林。麀 yōu 鹿，母鹿。攸，所；伏 fú 安詳，不受驚擾。濯濯 zhuózhuó，嬉遊貌。皜皜 hàohào，鶴鶴雎 雎 翯翯 hèhè，潔白而肥腴有光澤貌。靈沼，在西安西三十里，靈臺中有池。於 wǔ，讚歎詞，下同。牣仞忍字異音義同，rèn，滿。《韓說》：「文王聖德，上及飛鳥，下及魚鱉。」

韻部：伏，職部；濯翯（皜雎鶴），藥部；躍，沃部。職、藥、沃合韻。

〔3〕簴虡 jù，古代懸掛鍾、鼓木架兩側的直柱；業，橫板；樅 cōng，崇牙，以繫鍾、鼓。賁通鼖 fén，長八尺鼓四尺的大鼓；維通與；庸鏞古今字，大

鍾。周時鍾懸掛，尤其編鍾，聲音遠播。論 lún 通倫。侖倫 lún 古今字，節律聲律韻律和諧。《集注》《定本》：論，思。朱熹：言得其倫理。樂 lè，喜樂；壁辟通壁，金文作「壁」（WE3055），四面環水如壁，先周壁、雍，太學，《正義》引《韓詩說》：「辟廱 yong 者，天子學，圓如壁，壅之以水。示圓，言辟，取辟有德，不言辟水言辟廱者，取其廱和也，所以教天下。」《三輔黃圖》：「周文王辟廱在長安西北四十里。亦曰壁，廱。如壁之圓，雍之以水象教化之流行也。

　　韻部：樅鏞鍾廱（雍），東部。

　　〔4〕鼉 tuó（Alligator sinensis），揚子鱷，其皮作鼓。鞈鞈 péngpéng、逢逢，鼓聲和諧。蒙通矇，有珠無見，叟通瞍，有目無珠，矇瞍 mengsou，盲人樂師。奏 zou，演奏。公工通功。

　　韻部：鍾雍鞈（逢）公，東部。

【評論】

　　《魯說》《孟・梁惠王上》由《靈臺》生發出重要的政治主張「與民偕樂」、「敬德」，「古之人與民偕樂，故能樂也。」周公《多方》提出「天惟時求民主」，《周書・酒誥》：「人無以水監，當以民監」，《召誥》「王敬作，所不可不敬德。」「我不可不監於有夏，亦不可不監於有殷。」周文王於前 1058 年受命，後伐犬戎、密須、黎（今山西長治西南）、邘（今河南信陽西北）、崇（今河南嵩縣北），遷豐（今西安灃水西），周文王同時注重「行善」。孔子：「三分天下有二，以服事殷，周之德可謂至德也已矣！」（《論語・泰伯》）案：作為雅詩頌歌，以與民同樂為基調，善於描繪、善用重言，氣象渾穆，語調親切，以情致、圖像見長，誠頌歌佳什。〔魯說〕《新書・君道》：「文王志之所在，意之所欲，百姓不愛（惜）其死，不憚其勞，從之如集。《詩》曰：『經始靈臺』，『庶民攻之，不日成之。經始勿亟，庶民子來』。」《說苑・修文》：「是故文王始接民以仁，而天下莫不仁焉。文德之至也。德不至，則不能文。」國家圖書館藏《敦煌遺書》128 冊 155 頁 BD14488 號，劉子《新論》：「天生蒸曰（民），而樹之君，君者曰之天也。君以曰為體（為體），民以君為心，心即好之，身必安之。」《批評詩經》：「鹿善驚，今已伏；魚沉水，今乃躍。總是形容其自得，不畏人之意。」《詩誦》4「無句不韻，讀者諷詠其音節，盱衡其氣象，直是一片太和元氣，鼓盪，彌綸，覺宇宙間無非喜氣，心腔中全是樂意。鼓之舞之以盡神，詩所以貴於誦也。」《原始》13「〔一章〕民情踊躍，於興作日見之。〔二章〕飛走鱗介，各適其性，卻處處與王夾寫。見人、

物兩忘，不相驚擾之意。描摹物情，體貼入微。〔三、四章〕『辟廱』、『鐘鼓』，
盛世遊觀，何等氣象！」

下　武

下〔大〕武維周，　　　　　　　大武相繼是周邦，
丗〔廿世〕有哲〔悊喆〕王。　　世代都有聖哲王。
三后在天，　　　　　　　　　太王王季文王神在天，
王配于京。〔1〕　　　　　　　周武王配命鎬京把國掌。

王配于京，　　　　　　　　　武王配命，
丗（廿世）德作求〔殊〕。　　　世世積德百世流芳。
「永言配命，　　　　　　　　「永遠上承天帝命，
成〔城〕王之孚。」〔2〕　　　周成王誠信共瞻仰。」

成王之孚，　　　　　　　　　周成王誠信共瞻仰，
下土〔土〕之式〔式〕。　　　　全國都有好榜樣，
「永言孝思，　　　　　　　　「永遠祭祖盡孝思，
孝思維〔惟〕則。」〔3〕　　　盡孝即是法先王。」

「媚〔媢〕茲〔兹〕一人，　　「全民愛戴周武王，
應侯順〔愼〕德。　　　　　　應當順德盡弘揚。
永言孝思，　　　　　　　　　永遠祭祖盡孝思，
昭哉嗣服。」〔4〕　　　　　　詔告新立的國王。」

昭茲〔兹哉〕來許〔御〕，　　昭示後繼奮進不已！
繩〔承愼〕其祖武。　　　　　戒愼繼承父王的足跡。
「於！萬斯年，　　　　　　　「嗚啊！國祚萬年長，
受天之祜〔祐〕！」〔5〕　　承天之福永不停止。」

受天之祜〔祐〕，　　　　　　承天之福永無量，
四方來賀。　　　　　　　　　四方貢禮慶賀周國昌。
「於！萬斯年，　　　　　　　「嗚啊！國祚萬年長，
不遐〔胡〕有佐！」〔6〕　　遐有佐助爲藩障。」

【詩旨】

　　案：下武，大武，重武又貴德，「世德作求」，「應侯愼德」。周初重武，
以爲戎、祀二大事，不重武，不僅幼稚，而且危殆！詩人禮贊周武王能紹繼

太王、王季、文王的功烈，讚頌周成王的誠信，其德也爲全國典範。《編年史》繫於前 1035 年正月。

　　《毛序》：「《下武》，繼文（三后太王、王季、文王的文德）也。武王有聖德，復受天命，能昭先人之功焉。」《詩切》：召康公告歸，留戒康王也。

　　屈萬里《詮釋》：「此頌美成王之詩。」

【校勘】

　　〔1〕《毛》下，《詩傳》《詩說》大。王夫之《考異》「案：『下武』於文不可解。鄭《箋》以爲『后也』，《集傳》作『文武』，俱於『維周』之又不可通。云『大武』乃允。」《單疏》世，《唐石經》廿，避唐諱，應爲世，下同。《毛》哲，《釋文》本又作悊，又作喆，《說文》悊，古字，同。

　　〔2〕《毛》《箋》求，《玉篇》殊，求殊通仇述。《毛》成，郭店楚簡《緇衣》簡 13 城，城通成。

　　〔3〕《毛》式，《郭店楚簡》弋，式字之誤。《毛》土式，p2669 作圡、式，俗字。《毛》維，《三家》《孟子趙注》9，《胡公碑》《韓詩外傳》《大戴禮記》惟。《唐石經》《齊》《大戴·衛將軍》《箋》《集注》《單疏》武億，《群經義證》順。

　　〔4〕案：本字作媚，《魯》《說文》《思玄賦》媚，隸省爲媚。《單疏》媚，《毛》媚、順。《魯》《荀·仲尼》《淮南·繆稱訓》《孔子家語·弟子行》《王肅注》《定本》慎，《集注》《齊》《大戴禮記·衛將軍文子》《單疏》《唐石經》順，《荀·仲尼》，《淮南·繆稱》，《定本》慎德，《單疏》疑《定本》誤。《易·升·象傳》：「君子以順德」，慎通順。

　　〔5〕《唐石經》茲、許，《三家》《獨斷》《續漢·祭祀志》注引謝承《東觀漢記》作哉、御，《毛詩音》：「許，即御」，與上文「昭哉嗣服」相貫，茲通哉，許通御。《傳》《箋》《疏》《後箋》《定聲》《通釋》同。《毛》繩，《三家》《後漢·東平憲王傳》《續漢·祭祀志》注引作慎。《韓詩外傳》繩作承，承、慎通繩。《單疏》《唐石經》祜，《台》123/223 作祐，引《箋》云：祐，福也。案：作祐，疑爲避漢安帝諱。案：祜武同在魚部。《箋》、敦煌本作祐亦可，前亦有例，《桑扈》《毛》祜，《齊》《班固傳》注引作祐，則魚之通韻。

　　〔6〕《韓詩外傳》5《毛》不遐，《定本》《通釋》「遐不」，《詩集傳》：「遐、

何通」。案：依《毛》作遐訓遠亦可，或遐通胡亦可，前作陳述句，後作詰問句，或不作語詞俱通。

【詮釋】

〔1〕一章寫四王（周太王、王季、文王、武王），武王繼三王業。王，武王。案：下 xià〈古〉匣魚；夏 xià〈古〉匣魚，雙聲疊韻通借，《舜典》「帝釐下土」，《小旻》「敷於下土」。王夫之《考異》下，大；武，繼承。或訓爲下武，攻克、征服之武，《逸周書・允文》：「上下和協，靡敵不下。」《箋》下，後。維，是。周朝重武，西、北等地有強寇，非重武強悍無以立國。世，世代；哲，聖賢。夏、商、周稱先王爲后，詳《盤庚》《呂刑》等。三后，太王、王季、文王。《詩緝》：繼文，繼三后之文德，繼伐，繼文王之伐功。惢喆哲 zhé 王，哲王，賢明國王，周武王。於，在。京，鎬 hào 京。

韻部：王京，陽部。

〔2〕後四章寫周成王能「繩其祖武」，又受到眾人擁戴（媚此一人）。世德，世世積德；作 zuò，爲；《康誥》「丕則敏德，用康乃心，顧乃德，遠乃猷，裕乃以；民寧，不汝瑕殄。」《傳疏》、王國維《與友人論詩書中成語二》：求述 qiú 通仇 qiú，仇，匹，匹配，配於周后稷至周文王。《稽古編》：元作殏 qiú，《玉篇》殏，終也。永，長；言，助詞；配 pèi，稱；命，天命。成王盛世；孚 fú，誠信。

韻部：求孚，幽部。

〔3〕下土，人民；式，範式，典範。孝思，孝敬的思念。惟、維 wéi，爲，是；則 zé，法，效法。

韻部：式則，職部。

〔4〕媚，愛，愛戴，擁護，歎美之詞；茲，此，這；一人，國王，周武王。應 yīn，應當；侯，乃；愼 shēn，順，shūn，愼通順，依據群經解經原則，《易・升・象傳》「君子以順德」，武億《群經義證》：實爲順字。愼通順，案：順德，商、周恒語，《易・升・象傳》：「君子以順德」，《晉語九》：「順德以學子」，順德者昌。昭，通詔，詔告，有與助的義項；哉通茲；嗣，繼；服，事。詔告繼承人。孝親思想：維，是；則，法則。

韻部：德服，職部。

〔5〕五、六兩章祝慶語。茲、哉同部，茲，哉；來，後世；案：許 xǔ 御 yù 疊韻通借，《獨斷》御，進也。《傳》《箋》《疏》《通釋》：許，進。昭

告後輩，由德進於善道、善政。《例釋》：許，所。案：繩 shèng；承 chéng；慎 shèn，慎承雙聲通借，繩、承疊韻通借。憴 shéng，繩承通憴，《魯》《釋訓》「憴憴，戒也」，言戒慎，繼承祖先功業的人。祖，前輩；武，足跡，遺範，勳業。後二句祝慶詞。六章同。《魯》《釋詁》祜 hù，福。（祐 yòu，福。）

韻部：許（御）武祜，魚部。

〔6〕四方，各少數民族。賀，以禮相慶。《魯語下》：「昔武王克商，通道於九夷百蠻，使各以其方賄來貢，使無忘職業。於是肅慎氏貢楛矢、石砮，使長尺有咫。先王欲昭其令德之致遠也，以示後人，使永監焉，故銘其栝曰：『肅慎氏之貢矢』，以分大姬、配虞胡公而封諸陳。」於 wū，讚美詞。下同。案：不，發聲詞；遐 xiá，遠；佐 zuǒ，助。或作為詰問句，遐不，胡不，何不。有良臣輔佐。

韻部：賀佐，歌部。

【評論】

《詩童子問》：「考尋首章文義，則王謂武王明矣。兼此篇與上下篇，如出一手，而其間血脈自相通貫。」《講意》：「武王通先人之節以濟天下之變，與先人志意流通。此其心事何等光明正大，故曰『昭哉嗣服』，不但以其變侯化國為能發揚光大而已。」《詩誦》4：「每章銜接，獨四章於第三句作逆承，其法略變。」《詩序解》：「此頌武王之詩，而祝其萬年受祜者，其體亦類詁。」案：此詩善用頂眞格，文辭簡古，重在繩前武王之德與遐不（胡不，何不）有佐？」此詩二、三章，五、六章善用頂眞格，為周文王、周武王作頌歌，聯想到周武王的詩：「與其溺於人也，寧溺於淵，溺於淵猶可游也，溺於人不可救也。」（《與盤銘》《第二批國家珍貴古籍名錄圖錄》第九冊頁 129）說明周武王對於姦佞的提防，「世德作求」，「繩其祖武」，千古名言。

文王有聲

文王有聲，	文王治國有好名聲，
遹〔欥聿述〕駿有聲〔聞問〕，	名聲高高傳遠近。
遹求厥寧，	總為全國求安寧，
遹觀厥成。	樂觀大業多其成。
文王烝〔蒸〕哉！〔1〕	周文王眞偉大啊！

文王受命，　　　　　　　　　　文王配受天帝命，
有此武功。　　　　　　　　　　建樹武功聞寰中，
既伐于〔邘孟〕、崇〔崈〕，　　討伐邦國討伐崇，
作邑于豐〔酆豐〕，　　　　　　興建國都名爲豐。
文王烝〔蒸〕哉！〔2〕　　　　　周文王眞偉大啊！

築城伊淢〔洫〕，　　　　　　　興建城邦作城池，
作豐〔酆〕伊匹〔疋〕。　　　　建好豐都才相稱，
匪棘〔棘亟急革悈〕其欲〔慾猶〕，　並不急於公佈謀略，
遹〔聿〕追來孝。　　　　　　　而要追慕前輩實踐孝心。
王后烝〔蒸〕哉！〔3〕　　　　　周文王眞偉大啊！

王公伊濯，　　　　　　　　　　文王功業眞偉大，
維豐〔酆〕之垣。　　　　　　　又爲豐都建城垣，
四方攸同，　　　　　　　　　　四面八方來歸附，
王后維翰〔榦〕。　　　　　　　文王成爲國之幹。
王后烝〔蒸〕哉！〔4〕　　　　　周文王眞偉大啊！

豐〔酆灃灃〕水東注，　　　　　豐水浩浩向東流，
維禹之績〔跡〕。　　　　　　　此是夏禹大功勳。
四方攸同，　　　　　　　　　　四方因此相歸附，
皇王維辟。　　　　　　　　　　偉大的文王是好國君。
皇王烝〔蒸〕哉！〔5〕　　　　　周文王眞偉大啊！

鎬〔鄗〕京辟〔壁璧〕廱〔雍〕，　鎬京辟廱都興隆，
自〔由〕西〔東〕自〔由〕東〔西〕，打從西方又到東，
自〔由〕南自〔由〕北，　　　　又從南方又到北，
無思不服。　　　　　　　　　　何方不心服歸服。
皇王烝〔蒸〕哉！〔6〕　　　　　周武王眞偉大啊！

考卜維〔惟〕王，　　　　　　　考祥占卜有武王，
宅〔度〕是鎬〔鄗〕京。　　　　謀劃建此大鎬京，
維龜正之，　　　　　　　　　　貞問決定用神龜，
武王成之。　　　　　　　　　　周武王將鎬京建成。
武王烝〔蒸〕哉！〔7〕　　　　　周武王眞偉大啊！

豐〔酆灃〕水有芑，　　　　　　豐水兩岸有水芹，
武王豈不仕〔事〕？　　　　　　周武王哪能不以功業爲事？

詒〔貽〕厥孫謀，　　　　　訓典謀略留給子孫們，
以燕〔宴〕翼子。　　　　　以安於覆翼慈惠助子孫。
武王烝〔蒸〕哉！〔8〕　　　周武王眞偉大啊！

【詩旨】

案：詩人以渾穆高亢的語言頌美周文王的歷史功勳，前五章歌頌周文王陰行善，故有善聞美譽，有武功又有文治，建豐京，爲國幹，導水利。故詩人稱揚其偉大。後三章頌美周武王建鎬京，成帝業，訓典傳子孫，詩人讚美其偉大。這是周初遷都鎬京後舉行大典時的頌歌。當作於周武王時，即前1045～前1044年。《編年史》繫於前1035年正月。

〔魯說〕《呂覽・愼勢》高誘注：「郆、岐，湯、武之本國。假令無之，賢雖十倍，不能以成功業。」

《毛序》：「《文王有聲》。繼伐（《原始》：「此詩專以遷都定鼎爲言。」《箋》：「繼伐者，文王伐崇，武王伐紂。」）也。武王能廣文王之聲，卒其伐功也。」
《詩集傳》：「此詩言文王遷豐、武王遷鎬京之事。」

【校勘】

〔1〕《毛》文王烝哉，《唐石經》初刻時誤刻成「武」，後改爲「文」。《單疏》遹，《三家》《說文》吹，《釋文》《韓》述，《齊》《禮器》《後漢・李固傳》《魏志・明帝紀》注引聿，遹述聿同吹，吹古字。《毛》聲，《釋文》聞音問，本亦作問。《毛》烝，《魯》《釋詁》烝，《齊安陸王碑文》注引作蒸，蒸烝通。

〔2〕《單疏》邠，《毛》于，《三家》《周本紀》《說文》、甲骨文（H11.30）邠，《周・泰誓》《書大傳》于，《左傳》盂，通邠。《毛》崇，《玉篇》《書大傳》崈，同。《毛》豐，《逸周》《魯》《九懷・匡機注》《齊》《漢》《後漢》《說文》《西征賦》引《毛》《五經文字》酆，S.6346V/1，S2669豐迋，豐豐酆同，通作豐（丰）。迋當是《武榮碑》匹，同匹。

〔3〕《單疏》遹，《齊》《禮記》《李固傳》《魏・明帝紀》注引作聿音義同。下同。《毛》城，何《校》：城作成。本字作淢yù，《釋文》淢，字又作洫。《單疏》淢，洫。《毛》淢，《魯》《韓》《釋文》《五經文字》洫，淢洫同。《毛》匹、慾，s6346/v/1迋慾。《詩考補遺》引《三家》恓，《唐石經》棘、欲，《單疏》棘，《釋文》：慾音欲，亟或作棘，《齊》《禮器》《魏明帝紀》注引作革、慾。《齊》猶，《足利》猷，猶通猷，謀略，圖謀。革，急。來，是。恓戒棘亟恆革通急，猶通欲。

〔4〕《毛》翰，《釋文》翰，讀幹。

〔5〕《毛》績，《魯》《齊》《漢》《說文》跡，一作績，《魯》《釋詁》績。《毛》辟，《台》45/252 壁，案：辟，音壁或躄，壁通辟。

〔6〕案：《毛》辟，《台》45/252 壁，辟壁讀如壁。《單疏》鎬、廱，《三家》《逸周書》《魯》《匡機注》《說文》《玉篇》作鄗，《魯》《說苑·修文》《齊》《鹽鐵論·徭役》《大戴·曾子立孝》作雍，鎬鄗同，雍同廱。《單疏》由、自，《毛》自西自東，《韓詩外傳》4 自東自西，當作自西自東以協韻。《毛》無思，古本《孝經》引作亡思，案：漢代「無」多作「亡。」

〔7〕《毛》維、宅，《齊》《坊記》《緇衣》惟、度，宅通度。維，《三家》《西征賦》注引作惟，維通惟。宅通度。《毛》鎬，《魯》《九懷注》鄗，同。

〔8〕《單疏》芑，《說文》《唐石經》芑，芑當爲芑。本字作事，《毛》仕，《齊》《晏子春秋·內篇·諫下》《表記》《後漢·班彪傳》《御覽》62、518、519 作事，《毛詩音》仕，讀事。仕通事。正字作詒，《魯》《九章注》《齊》《表記》904 年抄《玉篇》引《毛》詒，《三家》《離騷注》《列女傳·陳嬰母傳》《晏子春秋·諫下》《韓詩外傳》4《文選注》48、58、60 貽，貽通詒。《毛》燕，《魯》《列女傳》《後漢·班彪傳》宴，《齊》《魯》《列女傳》8 作燕。燕宴，安。

【詮釋】

〔1〕案：前五章頌美周文王。駿峻，高大。聲 shēng 聞 wén 聲近通假，有聲，有聲聞，有令聞，《孟·離婁》「故聲聞過情」。遹述古今字，遹聿述同吹，《三家》《說文》吹，詮詞。以下詮釋「有聲」。駿峻，高。厥，其；甯，全國安寧。觀，多。成，成功。烝，偉大。烝，盛大，美大之詞。《韓》：烝，美也。

韻部：聲聲寧成，耕部。烝，蒸部，與以下七章遙韻。

〔2〕案：這是以文王受天命以號令全天下，《於鼎》：「丕顯玟王，受天有大會。」觀之於《康誥》《君奭》《大誥》。盂于通邘 yú，商的方國名，在今河南省沁陽縣西北邘臺鎮，前 1052 年周伐邘；崇 chóng，商的方國名，前 1051 年，周伐崇侯虎。作邑，建都邑，由程遷豐作酆都，在今陝西省戶縣東 35 里；豐豐酆 fēng，因豐水而得名，在今西安市長安區西北灃水西。

韻部：功豐，東部。

〔3〕城，成，地方十里；伊通爲，作；淢洫，護城河。作，興建；伊，助詞；匹 pi 疋，相稱相配。王夫之《考異》：《禮器》作『匪革其猶。』革，

急也，本與『孔棘』之『棘』通。『猶』，功也。言匪急作邑之功也，較之『急成已之所欲』，於義爲長。言匪急作邑之功也。匪，非；戒惄革棘恜急同聲通借，欲慾 yù，猶猷 yóu，同聲通借，宏獻。遹，語詞；來，往，一說語詞；追，追思，愼終追遠；以盡其敬，以盡孝道。又追養繼孝，《周書・文侯之命》：「追孝於前文人。」孝代指美德，這是中國傳統的孝親精神。《坊記》：「修宗廟，敬祀事，教民追孝也。」王后，連語，王。

　　韻部：欲，幽部；孝，侯部。幽、侯合韻。

　　〔4〕案：公通功；案：伊，語詞；濯濯、皥皥、著著 zhuózhuó，光明，美好。維，發語詞。垣 yuán，城牆。攸，所；同，歸附。《竹書紀年》帝辛 39 年，太史諫，不聽，出奔周。王后，連語，王，文王；翰 hàn；輔翼，榦 gàn 幹 gàn，築牆所立的木幹，主心骨。

　　韻部：垣翰（幹榦），元部。

　　〔5〕豐水出豐溪，後會於渭水，豐邑在豐水西，在今陝西省西安市長安區馬王鎮有豐京遺址。禹，姒姓，名文命，因治水建大功，舜禪位於禹。堯時禹治豐水等水會渭水入黃河，詩人載其功。《禹貢》：「豐水攸同。」績蹟跡，功業，業跡。辟，君。皇，美，偉大。下同。

　　韻部：績（跡）辟，錫部。

　　〔6〕後三章頌美周武王伐商都鎬。鎬 hào 京，因鄗水而得名，周武王所建西周都城，豐水東。前 1046 年遷鎬。辟壁讀如璧，如璧，離宮。思，結構助詞；服，心服，歸附。《齊傳》《鹽鐵論・繇役》「文王底德而懷四夷。」

　　韻部：雝（雍）東，東部；北服，之部。

　　〔7〕考卜維王，惟王考卜，此處爲協韻；維通惟；王，武王；考，考祥；卜，據《周易》周人尤重占卜貞事。宅 zhái 度 duó 疊韻通借，《書・立政》「宅乃事」。《傳》宅，居。度，謀建。正 zhēng，正通貞，卜問，詳《齊》《大卜》。成，完成。朱熹：成之，作邑居也。《通釋》定其龜兆之吉。決定；武王革命，周伐殷紂，《集注》《定本》：功莫大是也。張載：「此舉諡者，追述其事之言也。」周武王廟在今河南省獲嘉縣照鏡鎮南。《日知錄》在畢。

　　韻部：王京，陽部。正成，耕部。

　　〔8〕芑 qǐ，白梁粟。《靜敊》考定爲邑名。仕通事。詒通貽，遺，傳。孫通順，順應全國民心的規劃、方略。朱熹：「謀及子孫，則子可以無事矣。」燕、翼，輔助。案：此句倒句以叶韻，《新證》頁 104～105：孫，訓，《周語》

「若啓先王之遺訓，」即此詩「詒厥訓謀」的省語，遺、詒通用。「翼子」二字應連讀，翼訓覆翼，子應讀爲慈，《多父盤》「孝子」即「孝慈」，應訓爲覆翼慈愛。

　　韻部：芑仕（事）謀子（慈），之部。

【評論】

　　《左傳・襄 31 年》：「文王之功，天下誦而歌舞之。」《周語下》單襄公云：「文王質文，故天祚之以天下。」《詩論》簡二「寺（詩）也，文王受命矣，訟（頌）評惪（德）也，多言逡（後）也……大蹳（夏，雅）盛惪（德）也。」《魯說》《荀・儒效》：「四海之內若一家，通達之屬，莫不從服。夫是謂人師。《詩》曰：『自西自東，自南自北，無思不服。』此之謂也。」《詩志》6：「事整文錯，敘述中俱帶詠歎，故是高調。」《詩誦》4：「每章末句皆樂歌之亂辭，今曲家之合也。此詩前五章屬文王，後三章屬武王，與《皇矣》同。」

卷二十四　大雅二

生民之什

生　民

厥〔嚴厥〕初生民〔尸民人〕，
時維〔惟〕姜嫄〔原源〕。
生民〔尸〕如何？
克〔尅〕禋克〔尅〕祀〔祀〕，
以弗〔茀祓〕無子；
履帝武敏〔拇〕，
歆〔忻〕！攸介攸止；
載震〔娠〕載夙〔肅〕，
載生載育，
時維后稷〔稷〕！〔1〕

誕彌厥〔嚴厥〕月，
先生如達〔奎奎〕，
不拆〔墄坼拆〕不副〔塴鼺鬲 :畐〕，
無菑〔葘災灾〕無害，
以赫厥〔嚴厥〕靈。

那其初周部落的生人，
是爲姜原爲他的母親。
初民如何誕生？
到禖宮精誠求天神，
祓除無子的災，虔誠，
她踩著天帝足拇指跡，
欣欣然有喜！休息，
於是懷孕，於是肅戒！
於是生育，於是養育，
是爲農業大臣稷，農神后稷！

足月，
他生時，而太太平平，
胎衣不裂，
沒有災害，
顯靈。

-833-

上帝不寧，
不康禋祀，
居然生子！〔2〕

誕寘之隘〔阨〕巷，
牛羊〔羊牛〕腓〔扉芘庇〕字之；
誕寘之平林，
會伐平林；
誕寘之寒冰，
鳥覆翼之。
鳥乃去矣，
后稷呱〔呱〕矣。
實〔寔適〕覃〔譚〕實〔寔〕訏〔於籲〕，
厥〔厥厥〕聲載路。〔3〕

誕實〔寔〕匍匐〔扶服〕，
克岐〔疑歧披枝〕克嶷〔嶷頤〕，
以就口食。
蓺〔埶藝〕之荏〔戎〕菽〔朮叔〕，
荏菽〔戎茉叔〕旆旆。
禾役〔列梨穎〕穟穟，
麻麥〔麥〕幪幪，
瓜〔苽〕瓞〔瓞〕唪唪〔菶健〕。〔4〕

誕后稷之穡，
有相之道。
茀〔拂刜〕厥〔厥厥〕豐草，
種之黃〔薑〕茂。
實〔寔〕方〔房〕實〔寔〕苞，
實〔寔〕種實〔寔〕襃，
實〔寔〕發實〔寔〕秀，
實〔寔〕堅實〔寔〕好，
實〔寔〕穎實〔寔〕栗〔粟〕，
即有邰〔台驁駘〕家室。〔5〕

誕降嘉種〔穀〕，
維〔惟〕秬維〔惟〕秠，

天帝康寧，
用心祭祀，
后稷安然誕生！

一棄置於小巷，
連牛羊庇護、乳養他；
二棄置於平林，
合逢伐木工人收留他；
三棄置於寒冰之上，
天上飛來大鳥覆翼了他。
大鳥飛去了，
后稷呱呱而啼，
聲音又長又大，
聲音滿路都是。

他是手腳並行，
他是早慧，
自己尋求食物，
精心種植，精心侍弄：
大豆苿苿，
穀穗垂垂，
麻麥蓬蓬，
瓜瓞菶菶多茂美！

后稷種殖嘉穀，
佐助農業之道，
砍伐那些野草作肥料，
選好薑薑茂茂的良種，
浸種出芽齊整，種植了，
苗壯了，長高了，
長莖管了，秀穗了，
籽堅了，均好了，
穗兒垂垂，穗兒飽滿。
虞舜大帝封后稷於邰。

天賜良種，
是黑黍是一殼二米的秠，

維〔惟〕穈〔虋虀〕維芑〔杞〕。　是赤粱粟，是白粱粟，
恒〔恒亙亙〕之秬〔秬〕秠，　將良種秬秠普遍植播。
是獲是畝〔晦〕。　於是收穫了，於是栽種了，
恒〔恒亙亙〕之穈〔虋虀〕芑〔秬杞〕，　將赤粱粟白粱粟廣泛種地。
是任是負。　於是抱，於是背，
以歸肇〔肇〕祀。〔6〕　奉獻上開始郊祀。

誕我祀如何？　如何祭祀？
或舂或揄〔舀扰扰〕，　有的舂，有的舀，
或簸或蹂。　有的簸揚，有的揉搓，
釋〔釋〕之叟叟〔溲溞〕，　淘米聲溲溲溞溞，
烝〔蒸〕之浮浮〔烰〕。　蒸飯聲烰烰咐咐。
「載謀載惟。　「於是籌劃思考祭祀，
取蕭祭脂〔脂〕，　取來香蒿、脂肪，
取羝〔羖〕以軷〔較〕，　取來公羊剝皮，祭神祭祖，
載燔載烈，　火上炙肉，
以興嗣歲〔歲〕。」〔7〕　祈求來年興旺祥祺！」

卬〔仰〕盛于豆〔梪〕，　把祭品盛於木梪，
于豆〔梪〕于登〔登豋〕。　祭品盛於梪，祭品盛於瓦登，
其香〔馨〕始陞〔升〕，　馨香繚繞上升，
上帝居歆。　上帝安然享用。
「胡臭亶〔亶〕時〔時〕！」　祭品何等馨香確實好，
「后稷〔稷〕肇〔肇兆庫〕祀，　在郊祭開始祭祀后稷，
庶無罪悔。」　幸無過失，敬畏天地，
以迄于今。〔8〕　一直延續到今總一樣！

《漢石經》《生民》《既醉》《鳧鷖》《民勞》。

【詩旨】

　　《孔子詩論》簡24：「后稷之見貴也，則吕（以）文、武（周文王、周武王）之惪（德）也。」案：后稷有遺愛，民有懷思，故有《生民》之詠。這是古代民間傳唱的頌美中國農業文明的創始者，在虞舜大帝時，任農業大臣的后稷（《虞夏書‧舜典》）並封棄於邰的史詩式頌歌。《大雅》中有《生民》《雲漢》，《周頌》中有《思文》，《魯頌》中有《閟宮》頌美后稷。慎終追遠，是中華文明史上的優良傳統之一，淑世哲學之一。詩人以靈動的筆致描寫了周

人女始祖姜原，始祖后稷生之神異，懂得育種選種寫農業立國的史詩，《漢書‧食貨志》引神農之教：「有石城十仞，有湯池百步，帶甲百萬，而無粟，弗能守也。」並告誡慎終追遠。此詩與《虞夏書》相呼應，是中國罕見的頌美遠古名臣的非常生動的藝術品。因此，此詩爲《史》《齊民要術》《農書》《王氏農書》《農政全書》引用。周文王是棄第十四世孫。繫於商、周之際，至遲在周文王時。稷發明主持農業，商、周奉祀稷。這是關於周部落始祖的史詩，大約在商周時代廣泛傳唱，時有修飾，是世界文化史上的罕見的史詩之一。《史‧周本紀》本此詩。朱熹云：周公作。《編年史》繫於前 1037 年。

《毛序》：「《生民》，尊祖也。后稷生於姜嫄，文武之功起於后稷，故推以配天焉。」

【校勘】

〔1〕《漢石經》民，《單疏》民，《唐石經》𡆥，《西征賦》注引作人，可能避唐諱。但民、人疊韻通借，此處民訓作人。古有此訓。《逸周書‧諡法》：「安民好靜曰夷。」《左傳‧成公十三》「民受天地之中以生。」〔1〕《毛》維、厥，《魯》《韓》惟，同。《漢石經》厥，《禮器碑》厥，同厥。《漢‧古今人表》《唐石經》《單疏》嫄，《三家》《周本紀》《慧琳音義》85 原，《說文》源，《單疏》《三家》《說文》祀，《唐石經》誤作祀。《唐石經》弗、克，《三家》《爾雅》《箋》《玉篇》《御覽》527 作袚，弗通袚。S6346 背面作尅茀，克尅古字通，《御覽》頁 2379 拂，茀拂通袚。《毛》履帝武敏歆，案：《史‧周本紀》忻，《魯》《釋訓》《箋》《朱子語類》80 把「歆」字屬下句，今從《魯》敏、祀、止、子爲韻。《毛》震，《箋》讀如娠 shēn，《毛》夙，《御覽》頁 2379，《箋》《詩集傳》肅，夙通肅。《毛》稷，《樊敏碑》S6346 背面褧，同稷。

〔2〕《毛》達、菑，《說文》𡴁𡴁，S6346 背面作𡴁，達讀如𡴁。《單疏》坼堛，《唐石經》《白文》坼副，小字本作拆，《說文》《廣雅》《慧琳音義》（《續修》196～479）《九經字樣》，《御覽》261 作墴𤮈，S6346 作福，訛字，宋祁校《漢‧揚雄傳》堛，P3383 作坲⁝畐，案：本字作墴𤮈，坲⁝畐是傳寫之誤，𤮈古字。拆，俗體。《楚世家》《集解》《書抄》1《白帖》18 災，菑古字，《唐石經》菑。《毛》厥，而《漢石經‧易》厥，《禮器碑》作厥，同。

〔3〕《毛》隲，《宋書‧符瑞志》陟，通作隲。《單疏》《唐石經》牛羊，《考文》羊牛。《唐石經》《單疏》呱，本字作呱。《毛》腓，《魯》《爾雅》《說文》屝 fēi，《箋》芘，芘腓庇通屝。《集注》寔，《毛》實。《毛》覃訏，904

年抄《玉篇》引《毛》作譚訏，《釋文》本或作譚，《詩考補遺》引《三家》
訏作于，於通吁，訏，《說文注》吁，作訏，疑傳寫之誤，覃、譚聲同，訏通
籲。

〔4〕《毛》匍匐，《齊》《檀弓》扶服，《釋文》匐，本亦作扶，匍匐、
扶服，聯綿詞。本作噣。《箋》《胡公碑》《逢盛碑》《單疏》《唐石經》《後漢·
桓彬傳》《魏明帝紀》注引作岐嶷，《說文》904 年抄《玉篇》引《毛》「克岐
克噣。」岐嶷，《吳都賦》劉逵注作歧嶷，《春秋元命苞》歧頤，《魯》《潛夫
論》披頤，疊韻詞，噣嶷嶷誳同。《毛》蓺，P3383《三家》《說文》埶、《白
帖》8《台》145／252 作藝，埶蓺藝（艺）古今字。《毛》荏，《塚人宰》鄭注
引《韓》戎，古字作戎尗或戎叔。《單疏》旆，《唐石經》禾役穟稼，案：本
字作穎，《三家》《說文》穎，《毛》役，《慧琳音義》15、19 引《毛》穎稼，
役通穎，案：《說文》釆穟 suì，同穗，《說文》穗，《禹貢》《釋文》字亦作穟
《說文》穎穟，《單疏》禾穎穟穟，衛宏作穟；《說文》秎，役通秎。案：本
字作莑。《定本》《單疏》《唐石經》嗒，《三家》《說文》《廣雅》莑，嗒通莑，
《集韻》尲，嗒尲通莑。

〔5〕《唐石經》芾，《釋文》《韓》拂，《魯》《九歎·怨思注》《廣雅》
制，案：芾拂制共弗。《毛》黃茂，《廣雅·釋訓》莖，黃通莖。《毛》實，通
寔。《毛》方。《詩集傳》房，方通房。案：「即」字衍。《唐石經》《唐抄文選
集注匯存》3.461《毛》有「即」，《魯》《呂覽·辯士》《毛》郆，《魯》《韓》
《潛夫論·志士姓》《白虎通·京師》《吳越春秋》《御覽》引《列女傳》《詩
考》台，古字。《魯》《呂覽·辯士》宋本《說文》《周本紀索隱》《渭水注》《九
經字樣》俱無「即」，《齊》《漢·地理志》作漦、駘，駘邰漦讀如台，當無「即」。
案：《單疏》《唐石經》栗，《魯》《辯士》粟，疑「粟」字是「栗」字傳寫之
訛，《單疏》訓為「栗栗」。呂覽

〔6〕《箋》種，《三家》《孔叢子》《說文》穀，案：《初學記》1、《御覽》
同《毛》，維作惟。《毛》維，《魯》惟，維當作惟。下同。《毛》糜芑，《魯》
《釋草》虋、虈，《說文》無糜，糜通虋、虈。案：《毛》芑，《管·地員》秬，
《說文》䅣，案：䅣古字，讀如秬。本字作亙 gèng《毛》《定本》小字本、相
臺本恒，《唐石經》恒，避漢文帝、唐睿宗、穆宗諱。《集注》《顏氏家訓·書
證》《一切經音義》12 亙，《釋文》恒本又作亙，《一切經音義》、古寫本作亙，
同。本字作兆，《齊》《表記》《疏》《詩考》兆，《毛》肇，俗字，《漢石經》《說

文》《廣韻》《唐石經》《五經文字》肇，肇肈通兆。《漢石經》《毛》畝，《唐石經》畞，同。

〔7〕《毛》揄，《三家》《說文》《聲類》舀，《齊》《韓》《儀禮·有司徹》鄭注引作抗 yǎo，揄，抌或體。案：本字作釋，《毛》釋，《三家》《漢石經·聘禮》《說文》《毛詩音》《匯纂》18、何《校》作釋，釋通釋。《毛》叟，《魯》《釋訓》《爾雅音義》、P3383、《單疏》溲，《釋文》叟，字又作溲。《毛》烝烝浮浮，《三家》《說文》《爾雅》樊光、孫炎注作蒸蒸烰烰，烝通蒸，浮通烰。《毛》羝，《說文》《五經文字》《釋文》羝，師受不同。S6346 羖軷，俗字。

〔8〕《毛》卬、豆，《說文》《毛詩音》仰、梪，卬、豆古字。《毛》登，相臺本作登，《說文》𤼷何《校》登，登通登。《毛》《唐石經》小字本、相臺本《白文》香，《釋文》一本作馨，香馨通。《齊》《禮記·表記》作兆，《唐石經》作肇，肇同肈，肇肈兆讀如庫 zhào。

【詮釋】

〔1〕民通人，詳《伐木》注。關於姜原履帝武敏而孕，《尚書》《世本》《公羊傳》《史》《列子》等都有記載，寫周部落的女始祖姜原到高禖祈禱，祓除無子之災，踩帝腳拇指跡而懷孕生后稷，《雲漢》《思文》《閟宮》都詠及，這是母系社會的一種現象，知有母不知有父。《咸陽靈臺碑》「堯母慶都，遊觀河濱，感赤龍交，而生堯」（《漢魏石刻文字注釋》頁 280）.案：厥，其；民，人，周部落，在甘之東、陝之西。今陝西咸陽市武功鎮西南小華山有姜原古墓。正是在姜原時由母系農村公社向父系農村公社嬗變，由游牧業爲主向農業立國過渡。后 hòu，諸侯。稷被堯任命爲稷正，封於邰，其職相當農業大臣。時，是，茲；維讀爲；姜，羌族，姜原，諡號。克，能；禋祀，於郊禖行求子之祭。禖，求子之祭。弗通祓 fú，祓除無子之災。履 lǚ，踐履；帝，上帝；武，足跡；敏 mǐn，拇 mǔ，上古音同，爲明母之部，《釋訓》敏，拇足大拇指也。敏，拇指。案：歆，忻忻、歆歆 xīnxīn，欣欣然喜悅，懷孕之喜；攸，所；介 jiè 愒 qì 疊韻通借，休息。載，乃；震讀如娠 shēn；夙 sù 通肅，肅戒。夙本有肅義。生，生產；育，養育教導。時維，是爲；稷，本名棄；堯任命爲稷正，后，分管農業的大臣。

韻部：民（人），真部；原（源嫄），元部。真、元合韻。祀子敏止，之部。夙（肅）育，覺部；稷，職部。覺、職合韻。

〔2〕誕 dàn，發語詞。彌厥月，足月。先，初；生，生育；如 rú，〈古〉曰魚，而 ér，〈古〉曰之，雙聲通借；達 dá，〈古〉定月，泰，〈古〉透月，同部通借，泰然太平。順產。墌（坼）chè，疈（副）pì，胞衣開裂。菑同災，難產。《詩古微》：連胞而下。《說文》㐬，不順。林義光《通解》《說文》不墌不疈，坼讀逆，副讀幅，不逆不幅，不逆不橫。朱熹：「今姜嫄首生后稷如羊子之易，無坼副（裂）災害之苦，是顯其靈異也。」菑 zāi，災古字。赫，顯赫，顯明。不 bù，結構助詞，下同。居然，安然順生。

韻部：月達害，月部；靈寧，耕部；祀子，之部。

〔3〕案：以下諸章爲《周本紀》所本。以下頗有〔美〕埃茲拉·龐德《漩渦主義》Super position（意象疊加）的技法：三棄三收，三個事態意象，一個活動意象。寘，棄置；之，之於；隘，狹。案：腓通扉 fei，隱，庇；字 zì 字，乳，庇而乳養之。《玉篇》：字，愛。會，適逢有人伐木。覆翼，庇護。呱 gū，小孩啼聲。實，寔，是；覃（譚），長；籲、訏、於通芋，芋，大，呱呱而啼，張口嗚呼，聲音又長又大。載滿。如《魯》《天問注》〔經此三棄三收〕「以爲神，乃取而養之」。《堯典》《周本紀》名棄。此章以生活細節見長，漢·代烏孫公主細君《歌》、蔡琰《悲憤詩》、曹操《蒿里行》、《苦寒行》、王粲《七哀詩》，唐·杜甫《三吏》《三別》《自京赴奉先詠懷五百字》、《羌村三首》《北征》脫胎於此。

韻部：字，之部；翼，職部。之、職通韻。林林，侵部；冰，蒸部。侵、蒸合韻。去呱訏（籲），魚部；路，鐸部。魚、鐸通韻。

〔4〕《舜典》：「虞舜大帝曰：『棄，黎民阻饑，汝后稷，播時百穀。』本章寫兩個動態意象、一個靜態意象。四、五、六三章寫農神后稷發心農藝，早有發明，周以農業立國。匍匐 pufu、扶服，廣義雙聲詞，手足並行。案：克，能；岐嶷 qíyì，岐嶷、歧頤、披頤，聯綿詞，廣義疊韻詞。智商奇異。就，自尋。蓺藝，種植五種：一、大豆，荏通戎，戎大未叔菽 shū 古今字，大豆。旆旆、旆旆芾芾 pèipèi，茂盛；二、禾，稷粟，役、穎同爲喻母，役通穎，穗。穟穟 suìsuì，穗垂貌；三、麻；四、麥，幪幪 měngměng，茂盛貌。五、瓜類，唪唪、𤷾𤷾通菶菶 běngběng，豐多貌。

韻部：匐嶷（嶷嶷誕）食，職部；旆（芾），月部；穟，微部。月、微通韻；幪唪（菶），東部。

〔5〕本章寫兩個動態意象，一個景觀意象，一個地理意象。穡 sè，稼穡，耕作收割。有相，輔相，佐助；道，農業工藝。茀拂制共弗，拔除。種，選種，以下寫后稷善於務農種穀的十一道工藝流程；種之黃茂，選種，浸種，黃，嘉穀，有強勁生命力的良種；砍伐野草作綠肥；實，寔，是，下同；方 fang，房，浸種播種後，種子出芽齊等；苞，苗叢生；種通腫，腫腫 zhǒngzhǒng，粗大肥壯；褎，褎褎 yòuyòu，禾苗長勢旺盛貌。發 fā，發育生長；秀 xiù，秀穗結子。堅，穀穗子粒飽滿堅挺；好，良種。穎（穎）yǐng，禾本科植物小穗基部的二枚苞片，代指穗；栗，栗栗 lìlì，離離，穀穗垂貌。即，就；有，詞頭；台邰，古國名，姜姓，炎帝後，故址在今陝西省武功縣西南，虞舜大帝封稷於邰。武功縣有姜原廟、后稷祠、教稼臺。《新證》、劉毓慶《詩經圖注》《詩經講讀》訓台為養，有養家室；江林昌《考古發現與古代文明新研》：台通姒。

韻部：道草茂苞褎秀好，幽部；栗室，質部。粟，屋部。屋、質合韻。

〔6〕本章寫兩個動態意象，一個事態意象。寫舜帝大禹時代傑出的農學家、育種家、農業大臣后稷。將，天賜；嘉種，優良穀種。維惟同是，下同；秬秠 jù，黑黍；秠 pī，一殼二米的優良品種。穈虋虋 mén 赤粱粟；芑通芑 qǐ，白粱粟。案：恒通，亙 gèng，普遍，廣泛；之 zhī 植 zhí 之通植，普通種植優良品種秬、秠（《呂覽·本味》）。是，乃，於是；穫，收割；畝（畮）mǔ，栽植苗稼，《論語·學而》：「導千乘之國」《疏》：「既長百步，可種苗稼，有母養之功也。」任，抱；負，背。歸讀饋，獻作祭品；肇，兆 zhao，始；祀，郊祭。

韻部：秠芑（芑）秠畝芑（芑）負祀，之部。

〔7〕本章全是事態意象，長於敘事，栩栩欲生。或，有的；舂 chōng，用臼舂米去殼皮；揄扰舀 yǎo，舀出。簸，簸去糠皮；蹂，揉搓粟黍。釋通釋 shì，淘米；叟叟、溲溲 sōusōu 溞溞 sāosāo，淘米聲。案：烝通蒸，蒸飯；浮浮，烰烰 fúfú，咐咐 fúfú，象聲詞。載，又；謀惟，連語，籌備祭祀。蕭，香蒿；脂，動物脂，燃香，周人貴臭。羝 dī，公綿羊；軷 bá，《新證》：剝。燔 fán，祭祀用火上炙肉；烈 liè，燒烤。以興，以祈求來年之興旺、豐收。

韻部：揄，侯部；蹂叟（溲）浮（烰），幽部。侯、幽合韻。維（惟）、微部；脂，脂部。微、脂合韻。軷烈歲，月部。

〔8〕前 1035 年，《逸周書·大匡解》「資農不敗務」，《酒誥》「純其藝黍稷」，《無逸》：「先知稼穡之艱難。」本章以事態意象出之，寫祭農神由來已古。當是商、周之際祭歌。卬，仰，莊重地舉起；豆，木桓，禮器。登，登，

瓦登，禮器。居，安然；歆 xīn，欣欣然享用。胡，大；臭 chòu，反訓爲香味。《魯傳》、《孟子·盡心下》趙注：「臭，香也。」《易·繫辭上》：「同心之言，其臭如蘭。」；亶 dǎn，實在；時，善。肇肇兆通肁 zhào，開始。肇祀后稷，爲協韻而倒句，開始祭祀后稷，〔魯傳〕《潛夫論·五德志》：「後嗣姜嫄，履大小跡生姬棄。厥相披頤。爲堯司徒（當作司馬，詳《十三注疏附校勘記》頁 614～615），主播種，農植嘉穀。堯遭水災，萬民以濟。故舜命曰：『后稷』。」庶，幸，《箋》：庶，眾，罪悔，疊韻詞，過失，後悔。迄 qì，至，延續。由游牧向農業轉化，由母系社會向父系氏族農村公社進化，大約后稷的後裔分爲兩支，一支由甘肅東北平涼、慶陽向陝西長武、彬縣、旬邑，一支向山西涑水流域聞喜、絳縣、夏縣、安邑、猗氏、臨猗、永洛一帶，故漆水、渭水、涑水一帶考古發現多有先周文化遺址。人們紀念這位領袖也是情理中事。《魯語上》：「昔烈山氏之有天下也，其子曰柱，能殖百穀百蔬。夏之興也，周棄繼之，故祀以爲稷。」因稷繼柱之功，商、周祀稷。

韻部：登（登）升，蒸部；歆今，侵部，蒸、侵合韻。時祀悔，之部。

【評論】

《呂覽·上農》：「后稷曰：所以務耕織者，以爲本教也。是故天子親率諸侯耕帝籍田，大夫士皆有功業。」《詩論》簡 24，「㠯（以）口萩之古（故）。后稷之見貴也，則㠯（以）文、武之悳（德）也。虗（吾）㠯（以）《甘棠》导《得》宗㝱（廟）之敬，民眚（性）古（固）然。甚貴丌（其）人，必敬丌立（其位）。敓丌（悅其）人，必好丌（其）所爲，亞（惡）丌（其）人者亦然。」案：農業，立國之本，前 827 年，虢文公向周宣王諫道：「民之大事在農。」案：《生民》以鮮活靈動的語言，栩栩如生的意象，歷歷如繪的場面描繪，鏗鏘悅耳的音韻，將周人的始祖、從其母的高禖被無子之災，懷孕且喜且肅敬的心理描寫，到三棄三收以至牛羊爲之庇護、乳養，大鳥爲之翼護籍溫，靈異如此。棄從小高智商，種豆、種禾、種麻、種麥、種瓜，糧食豐收，善於培植、優選良種，受到眾人祭祀。眞個是天生一個農業神。禮贊了后稷的農業文明，寫出了后稷受到歷代的禮敬。〔魯傳〕《淮南·主術訓》：「食者民之本也，民者國之本也，國者君之本也。」周原—后稷—不窋—鞠—公劉—慶節—皇僕—差弗—毀隃—公非—高國—亞國—公叔祖類—古公亶父—季歷—周文王姬昌—周武王姬發。《生民》是關於中國穀神的詩化，是周部落的第一部史詩，是東方的農業文明的頌歌，是祭祀周始祖的樂歌。《生民》與新石器時代刻在將軍

岩上的稷神崇拜圖（詳圖文版《中國通史》一頁 88）、《舜典》：「帝曰：『棄，黎民阻饑，汝后稷，播時百穀。』」《周本紀》四者相得益彰，是關於稷的文學具象化、美術具象化、古籍公文的確定性、史籍歷史的確定性的完美統一。道法往古，后稷有遺愛，人民有餘思，故有此歌。此詩彬蔚而靈動，富有情節，富有傳奇色彩，良多情韻。陳啓源：「《生民詩》八章，架構至爲精密……其章法之貫穿如同蛛絲馬蹟蟬聯不斷，可謂極其工矣。匪直此也，起句言『厥初』，由今而溯之初也；結句『言迄於今』，由初而推之今也，一起一結，遙相呼應，無一筆疏漏：此最有格律之作，可爲長篇詩者熟玩之。」（台・文淵閣《四庫》85-605）《詩志》6，「一篇《后稷本紀》。此詩本爲尊祖配天而作，卻不侈陳郊祀之盛，但詳敍后稷肇祀之典，故是高一層寫照法。」「極神靈事，卻是樸質傳之。莊雅典奧，絕大手筆。」《詩誦》4「三章『呱』、『訏』，若依今音作平聲，自爲韻，則與上兩『林』字同格，與末章正相配。末章『歆』、『今』合四句爲一韻，而前半上三句『登』、『升』自爲韻，後半上三句『時』、『祀』、『悔』自爲韻，用韻之法至此，眞無奇不備矣。第五章十『實』字連綴，而下至『實穎實栗』句，驀然換韻，以五字句托住作收，眞有翩若驚鴻、矯若游龍之致。此篇專以雙飛句法見奇，前後共有二十二句，他如『不甯不康』，『于豆于登』，則上下交紐，兩互之，則四句扇對。『釋之』、『烝之』、『取蕭』、『取羝』，則兩句相對。第三章『誕寘之』三疊調，第四章用『荏菽旆旆』四疊句以錯綜之。」《會歸》頁 1625「全詩多以神異，表后稷農功聖德之殊特，而情眞事典，雍容詳備，所以爲經典之雅歌，絕異於讖緯之佚史、文學之神話也。」陸侃如、馮沅君《中國詩史》、高亨《詩經今注》、陳子展《詩經直解》、林庚《中國歷代詩歌選》、張松如《史詩和劇詩》、夏傳才《周人五篇開國史詩和古史問題》以爲《生民》《公劉》《緜》《皇矣》《大明》是史詩。

行　葦

〔念念禹、公劉注重保護生態。〕

「敦彼行葦，　　　　　　　　　　「敦敦然那道邊衆多蘆葦，
牛羊勿〔羊牛勿〕踐〔窮〕履。　　莫許羊牛去踩履，
方苞方體，　　　　　　　　　　　剛出芽，剛成形，
維〔惟〕葉〔萋葉〕泥泥〔苊柅〕。　枝葉兒茂茂密密。
戚戚兄弟，　　　　　　　　　　　親親愛愛的同宗兄弟，

莫遠具爾〔邇〕。　　　　　　　勿疏遠！都互相親近！
或肆之筵，　　　　　　　　　　乃陳設宴席，
或授之几。」〔1〕　　　　　　　乃授與茶几，以便老人依憑。」

肆筵設席〔幾機〕，　　　　　　陳設了筵席、矮幾，
授几有緝御。　　　　　　　　　授與几案，恭敬迎迓嘉賓，
或獻或酢，　　　　　　　　　　主人敬酒，客人回敬，
洗〔灑〕爵奠斝。　　　　　　　洗滌了爵，放好了玉爵，
醓〔盜〕醢以薦，　　　　　　　奉上肉汁與肉醬，
或燔或炙。　　　　　　　　　　有的燒肉，有的烤肉香，
嘉〔加〕殽〔肴〕脾〔膌脆〕臄〔醵嚍〕，嘉美荣肴牛百葉、牛舌，
或歌或咢〔愕咢〕。〔2〕　　　　於是唱起歌，只有擊鼓伴唱。

敦〔弴追雕彫〕弓既堅，　　　　國王畫弓彫飾而堅勁，
四鍭〔猴〕既鈞〔均〕，　　　　四箭調勻放整齊，射中，
舍〔捨〕矢既均〔鈞〕，　　　　射完箭矢都已射中，
序賓〔賔〕以賢。　　　　　　　按賢良射藝排定座次。
敦〔弴雕彫〕弓既句〔彀〕，　　雕弓拉滿如月彎彎，
既挾四鍭〔猴〕。　　　　　　　已接四箭射贏，
四鍭〔猴〕如樹，　　　　　　　箭箭射中豎立在那裏，
序賓〔賔〕以不侮。〔3〕　　　　獎勵優勝，射手們相互恭敬。

曾孫維主，　　　　　　　　　　國王是主祭人，
酒醴維醹，　　　　　　　　　　甜酒的確醇厚，
酌以大斗〔料〕：　　　　　　　用大勺酌酒祝禱：
「以祈〔祁〕黃耇。　　　　　　「以報告高壽之人。
黃耇台〔胎鮐〕背，　　　　　　幸福，長壽！
以引以翼〔狋〕。　　　　　　　對老者尊重，引導，扶助，
壽考維祺，　　　　　　　　　　高壽之人吉祥幸福！
以介景福。」〔4〕　　　　　　　以祈求更大的福！」

【詩旨】

　　《左傳・隱3》：「君子曰：『……《雅》有《行葦》、《泂酌》，昭忠信也。』」
案：從公劉到周文王能惠及長老，仁及草木，「序賓以賢」，崇德尚群，所以
事業越發興旺。當是周文王時耆宿至情之音。以下三篇《編年史》繫於前1036
年春。

〔魯說〕《列女傳‧晉弓工妻傳》：「弓工妻謁於平公曰：『君聞昔者公劉之行，牛羊踐葭葦，惻然為民痛之。恩及草木，仁著於天下。』」公劉以政治家的戰略眼光，注重農業立國，仁及草木，讓生態惠及百姓。周人慎終追遠，重申這一重要思想。此詩是在周氏宗族宴飲所奏的樂歌與祝嘏詞。當繫於周文王時。

〔齊說〕漢‧班彪《北征賦》：「慕公劉之遺德，及《行葦》之不傷。」《易林‧未濟之噬嗑》春服積成，載華復生，莖葉盛茂，實穗泥泥。《世本古義》：美公劉。

〔韓說〕《吳越春秋》「公劉慈仁，行不履生草，運車以避葭葦。」

《毛序》：「《行葦》，忠厚也。周家忠厚，仁及草木，故能內睦九族，外尊事黃耇，養老乞言，以成其福祿焉。」《正義》繫於周成王。朱熹《詩集傳》17：祭畢而宴父兄耆老之詩。

【校勘】

〔1〕《群書治要》頁38作「羊牛勿」。《毛》踐，《魯》翦，翦通踐。《毛》維，《三家》惟。《單疏》葉，《唐石經》菜。案：本字作尼尼，《單疏》《唐石經》泥泥，《魯》《韓》《漢石經》《潛夫論‧德化》《蜀都賦》引《毛》柅柅。《釋文》泥泥……引張楫（當依宋本、小字本作揖）注作苨苨，云：草盛也。《廣雅‧釋訓》作柅柅，馬融、王肅、《釋文》《博雅》尼尼，泥泥柅柅苨苨尼尼 nǐnǐ，今本作泥泥，當是淺人誤改。《毛》爾，《齊》《漢書‧文王三傳》注引「爾，近」則當作邇 ěr。

〔2〕《毛》席，《魯》《招魂注》機，《單疏》幾，《文選》同《魯》，由首章、本章下句以及《公劉》「俾筵俾幾」則可推定《毛》作「席」誤，「機」是「幾」字之增形之誤。《毛》洗，《說文》灑，古字。《毛》斝，《釋文》𣂪，同。《毛》醓，《釋文》本又作盜。《毛》嘉，《箋》作「加」。《集注》《定本》《疏》《唐石經》、小字本相臺本孫詒讓《校勘》、阮《校》作嘉。《毛》殽，《集韻》肴，古今字。《毛》脾臄，《唐石經》胇臄，《說文》膍胲，脾通膍。本作噱，《漢‧揚雄傳》注引、《廣雅》噱，《釋文》臄，字或作醵。臄醵通噱。《毛》咢，《字林》㖾，通作咢。

〔3〕《毛》敦，《魯》《荀‧大略》《東京賦》《白帖》96雕，敦雕古今字，《齊》《周禮‧追師》《玉篇》《集韻》追，《說文》弴，敦追通弴、讀如雕。《單疏》鍭，《齊》《既夕禮》鄭注、《說文》《玉篇》《類篇》猴，鍭猴同。《毛》

鈞，《毛詩音》鈞讀均，《魯》《列女傳》6 作均，案：詩人避重，鈞、均，字異音義同之例。《毛》賓，《單疏》《唐石經》賓，同。《毛》舍，《毛詩音》音捨。案：舍，捨讀如射。《毛》敦句，句讀如彀。《魯》《東京賦》《齊》彫彀，《說文》《廣韻》彈彀，敦彈讀如雕，句讀如彀。斗

〔4〕《漢石經》𣪠，本字作鏗，𣪠或體，後作斗。《毛》斗，本字作枓，《魯》《史》《齊》《禮記》《說文》枓，《廣雅》杓，斗枓古今字。《毛》祈，《唐石經》祁，誤，雪樵甫《石經考辨》《金石文字記》祈。《唐石經》《毛詩音》台，《魯》《釋詁》《南都賦》《齊》《繁露》《說文》《箋》《類聚》18《白帖》60 鮐《孔耽碑》胎，胎台通。《毛》翼，《群書治要》頁 88，《廣韻》狄，古字。《毛》祺，古本作禖，通作祺。

【詮釋】

〔1〕一章寫仁及草木，同宗宴飲。《逸周·大聚解》：「〔姬〕旦聞《禹之禁》：春三月山林不登斧，以成草木之長；夏三月，川澤不入網罟，以成魚鱉之長。」，周部落長公劉仁及草木，周人以農業立國，經常注重保護生態。勿，戒正之詞。翦通踐，踏傷。敦，敦敦 tuántuán，眾多貌。方，正；苞，叢生。體，枝莖。維，語詞；葉，枝葉；尼泥柅苨共尼，苨苨 nǐnǐ，敦聚貌。戚戚 qīqī，相關愛貌。莫，勿；遠，疏遠；具通俱；爾通邇 er，近。或，乃；肆，陳設；筵，竹篚。授，授與；几，几案，矮桌，給老者依憑。

韻部：葦，微部；履體泥（苨尼柅）弟爾（邇）幾，脂部。微、脂合韻。

〔2〕二章寫宴飲場景。案：席、機通幾，機俗體。肆筵社席、授幾，表示敬重。有，語詞；緝通揖，恭敬貌。御，服侍。獻 xiàn，給客敬酒；酢 zuò，客人回敬。灑洗，洗滌；爵 jué，禮器，有玉製、銅製，飲酒器，容一升。斝（斝）jiǎ，有玉製、銅製，商、西周初葉儲酒器，受五升或六升。醓 tǎn，肉汁。醢 hǎi，肉醬。奠，置。薦 jiàn，進獻，又示恭敬。或，有的；燔燒肉炙，烤肉。嘉，嘉美；殽，肴，肉菜；脾通膍 pí，牛百葉；臄臄通噱 jué，舌。案：或，乃；歌，以琴瑟等伴奏唱歌；咢（咢）è，《魯》《釋樂》徒擊鼓。此處本為或咢或歌，為協韻而倒文。

韻部：噱（臄）咢（咢），鐸部；御斝（斝），魚部。鐸、魚通韻。

〔3〕三章寫較射，「序賓以賢」。追敦綢讀如雕 diao；案：舍、捨讀如射，射箭。雕鏤繪飾之弓，周王之弓。彀 gòu，張滿弓。堅，堅勁。鍭猴候 hóu，箭，用於近射田獵，銅製箭鏃斷羽使前重。案：舍讀如射，鈞讀如均，詩人

避重，字異音義同之例，均，調勻，並射中準的，射箭有技法。古代中國有尚武傳統，此處則是周代王室講仁，先內及同宗和睦，尊賢敬老，宴飲，比射。《齊傳》《祭義》：「周人貴親，而尚齒。」而此處，序，按次序；賢，量賢；此處含有比射中優勝者居先。序賓以賢是先進思想。《單疏》：「言『序賓以賢』者，謂次序為賓，以此擇之而皆賢也。」句通彀 gòu，引滿弓，挾，挾箭以射。樹，四支箭鏃射中靶心如豎於靶。案：序，依優勝次序，對優勝者有所褒獎；以，而且，對射藝欠佳者絕不怠慢。

韻部：堅鈞（均）均賢，眞部；句（彀）鏃（猴侯）樹侮，侯部。

〔4〕四章寫祝壽、祈福。曾孫，主祭人，成王；維，為；主，主祭人。醴 lǐ，甜酒；醹 rù，醇厚。酌，斟酒；以，用；亞錥 dou，銅製舀水舀酒器，斗 dǒu，舀酒器，枓 zhǔ，勺，舀水器。祈，告；黃髮，髮落更生黃髮，老人壽征之一。耇（耈）gǒu，老人面如凍梨，老人壽徵之一；台通鮐 tái，河豚魚，背豐滿而有黑紋。鮐背，老人壽徵之一。以安排人，引，引導，攙扶；翼，相助。祈，報。壽考，高壽之人；維，為；祺，吉祥。介通匄 gài，祈求；景，大。

韻部：主醹斗（枓）耇，侯部；背，之部；翼福，職部。之、職通韻。

【評論】

《魯傳》《潛夫論・德化》：「公劉厚德，恩及草木，羊牛六畜，且猶感德，仁不忍踐履生草，則又況於民萌而有不化者乎？君子修其樂易之德，上及飛鳥，下及淵魚，無不歡欣悅豫，則又況於士庶而有不仁者乎？」由「序賓以賢」生發出尚賢制度、尚賢良風。宋・戴溪：行葦當道，生意可掬，即此可以觀治矣。孫月峰：「不惟記其事，兼見其狀，描摹入纖，絕有境有態。」《原始》14「〔一章〕起得飄忽。〔二三四〕章首二章福德雙題，三章單承德字，〔四章〕以下皆言福，蓋借嘏詞以傳神意耳。……〔四章〕蟬聯而下，次序分明。〔六章〕以下雖言福，仍帶定德字。」《注析》：「詩中『敦弓既句，既挾四鏃，四鏃如樹』幾句，描寫張弓搭箭，命中靶子的射事，具體而生動，顯示出作者對這類生活素材的熟悉。再如以『黃耇台背』來描摹老人，以『以引以翼』來刻畫敬老場面，筆觸都很細膩形象。不過，這些佳句只是個別的，就全詩而言，並沒有特別值得稱道的地方。」案：公劉、西伯上承虞舜大帝尊賢、序爵以賢，養老之風，為後來政治家作楷範。

既　醉

既醉以酒，	祭祀饗飲酒喝醉，
既飽以德〔食〕。	感受大德承恩惠。
君子萬年，	禱祝國王萬萬歲，
介爾景福。〔1〕	佑助宏福今歌吹。
既醉以酒，	祭祀酣飲個個醉，
爾殽既將。	感君荣肴都很美。
君子萬年，	祝我國王萬萬歲，
介爾昭明。〔2〕	佑助國王大智慧。
昭明有融，	英明昭昭又久長，
高朗〔脤〕令終。	英明善始善終永永好，
令終有俶，	高朗善終有善始，
公尸嘉告：〔3〕	公尸今作美好的祝禱：
「其告維何？	「祝告究竟是什麼？
籩豆靜嘉。	禮器祭品總美好。
朋〔堲俚〕友〔昚夆〕攸〔卣〕攝〔図昗〕，	與祭人人都協助，
攝以〔弖成〕威〔悜〕儀〔義〕。〔4〕	威儀相助儀表妙。
威儀孔時，	國王威儀非常善，
君子有孝子。	又喜國王有孝子，
孝子不匱〔遺豕墜〕，	孝子行孝不廢墜，
永錫爾類〔穎〕。〔5〕	永賜您有好承嗣。
其類〔穎〕維何？	其善究竟是什麼？
室家之壼〔壺圎壼梱〕。	廣裕人民心至誠，
君子萬年，	祝我國王萬萬歲，
永錫祚〔胙〕胤〔允胤胤〕。〔6〕	永賜子孫福祿承。
其胤〔允胤胤〕維何？	其嗣究竟是什麼？
天被爾祿。	天賜您祿位當國王，
君子萬年，	祝我國王萬萬歲，
景命有僕。〔7〕	大命永附咱國王。
其僕維何？	其嗣究竟是什麼？
釐〔賚〕爾女士〔士女〕。	福祿賜您女與子。

釐〔賚〕爾女士〔士女〕，　　　　　　福祿賜您女與子，
從〔茷從〕以孫子。」〔8〕　　　　　　子孫相重到百世。」

【詩旨】

　　案：此詩是公尸在祭祀神靈后，國王宴飲大臣、諸侯時，詩人頌美國王的讚歌與祝嘏詞，詩人將《周書》《康誥》《君奭》的政治思想換成詩歌語言，宣導「令終有俶」即善始善終，攝以威儀，廣裕人民的政治哲學，宗廟祭祀後饗飲這時所奏的祝禱歌寫嘏詞，祝國王佑助光明正大，長壽，借公尸口，寫與祭眾人有威儀，祝「孝子不匱，永錫爾類」，延祚，附命，子孫享福。大約是成、康之治時正祭時所奏的樂歌。與公尸祝禱詞。《編年史》繫於前 1035 年。

　　《毛序》：「《既醉》，大（《釋文》大音泰）平也。『醉酒』、『飽德』，人有士君子之行焉。」《東坡全集》40 以爲既醉備五福，蘇轍同。《詩緝》：「此詩成王祭畢而燕群臣也。」朱鑒《詩傳遺說》2 則認爲此與上篇是唱答詩。《詩瀋》：「此正是王與群臣祭畢，宴飲於寢，而群臣頌君之辭。」

【校勘】

　　〔1〕德，恩德、恩澤、恩惠。《毛》德，《今注》德，當作食。案：通觀全詩，當作德。

　　〔3〕《毛》朗，《說文》朖，隸變爲朗。

　　〔4〕《毛》朋友攸攝，攝以威儀，《齊》同。楚竹書《緇衣》簡23：「聖侄卣図二呂威義」，郭店楚簡引作「倗友卣臭，臾以悢義」。聖倖古字，侄古字，卣讀如攸、所，図、臾同攝，悢通威，義儀古字通。

　　〔5〕《毛》匱，S6347 號、《新證》遺，據金文，當作豕（墜）。

　　〔6〕《唐石經》《單疏》壼，《周語下》p3383 號《毛》壼，《說文》㘱，壼，古字，㘱隸變爲壼，《箋》《考文》《釋文》宋本作梱，案：壼讀如梱，梱悃，至，梱梱，廣，溪、見鄰紐，故梱通廣。梱作魁，《魯》《憂苦章句》：魁，大也。案：本字作胙，《考文》胙，又作祚。《毛》祚，《釋文》《左傳》胙，祚俗字，《說文新附》祚，通作胙。《單疏》《唐石經》作胤，《毛》肖，古本、《群經質》允，《匯纂》肖，作允避宋太祖諱，作J肖是避清世宗諱。

　　〔8〕《毛》釐，《毛詩音》釐，即賚。案：釐通賚；又釐履祿同爲來母，釐通祿。案：《毛》女士，《魯》《韓》《列女傳·塗山氏傳》士女，《毛》爲協韻，士子同在之部，自無不可，而《魯》作士女，女屬魚部，魚之、魚支、

魚脂通轉在上古語言中多有此例，《魯》《毛》各自師承，不宜褒此貶彼，《通釋》引《列女傳》作士女，論云：「《箋》『女而有士行者』正釋經文『士女』。今《毛詩》作『女士』者，順《箋》文而誤」，馬氏所論，可資參考，但是也應看到《毛》爲協之部而作女士。

【詮釋】

〔1〕案：德，恩德、恩惠。詩人截取宗廟祭祀後饗享飲酒這一社會生活的橫斷面生發嘏詞，在上流社會中，宗法社會爲籠絡人心而在廟祭後宴飲，以示國王恩惠澤及王室宗親，「既飽以德」。清代道光末年在陝西岐山禮村出土天亡簋，銘文記載滅商後在天室行祭祀大典，祭告周文王，祭祀天神天帝。《竹書紀年集證》24，周武王十三年薦殷於太廟，《既醉》「遂大封諸侯。」（《續修》335 冊/302 頁）饗宴以酒可以暢飲。既，已。美滿以德，全合禮節。《周書·康誥》「丕則敏德，用康乃心，顧乃德，遠乃猷，裕以乃；民寧，不汝瑕殄。」《君陳》：「黍稷非馨，明德惟馨」。君子、爾，國王。介，助。景，大。萬年，萬歲。

韻部：德福，職部。

〔2〕爾，汝；殽 yáo，肴，菜肴，牲體；案：即將，連語，齊，齊備，既訓盡，《易·臨》「既憂之，無咎。」《廣雅》：將，美。一說排成行列。介，佑，佑助，以光明正大的德行佑助。此處爲協韻。

韻部：將明，陽部。

〔3〕案：有融 róng，融融彤彤，朱熹：明之盛。長遠。《魯》《釋詁上》融，長。終於饗宴，始於享祀。高朗，光明正大；令，善；終，結局。俶 chù，始。公尸，周王祭祀，以卿爲代被祭者的神靈而受祭的活人。嘉告，告之以善言。

韻部：融終，冬部；俶，沃部，告，幽部。沃、幽合韻。

〔4〕案：以下是嘏詞。維，是。籩 biān、豆，食器，禮器。案：靜嘉，連語，靜竫靖同爲從母耕部，《廣雅·釋詁》竫，善也。嘉 jiā，善，禮器（食器）籩豆中的食品嘉美。《疏》：朋友，同志；攸，所；威儀，《韓》：攝，助也。與祭與宴的儀禮。

韻部：何嘉儀（義），歌部。

〔5〕孔，很；時，善；君子，國王，周文王；有，通爲；孝子，有武王。《新證》：遺讀如墜。《毛公鼎》「女母敢惷」，《克鐘》：「志不敢惷」，言孝子奮

勉不廢墜，則永錫爾善也。錫賜上古音同爲錫部心紐，錫通賜；爾，你等；《魯》，《釋古》頹（類）善也。

韻部：時子，之部；匱（遺墜瓨），類，微部。之、微通韻。

〔6〕其……維何，設問句。案：此詩有省略「室家」前省略「因」，因室家，由王室；之、至古音同在之部，同爲章母，壺通廣，由王室推及善天下人民，即「修身、齊家、平天下。」《方言》胡、吳、壺，大，壺讀如悃梱，《毛》壺，《考文》、《釋文》梱，悃 kǔn，至。壺，從亞，有周匝義，《周語》下引叔向云：「類也者，不忝前哲之謂也。壺也者，廣裕民人之謂也。萬年也者，令聞不忘之謂也。胤也者，子孫蕃育之謂也。」《傳》類，善。胙祚 zuó，福運，福祿；胤 yīn，繼續。

韻部：壺（梱），諄部；胤年，眞部。諄、眞合韻。

〔7〕案：句型實爲「爾被天祿」。如《新書・勸學》「學者勉之乎！天祿不重。」被，被賜予。祿，福。景，大；案：僕 pú，附 fú，同聲通借，依附，承聚。

韻部：祿僕，屋部。

〔8〕維，爲。案：釐，讀如賚 lài，賜予，釐，履，祿同爲來母，釐通祿，詩人避重，女士即士女，倒文爲協韻。《魯》《釋詁》從，隨；孫子，子孫，倒文爲協韻。《釋詁上》從，重 cóng。

韻部：士士（女）子，子部。《魯》女，魚部。魚、之通韻。

【評論】

《詩誦》4「第三、四、五、六章，每兩句蟬聯而下，與《文王》《下武》又畧變。唐・韋莊有雜體聯綿五言轉韻詩一首，源出於此。」「後四章全以得賢子孫立說，較之頌五福、祝萬年更爲著實。」《新證》二、三章，三、四章，四、五章，五、六章，七、八章的頂眞蟬聯，「這種章法結構，可以叫作『連鎖遞承法』。」此詩尤重飭躬敦行，倡行孝道。

鳧〔鴨〕鷖

鳧〔鴨〕鷖在涇，	野鴨與鷗嬉戲直波中，
公尸來燕〔宴〕來寧。	公尸宴飲心安寧，
爾酒既清，	您的美酒眞清純，
爾殽（肴）既馨。	您的荣肴香遠聞。

公尸燕飲，
福祿來成。〔1〕

公尸宴飲，
福祿一重重。

鳧〔鳬〕鷖在沙，
公尸來燕〔宴〕來宜〔冝〕。
爾酒既多，
爾殽（肴）既嘉。
公尸燕飲，
福祿來爲。〔2〕

野鴨與鷗在沙灘，
公尸宴飲來匹配先人，
您的美酒已很多，
您的荣肴已很新。
公尸宴飲，
福祿是成。

鳧〔鬼〕鷖在渚，
公尸來燕〔宴〕來處。
爾酒既湑，
爾殽（肴）伊脯。
公尸燕飲，
福祿來下。〔3〕

野鴨與鷗在小洲，
公尸宴飲樂悠悠，
您的美酒濾清了，
您的荣肴、肉脯都美好。
公尸燕飲，
福祿降臨了。

鳧〔鬼〕鷖在漴，
公尸來燕來宗，
既燕〔宴〕于宗，
福祿攸降。
公尸燕飲，
福祿來崇。〔4〕

野鴨和鷗在眾水會處，
公尸宴飲受尊崇，
盡在社宗宴飲了，
福祿降在您家中。
公尸宴飲，
福祿一重重。

鳧〔鬼〕鷖在亹〔𩰎〕，
公尸來止〔宴〕熏熏〔燕醺〕。
旨〔言〕酒欣欣，
燔炙芬芬。
公尸燕飲，
無有後艱。〔5〕

野鴨和鷗在峽門，
公尸暢飲喜欣欣，
飲酒和悅情欣欣，
烤炙牛羊肉香芬芬。
公尸宴飲，
唯願以後無災難。

【詩旨】

案：詩人以排筆技法，舒緩語言，描繪在廟祭的第二天舉行繹祭，行賓尸之禮，宴飲公尸宴會時所奏的樂歌，公尸的祝嘏詞。朱熹《詩集傳》17「此祭之明日繹而實尸之樂。」《傳疏》同。繫於前 1035 年。

《齊說》《易林‧大有之夬》：「鳧鷖游涇，君子以甯，履德不愆，福祿來成。」

《毛序》:「《鳧 fú 鷖》,守成也。太平之君子,能持盈守成,神、祗、祖考安樂之也。」

【校勘】

〔1〕《漢石經》、吳・皇象《急就篇》、S6346 作鳬,唐以後才作鳧,同。〔2〕案:本字作宴,《漢石經》宴,《毛》燕,讀如宴。下同。《毛》甕,P3383 作䍃,異體。〔2〕《單疏》《唐石經》亘。〔5〕《單疏》頁 349,《毛》公尸來止熏熏,旨酒欣欣。案:當從《詩考》引《魯詩》《說文》所引「公尸來燕醺醺,旨酒欣欣。」公尸,見前詩注。來止與前四章不一致,熏醺字省借。俞氏《平議》「疑經文熏熏、欣欣字當互易」,案:兩句是描摹場景,重言摹況字,寫公尸飲得歡暢以致醺醺然,吃菜肴欣欣然(馨馨然、酚酚然)樂,故不當更易。《毛》旨,《唐石經》言,同。

【詮釋】

〔1〕鳧 fú,野鴨;鷖 yī,鷗;涇,中流。《今注》涇,水名。公尸,詳前詩注;來,是,語詞,下同;燕,宴;寧,甯心安享。清,濾清而純。殽,肴;馨,香氣遠聞。一說比喻流芳百世。《廣韻》:成,重,福上加福。來,是。

韻部:涇寧清馨成,耕部。

〔2〕沙,水中沙石地。宜儀 yí,同為歌部疑母,宜通儀,儀,匹也。嘉,善,好。為 wei,成。《釋文》為 wei,助力。

韻部:沙宜(儀)多嘉為,歌部。

〔3〕渚,水中陸地。處,止。湑 xǔ,酒濾而清。伊,是,一說與;脯,前儒訓肉乾,自無不可,案:結合一、二章馨,嘉和,五章芳芬文例,脯當是形容詞,故訓為:脯疑為後人增益肉旁作脯,實為「甫」字,甫 fǔ,(古)幫魚,甫,美。一說脯,乾肉。案:下,(古)匣魚;加,(古)見歌:上古音喉音匣見鄰紐,下通加。又下來,連語,降臨。

韻部:渚處湑脯(甫)下,魚部。

〔4〕潨 cóng,眾水交合之處。一說涯岸。于通與,連及之詞;宗,讀崇,尊敬,一說宗,神廟。既,盡;燕于宗,宴于社宗。攸,所;降,降臨。崇通重。

韻部:潨宗宗降,冬部;崇,東部。冬、東通韻。

〔5〕豐 mén，水流峽山之間，兩岸對峙如門處。案：止，燕讀如宴，熏熏、醺醺 xūnxūn，欣欣 xīnxīn，和悅。《箋》訓坐不安，誤。燔，燒熟的肉；炙，烤炙的肉。馨馨 xīnxīn，芳香遠聞。後艱，後患。篇末明旨，揭明詩人的憂患意識。

韻部：豐熏（醺）欣，諄部；馨，耕部。芬艱，諄部。諄、耕通韻。

【評論】

《樗園詩評》：古者，公尸不與祭畢之宴，恐雜之兄弟中以褻也，故特舉繹。……見盛世『重親親，篤祖考』太平景象。《群經質》上，「《鳧鷖》四章，歷言福祿。至末章，但言『無有後艱』，是所謂福祥者，不過太平無事而已，非有豐功偉烈、異瑞奇祥足以焜耀史冊，矜誇奕禩也，守成之君可以鑒矣。」

《會歸》頁 1650「各章皆以三層構體，複疊變化成文，言之不足而唱歎長言，低徊以盡致，遂成此煙波渺茫之文境，可神遇而不可目取也。」

假樂（〔嘉樂〕）

假〔嘉〕！樂君子，	嘉！善良快樂的國王，
顯顯〔㬎憲〕令德〔聞〕，	大德可為眾典範，
宜〔宐〕民〔人民㞈〕宜人，	又能親民安民，又能用人，
受祿于天。〔1〕	受承福祿於上天！
保右〔佑〕命之，	保佑國王承天命，
自天申之，	上天多賜大福祿，
干祿百福，	祈求百福興邦國，
子孫千億〔億〕。〔2〕	子子孫孫千億數。
穆穆〔穆〕皇皇〔煌〕，	莊敬光明受眾敬，
宜〔且宐〕君宜〔且宐〕王。	當然君臨全國享太平，
不愆〔僁慫騫〕不忘〔亡〕，	沒有過失，不忘古訓，
率〔嬜帥〕由〔繇〕舊章。〔3〕	祖宗典章都遵循。
威儀抑抑〔抑秩〕載秩，	威儀慎密誰不敬？
德音秩秩〔抑抑懿懿〕，	聲望美好萬眾羨，
無怨無惡，	無人怨恨無人憎，
率由群〔仇〕匹。〔4〕	舉國群臣都用賢。

受福無疆， 　　　　　　　承受福祿無邊疆，
四方之綱。 　　　　　　　您成萬方之紀綱，
之綱之紀， 　　　　　　　您是紀綱，您是準繩，
燕及朋友。〔5〕 　　　　您把安樂賜群臣。

百辟卿士， 　　　　　　　天下諸侯與卿士，
媚于天子。 　　　　　　　對您國王都擁戴。
不〔匪〕解〔懈〕于位，　　在位從來非懈怠，
〔民〕之攸墍〔懸屍旣憩呬〕。〔6〕　人民能欣欣休息。

案：前儒毛、鄭、孔、朱熹分四章章六句，《集疏》等本文依宋儒《七經小傳》、《續〈讀詩記〉》作六章章四句。

【詩旨】

〔魯說〕《淮南·詮言》爲治之本，務在於安民。……民有道所同道，有法所同守，爲義之不能相固，威之不能相必也，故立君以一民。君執一則治，無常則亂。……故君失一則亂，甚於無君之時，故《詩》曰：『不愆不忘，率由舊章』。此之謂也。」《論衡·藝增》「詩言『子孫千億』，美周宣王之德能愼天地，天地祚之，子孫眾多，至於千億。」王闓運《補箋》：「假，嘉也，嘉禮也。蓋冠詞。成王抗世子法，故有冠禮」。此詩是周成王在宗廟行冠禮時伴鐘鼓之樂的樂歌兼祝嘏詞。《編年史》繫於前 827 年。

〔齊說〕《易林·家人之臨》：「節情省欲，賦斂有度，家給人足，公劉以富」。

〔韓說〕《韓詩外傳》6「孔子曰：可與言終日而不倦者，其惟學乎？……《詩》曰：『不愆不忘，率由舊章』。夫學之謂也。」

〔毛序〕：「《假樂》，嘉成王（《疏》嘉美成王）也。」《詩切》：刺王不勤民也。

【校勘】

〔1〕假樂，《左傳·襄 26》《文 3》作《嘉樂》，假讀如嘉。本字作嘉、憲，《毛》假樂君子，顯顯令德，《三家》《爾雅》《郭有道碑》《左傳·文 3》《孟·離婁》趙注、《中庸》《綏民校尉熊君碑》《正義》《詩異字異義》《詩考》嘉、憲，《毛詩音》：假讀嘉。《中庸》右作佑。右通佑。

〔2〕《唐石經》右，《齊》《禮記》佑。《唐石經》《單疏》干，《單疏》頁 351：「求天之祿」，則必爲干。《平議》以爲「干是千字之誤，」《毛》《箋》

《疏》朱熹《傳》黃李《集解》可證。《齊》《漢書》「郊祀志」率由作牽繇，《漢》《五行志》《祝睦碑》《譙敏碑》帥，同，由繇古通。案：此文人詩，所謂字字有來歷，《書・微子之命》：「率由典常」。億，古字億。

〔3〕《毛》「宜君宜王」，本字當作「且君且王」，證據有五：一、《漢石經》118作「且君且」；二、《箋》訓爲「或爲諸侯，或爲天子」；三、《全後漢文》頁916，東漢趙壹《窮鳥賦》「且君且侯，子子孫孫」仿此；四、《釋文》且君且王，一本且並作宜字。五、《詩經小學》《傳疏》「且君且王」。敦煌唐代後期寫本作「宜宜人人」，《唐石經》穆，避唐穆宗諱。《毛》率，《蔡侯鐘》不愬，《魯》蔡邕《對召問災異之事》同。本字作愬忘《毛》愬忘，《韓詩外傳》作衍又作愬，衍是愬之省借，《魯》《韓》《說苑・建本》懋亡，懋，古字，亡讀忘。《毛》皇，《齊》《明堂詩》煌，讀如煌。

〔4〕《毛》威儀抑抑，德音秩秩，《單疏》抑，抑字之訛，《說文》戴（載），《通雅》袟袟。案：疑爲威儀秩秩，德音抑抑，抑抑，懿懿，秩秩然形容威儀，懿懿然形容德音。《毛》群，《齊》《繁露・楚莊王》《箋》仇，師受不同。群通仇。

〔6〕《唐石經》通志堂本小字本相臺本不解，《魯》《考文》匪懈，P3383《毛詩音》、S6364作匪解，案：不、匪義同，解古字。《毛》塈，《魯》《釋詁》郭注作呬，《玉篇》《郭令公家廟碑》愍，《漢・五行志》暨、《玉篇》屓，《說文》愒，《一切經音義》憩，塈呬古今字。愍愍愛古今字，憩，愒，呬同。

【詮釋】

〔1〕案：假 Xià，假讀如嘉，一訓爲嘉美之嘉，一訓爲嘉冠之嘉，行冠禮表示二十歲成年。嘉，《禮記・冠義》：「冠事所以重禮，重禮所以爲國本也。」……已冠而字之，成人之道也。……故曰：冠者，禮之始也，嘉事之重者也。此詩大約是周宣王於前827年在廟行冠禮時的樂歌。《毛詩小序》《補箋》則以爲美周成王。樂 yuè。案：憲顯雙聲疊韻通借，《史墻盤》：「憲聖成王。」顯顯 xiǎn xiǎn，《魯》《釋訓》：憲憲（顯）xiàn xiàn，聖明，製法則（可爲表章、典範）。令，美好。民人，能領導民眾。受，承受。宜民，爲宜安民；朱熹：人，在位者。宜人，能任人用官，《皋陶謨》「知人則哲，能官人，安民作惠，黎民懷之」。

韻部：子德，之部；案：聞，諄部；人天，眞部。諄、眞通韻。

〔2〕案：以下嘏詞。右，佑；保佑，連語；命，天授命；之，王。自，

從；申，重（重複）。干，求，求祿，求百福，求子孫千億。《箋》億，十萬。此處用誇飾手法。《論衡》8：藝增。

韻部：之之福億，之部。

〔3〕案：穆穆然，莊嚴肅靜貌；皇，煌，煌煌，光明正大貌。且君，宜爲國君；且王，宜爲國王。寒遹與愆古今字，俗作愆，愆 qiān，過；忘通亡，失，沒有過失，沒有亡失；率帥，率由，連語，遵循；舊 jiù，通久，《無逸》：「時舊勞於外」，《抑》：「告爾舊止，久經考驗的典章祖訓。

韻部：皇（煌）王忘（亡）章，陽部。

〔4〕案：威儀，禮儀容止，秩秩 zhìzhì，很有次序、風度。德音，名望；抑抑、懿懿 yìyì，愼密，美好貌。怨惡，連語。案：群 qún 仇 qiú 雙聲通借，仇匹，連語，輔弼人材。《箋》：「循用群臣之賢者，其行能匹耦之心。」朱熹：「無私怨惡以任眾賢。」

韻部：秩匹，質部，（懿）抑，職部。質、職通韻。

〔5〕綱，大綱，領袖。之，此；綱紀，統領。即《成王冠頌》「六合之式」，式，範式榜樣。燕通宴；朋友，來賓，臣子。

韻部：疆綱，陽部：紀友，之部。

〔6〕百辟，諸侯們；卿士，司馬、司空、司徒以外的高級官員。墍呬 xì，休息。媚，愛，愛戴，擁戴。不通匪，非；解讀懈 xiè；位，職守。絕不懈怠於職守，這可能是詩人寓規於頌。墍通愾，《詩切》墍（當是愾愛古今字），曹居貞：「寓規戒之意。」

韻部：紀友，之部；位墍 xì，微部，（呬，脂部；息，職部）。

【評論】

呂祖謙：「君燕其臣，臣媚其君，此上下交而爲泰之時也。泰之時，所憂者怠荒而已，此詩所以終於『不解於位，民之所墍』也。方嘉之，又規之者，蓋皋陶《賡歌》（詳《虞夏書·益稷》）之意也。民之勞逸在下，而樞機在上。上逸則下勞矣，上勞則下逸矣。『不解於位』，乃民之所由休息也。」種惺《詩經》：「自始至終，一片黼扆（fǔyǐ，代指國王）箴。」《原始》14：「唯體兼《小雅》，在《文王》《生民》諸詩中實爲變體，故又另爲一格也。」「一詩大旨全在首章，以下第承言之。〔四章〕至末，始寓規意。」案：詩人以渾穆溫厚而愉悅的語言，寫太平氣象與中興之主。一章寫宜民宜人，二章寫敬天，三章寫且君且王，無愆；四章寫仇匹（尊賢）；五章寫綱紀（統領），六章寫親民

勤民，無懈職守。實際上詩人用簡奧的詩歌語言寫周代成、康之治的基因，寫周成王成就功業的三方面原因：一「憲憲令德，宜民宜人；」二：「不愆不亡，率由舊章；」三，既有「之綱之紀，燕及朋友（同志）；」「百辟卿士，媚於天子；」又有國王與百官「不懈於位，民之所愛。」末二句是詩眼。

公　劉

篤〔蔦竺畜〕公劉！	忠厚的公劉，
匪居匪康。	當初部落非安非康，
迺〔乃〕場〔場〕迺〔乃〕疆，〔彊〕	於是遷徙到豳，開拓新疆域，
迺〔乃〕積迺〔乃〕倉，	於是積儲穀糧，
迺〔乃〕裹餱〔餱〕糧〔糧〕，	於是包裹乾糧，
于橐于囊。	裝在袋中，裝在囊中，
思輯〔戢〕用光。	聚合部落加以推廣。
弓矢斯張，	武裝護衛，勁弓全張，
干戈戚揚，	干盾、長矛、斧、鉞，
「爰方啓行。」〔1〕	「於是啓程赴豳拓疆。」
篤〔蔦竺畜〕公劉！	忠厚的公劉！
于胥斯原〔原〕，	去考察這廣平肥美的原野，
既庶既繁〔蕃〕，	已經富庶，又能蕃衍，
既順〔愼〕迺〔乃〕宣，	既巡察，又宣揚，
而〔如〕無永歎〔嘆〕，	如無人嗟歎怨望，
陟則在巘〔甗〕，	登上那山絕高險峻之頂，
復降在原。	又降下來到這廣大的原。
「何以舟〔匊周〕之？」	「部落長用什麼佩帶？」
「維玉及瑤，	「有美玉，有瑤，
鞞琫〔鞞〕容刀。」〔2〕	刀鞘鑲玉裝飾大佩刀。」
篤〔蔦竺畜〕公劉！	忠厚的公劉，
逝彼百泉，	去考察泉源百泉，
瞻彼溥〔敷〕原，	巡查廣袤的平原，
迺陟南岡，	於是登上南山之岡，
乃覯〔覯〕觀于京。	發現可做國都的寶地，
京師之野，	京都之野如此寬廣，
于時〔是〕處處，	於此定居建房，

于時〔是〕廬旅，　　　　　　　　於此寄居有房，
于時〔是時〕言言，　　　　　　　於此談笑風生，
于時〔是時〕語語。〔3〕　　　　　於此辯論，又寬舒又鬧忙。
篤〔蔫竺畜〕公劉！　　　　　　　忠厚的公劉！
于京斯依〔扆〕。　　　　　　　　京師昌興。
蹌蹌濟濟，　　　　　　　　　　　群臣輔佐，文質彬彬，
俾筵俾几，　　　　　　　　　　　安排好筵席几案，
既登乃〔迺〕依〔扆〕，　　　　　眾臣登筵依幾坐定。
乃〔迺〕造〔告〕其曹〔禮槽〕：　　於是告知群臣：
「執豕于牢，　　　　　　　　　　「到豬圈捉豬殺肉，
酌之用匏。　　　　　　　　　　　用瓢酌酒歡慶！
食之飲之，　　　　　　　　　　　給他們吃，給他們喝，
君之崇〔宗〕之。」〔4〕　　　　　一一尊重他們！」
篤〔蔫竺畜〕公劉！　　　　　　　忠厚的公劉！
既溥既長，　　　　　　　　　　　既廣又長，
既景迺〔既〕岡，　　　　　　　　既大又高，
相其陰〔陰〕陽，　　　　　　　　勘探陰陽風水，
觀其流泉，　　　　　　　　　　　考察流泉流向，
其軍〔軍其〕三單〔墠展〕，　　　軍隊多次輪番護衛，
度其隰原〔原〕　　　　　　　　　測量濕地平原，
徹田爲糧，　　　　　　　　　　　通管治理諸田地種好糧，
度其夕陽，　　　　　　　　　　　測量陽光所照的地方，
豳〔豳邠〕居允荒〔宄〕。〔5〕　　豳都實在寬廣！
篤〔蔫竺〕公劉！　　　　　　　　忠厚的公劉！
于豳〔邠〕斯館〔觀〕。　　　　　在豳都！
涉渭爲亂〔䜌〕，　　　　　　　　〔想當初〕乘舟橫渡過渭河，
取厲〔礪〕取鍛〔碫〕，　　　　　取來礪石碫石，
止基迺〔乃〕理，　　　　　　　　此基於是治理了，
爰眾爰有。　　　　　　　　　　　於是京民眾多又富庶。
夾其皇澗，　　　　　　　　　　　沿著那支唐川，
溯〔遡〕其過澗，　　　　　　　　迎著那梁渠川，
止旅乃〔迺迺〕密〔宓〕，　　　　沿河密集群居，眾人於是安居樂業，
芮〔汭〕鞫〔院坅沈〕之即。〔6〕　汭水灣畔多群居！

【詩旨】

〔魯說〕《史·周本紀》「公劉（約前 1580～前 1548）雖在戎、狄之間，復修后稷之業，務耕種，行地宜，自漆、沮渡渭取材用，行者有資，居者有蓄積，民賴其慶，百姓懷之，多徙而保歸焉。周道之興自此始。故詩人歌樂思其德。」《毛詩講義》12「《公劉》以下三詩，皆召康公所以成成王也」周部落長不窋失官，公劉能恢復后稷農業立國，周部落詩歌頌公劉之歌。

〔齊說〕《易林·家人之臨》：「節情省欲，賦斂有度，家給人足，公劉以富。」

《毛序》：「《公劉》，召康公（周成王年幼，周公、召康公為佐佑輔弼大臣。）戒成王也。成王將涖政，戒以民事，美公劉之厚於民，而獻是詩也。」《編年史》繫於前 1035 年春。

【校勘】

〔1〕《唐石經》輯，《孟》戢，戢通輯。竺，《阜陽漢簡》畜，《文史》2012.2 廖名春《詩·大雅·公劉》篇七考，中華書局，頁 120。廖文：竺、篤、畜同為覺部，「公劉啊，善於畜養。」本文從《漢石經·校記》作篤。竺通篤。《釋文》《單疏》小字本相臺本場，《唐石經》十行本誤作場，《唐石經》迺，《白帖》《離騷注》《晉紀總論》李注引作乃，迺古字，下同。《魯》《離騷》注引《說文》《毛》餱糧，《釋文》餱糧字或作餱糧，《毛》輯，《魯》《孟·梁惠王》《釋詁》戢，聚。輯，和。

〔2〕《毛》蘩于，《漢石經》蕃既順，《周書·洪範》：「庶草蕃廡。」蘩讀蕃。《毛》原，《漢石經》原，同。《毛》順而，S6346 愼如，愼讀順，而讀如。《毛》歎，《唐石經》嘆，《考文》《正義》作歎，《釋文》歎，或作嘆。案：由《傳》及文義推知當作歎喟之歎，應從《唐石經》作嘆。本字作巘，《慧琳音義》：《釋名》山孤絕處，古今正字義同，從山巘聲（《續修》197-4821）《考文》《玉篇》《晚出射堂詩》注。《單疏》巘《釋文》甗，本又作巘。甗通巘。《毛》舟，古匊字，《毛詩音》舟，《說文》段氏《定本》舟通匊。舟匊通周。《釋文》瑲字又作鎗。

〔3〕《單疏》乃、時，《白文》迺，下同，S6346 旹，俗字，《毛詩音》於時，時即是，下同。《毛》廬。案：廬 lú，旅 lǔ，雙聲疊韻通借。《毛》溥，《克鐘克鼎》陳，同。

〔4〕《毛》依，《釋文》依《箋》鄭或作扆，扆古通作依。《毛》造，904年抄《玉篇》《三家》《眾經音義》9、46 作乃告其曹，《玉篇》、《廣韻》禂。《三

家》《說文》，《五經文字》𤰝，古字。案：依據文例，「既登乃依，乃造其曹」，其曹則是代替前四句，《三家》作告，告知的賓語是曹，因此，造通告，曹如字。《玄應音義》14 乃造其曹。《傳》：曹，群義。（《續修》198/162）《通釋》：「據下云，『執豕於牢』，知詩『乃造其曹』謂將用豕而先告祭於豕先即以告通祰，曹通禮。《類聚》引《說文》「祭豕先曰禮，據下云執豕於牢。」《定聲》造通告。《毛》食，讀如飼。《毛》宗，讀如尊。

〔5〕《毛》景，《毛詩音》「景，俗作影。」景影古今字。《毛》陰，《唐石經》陰，同。《毛》單，《毛》其軍三單。劉毓慶《詩經圖注》引戚桂宴教授：疑本作「軍其三單」。劉毓慶教授：軍，均，均其三墠，三墠指前、左、右，不包括後。案：桂先生句式分析誠為卓見。《玄應音義》18 引《字林》：軍，圍。三，多數詞。單通殫，盡，即《箋》：「單者，無羨卒也。」至於單為何解？又《毛詩音》：「單，古音如展」，單讀如展 zhàn，《集韻·線韻》：單 zhàn，輕發貌，即當時武裝護衛屯墾事業，輕裝出發。《毛》原，《漢石經》原，通作原。《毛》《玉篇》𨻻，《唐石經》《單疏》𨻻，同。《詩考》引《魯》《白虎通義·京師》邠。案：𨻻古字，唐玄宗時改為邠。《毛》荒，《說文》《毛詩音》宍，荒通宍。

〔6〕《毛》館，《釋文》館，本一作觀。《詩考》引《白虎通》觀，館觀古通。《毛》亂，《說文》𤔔，古字。《毛》密，《說文》宓，密通宓，詳段氏《詩經小學》。《毛》乃旅，《唐石經》酒旅。《說文》904 年抄《玉篇》引《毛》厲碬，《唐石經》厲鍛，《春秋》《考文》《釋文》礪碬，作礪是《說文新附》字《唐石經》芮鞫，當從《魯》《齊》《說文》《周禮·職方氏》鄭注引《字林》《廣雅》《考文》作汭坑，《漢·地理志》顏注引《韓》芮阬，毛本監本作泜。《說文》鞠、鞫，《廣雅》阬，《玉篇》泜，案：芮通汭，鞠鞫鞫通阬，坑泜同阬。

【詮釋】

〔1〕案：這是關於先周文化、稷第四代孫公劉遷𨻻、慶節興建𨻻國的史詩。不窋墓在今甘肅省慶陽市慶城縣東南三里（《慶陽府志》），其孫公劉在夏桀由邰遷𨻻，今陝西省旬邑縣彬縣、長武縣，沮水涇水流域。《吳越春秋》5，「公劉避夏桀於戎、狄，變易風俗，民化其政」。篤 dǔ，忠厚；公，號；劉，名。匪，彼；居，安居；匪，非；康，安寧。「匪居匪康」，詩眼。約前 1640 ～前 1600 年，夏桀攻有緡氏，寵妹喜，築傾宮、瑤臺，大斂民財，不問政事，

公劉迫於夏桀與戎狄的武力，離邰遷豳。廖名春：迺場 yì 迺疆當讀爲迺易其疆。易，改變更換，迺，其；疆，疆域。積讀責，打開倉庫，準備好乾糧炒米，收拾好大袋小倉，向豳地進發。詳《文史》2012.2。裹，包裹；餱餱 hóu，乾糧。於，於；橐 tuó，無底大口袋；囊 náng，有底小口袋。思，語詞；輯，輯輯，和諧；用，以；光，廣，推廣。實行武裝護衛，弓持滿，箭上弦；斯，語詞；張，弓引滿待發。干，楯牌；戈，橫刃長柄；戚，鏚 qī，長柄斧；揚 yáng，鉞 yuè，長柄大斧，也有玉石製品，象徵王權。爰 yuán，於是。方，始；啓行，啓程。

韻部：康疆倉糧囊光張揚行，陽部。

〔2〕于，往；胥，考察；原，周原，以今陝西省彬縣爲中心，甘肅慶陽、寧縣、平涼、靈臺、慶陽，寧夏固原、陝西省彬縣、旬邑、長武等地，公劉墓在今彬縣以東土陵村南。斯鮮雙聲正轉。實現游牧業社會向農業社會的進步。既，已經；庶繁，連語，物產富庶，土質肥沃，人口蕃衍眾多。順，巡視；宣，宣示，教育。案：而，但是；無，不；永歎，詠歎，怨歎，言雖農墾苦卻無怨言。陟 zhì，登上；巘 yǎn，山頂，山孤絕高險處。何以，以何；舟匊同音通借，舟匊 zhōu 通周，佩帶；維，惟；玉，寶玉；瑤，似玉的美石。鞞 ping 俗作鞸，刀鞘之飾；琫 běng，刀鞘上端有玉飾。容刀，庸刀，作裝飾用的大佩刀。案：這是詩人以獨照之匠寫好細節，周部落第四代部落長的佩飾，孫月峰：「於相地之時，卻敘述佩劍之麗，似涉無緊要，然風致正在此。」姚際恒：「後五句描摹極有致態。亦復精彩。」

韻部：原繁（蕃）宣嘆（歎）巘（甗）原，元部。舟（匊），幽部；瑤刀，宵部。幽、宵合韻。

〔3〕逝，往；百泉，泉水多，一說地名，在今寧夏固原縣東南。溥 pǔ，廣大。京，豳國之京都。一訓高丘。一訓大地。時，此，下同；處處，重言摹狀字，密密居住。案：廬旅，上古音同爲魚部來母，猶廬廬，寄寓田中舍。言言，談笑風生。語語，論難，可以慷慨直言。可以辯論，極寫豳國和睦景象。

韻部：泉原，元部；岡京，陽部；野處旅（廬）語，魚部。

〔4〕案：寫宗廟始成典禮，寫公劉備受臣民擁戴。斯，語詞；依辰 yǐ，依，殷殷，殷富興旺。蹌蹌 qiāng 濟濟 qíqí，士大夫有修養，有禮節義。俾，

安排；筵席几案。登，與宴；依，依幾，老人依幾與宴。乃，於是；造，至，一說，造，告；《說文》祰，告祭；鼛曹古今字，《傳》、《箋》、《正義》：曹，群，群臣群公群酋長。《通釋》：曹通褿 cáo，祭豬神。執豕於牢，從豬圈捉豬殺肉，酌之用瓠，用瓢酌酒敬眾人。食之飲之，食音飤 sì，給他們吃、飲。君宗，連語，君讀如尊，宗讀為崇，《說文》君，尊也。《舜典》「禋於六宗」，宗讀崇。案：公劉被擁戴為豳國聯合酋長國的大酋長。公劉指示主辦方對參加燕饗的所有人尊敬。

　　韻部：依，微部；濟幾脂部；依，微部。脂、微合韻。曹牢匏，幽部；飲，侵部；宗（讀如尊），諄部。侵、諄通韻。

　　〔5〕溥 pū，廣大。景影 ying，用日影測量。陰陽學說是中國古代一大發明。《易經·繫辭》：「一陰一陽之為道。」相，勘查，陰陽，陰陽風水。案：其軍三單軍其三單，單當讀如軍，《荀·議兵》「故仁人上下，百將一心，三軍同力」；又三單，三，多次，單 zhàn，輕快出發，《集韻·線韻》：單，輕發之貌。其實公劉處於夏少康強大軍事勢力的逼迫，又逃出戎狄的包圍，軍事護衛農墾，多次戰事自然不免。《新證》：三戰，屢戰。《箋》《後箋》：三單，三軍。一說：單，幝，族旗（丁山，1956：61-63）。度 duó，測量；隰 xí，濕地；原，平原。徹 chè，《說文》：徹通治，統一規劃、開墾、治理。朱熹：徹（彻），通。案：《箋》訓徹為「用什一而稅謂之徹」，誤，周朝才行什一稅。公劉時是原始公社制。徹，整治、遍治、通治。為糧，繳納田賦。度其夕陽，又在山的西側丈量。居 jū，新邑，或讀如其，語詞；允，確實。案：軍，圍；三讀如叄，古籍多有此例，如《荀·議兵》：「楚分而為三四」，《史記》引作叄。分三番輪流墾荒，單展疊韻通借，《毛詩音》單古義如展，則單讀如展。武裝護衛，又單通殫，盡，盡力參加屯墾。都參加圍墾屯墾，反映周部落上下對農墾、對農業高度重視。豳國都城在今陝西省旬邑縣西。荒通巟 huāng，《毛詩音》荒即巟，廣大。公叔、祖類、亶父等十世於此。

　　韻部：長岡陽糧陽荒（巟），陽部；單，寒部。原，元部。寒、元通韻。

　　〔6〕于，在；豳 bīn，在今陝西省旬邑縣西南，豳國，《傳疏》：慶陽舊稱北豳，寧州亦稱豳寧；斯，語詞。館通觀，壯觀。案：亂鬲，luàn，乘舟橫渡。這是夏代語匯，《禹貢》：「入於渭，亂於河」。《魯》《釋水》：止絕流（絕河而渡）曰亂。厲礪 lì 古今字，粗磨刀石；鍛讀碬 duàn，碬石，石砧。周商科學文化技術相互融攝，先周青銅業發達，考古發現多。止通茲；基，基礎；

理，治理。爰，於是；眾有，富有。夾 jiā，依傍；皇澗，在今甘肅省正寧西南、陝西省旬邑縣西北，宋・文與可《丹淵集》：皇澗，三水縣北支唐川；過澗，三水縣西北的梁渠川。止，茲；旅，眾，眾人；乃，即；《釋文》；密，宓。密 mì，密通宓，宓 mì，民居稠密，密集而安靜。芮通汭 ruì。鞫通阢坭 jú，水涯外。水內曲為汭，水外曲為沉。案：涇汭流域是豳國重要的農業區域。即 jí；交 jiāo，齒頭音精、舌頭音見準鄰紐，即通交，交匯處。胡渭：涇水東流至邠為長武縣，汭水自平涼府麟臺縣界流經縣南，而東注於涇，公劉所居故豳城正在二水相會內曲之處也。

韻部：館（觀）亂（𤳊）碬（鍛），元部；理有，之部；澗澗，元部；密即，質部。

【評論】

《讀詩記》：「風氣日開，民編日眾，規模日廣，有方興未艾之象焉。周之王業既兆於此矣。」《詩志》6「一篇樸厚文字，中間地脈形勝，田界水道，朝儀燕禮，兵制稅法，一一經緯如畫，寫來無不堅緻生動。」《詩誦》4，「此篇除『篤公劉』句，惟『于時言言』不入韻耳。唯用韻參差變化，每章不同，令人目眩。《篤公劉》詩為一朝大經。大法所出，與《緜》詩相同。珮玉垂紳，喬皇典貴，有經天緯地氣象。燕許大手筆不足言也。『思輯用光』句，乃一篇之主。」案：考古發現涇水一帶多先周文化遺址，公劉至古公亶父十世於豳國開發，此詩當是亞圉至古公亶父對周人傳唱的公劉頌歌，大約傳唱時有潤飾，累積而成，是先周文化中的優秀史詩之一，此詩具有故事性，又有細節描寫「何以舟之？維玉及瑤，鞞琫容刀，」有場面描繪如第三、四、五章，又有景色描摹，如六章極寫沿河沿澗的稠密民居，又擅長於寫公劉作為民眾擁戴的周人領袖他善於武裝護衛軍墾，寓兵於農，他善於運用地理資源，他用科學規劃，懂得用日影測量，他深得民心部署，融融泄泄，故能「君之宗之」。

泂酌〔汋〕

| 泂〔冂冋迵絅〕酌〔勺汋〕彼行潦，挹彼注茲，
可以餴〔饙〕饎，
豈弟〔幾凱愷俤悌〕君子，
民〔民𡱳〕之父母。〔1〕 | 遠從那行潦汋水，從那汲引來，灌這裡，
以蒸飯做酒食，
和易快樂的國王，
他是老百姓的父母。 |

泂〔冂冋迵絅〕酌〔勺汋〕彼行潦，挹
彼注茲，

可以濯罍。

豈弟〔凱愷悌〕君子，

民〔民㞋〕之攸歸。〔2〕

遠從那行潦酌水，從那舀來灌這
裡，

可以洗滌酒罍，

和易快樂的國王，

老百姓一向您歸依。

泂〔迵絅〕酌〔勺汋〕彼行潦，挹彼注
茲，

可以濯溉〔槩〕。

豈弟〔愷凱悌〕君子，

民〔民㞋〕之所塈〔呬愾〕。〔3〕

遠從那行潦酌水，從那舀來灌這
裡，

可以洗滌漆尊，痛飲暢快。

和易快樂的國王，

老百姓對您有愛心，無不擁戴。

【詩旨】

〔魯說〕《全漢文》頁 420 揚雄《博士箴》：「公劉挹行潦，而濁亂斯清，
官操其業，士執其經。」《新書‧君道》「《詩》曰：『愷悌君子，民之父母。』
言聖王之德也。」歌頌英主公劉能推行引水灌溉，故人民歸附，眾人愛戴，
故有讚頌。繫於前 1036 年。

〔齊說〕《鹽鐵論‧和親》：「故政有不從之教，而世無不可化之民。《詩》
云：『酌彼行潦，挹彼注茲。』故公劉處戎狄，戎狄化之。太王去豳，豳民隨
之。周公修德，而越裳氏來。其從善如影響。為政務以德親近，何優於彼之
不改？」

《毛序》：「《泂酌》，召康公戒成王也。言皇天親有德、饗 xiǎng 有道也。」

【校勘】

案：斷句依晉‧摯虞《文章流別論》。案：古作冂冋，泂絅迵冂冋同，
通作迵。

〔1〕《毛》泂，《爾雅郭璞注》引作迵，泂迵音義同。《毛》泂酌，《孟
鼎》冂。《師孟父鼎》冋。《師酉簋》冋。《荀‧禮論》《左傳‧宣 13》《釋文》
泂汋，勺酌汋同。《三家》《釋詁上》《說文》班彪《北征賦》迵。《說文》絅，
「絅，急引也」，結合上下文與當時引水灌溉，作絅是。《唐石經》餴饎，《說
文》餴，又作饙，《釋文》餴，又作饙，《魯》《釋言》《字書》《五經文字》904
年抄《玉篇》引《毛》《單疏》饙，同。本字作糦，《單疏》饎，郭舍人《爾
雅注》作喜，古文作糦，《齊》《饎人》郭注作饎，異體。本字作愷悌，《毛》
豈弟，《魯》《管‧輕重丁》《孔子家語》《荀‧禮論》《賈‧君道》、《呂覽‧不

屈》、古本《孝經》、足利本《韓詩外傳》6 愷悌，《說苑‧政理》凱悌，《孔子閒居》凱弟，《漢‧刑法志》愷弟，滬博楚簡《曹沫之戰》簡 22 幾俤，字異音義同。

〔2〕罍 léi，古代用青銅或陶製的盛酒或盛水或盛漿的容器，小口，深腹，廣肩，圈足，有蓋有鼻。君子，國王。所歸，心所歸附。

韻部：茲〔茲〕，之部。罍歸，微部。之、微通韻。

〔3〕案：本字作概，《周禮‧大宗伯》《毛》溉，《定本》摡，《魯》《史‧范睢傳》《集解》《說文》《周禮》鄭注、《群經正字》：概，《釋文》溉，本或作概。《述聞》7 考訂爲概，《長笛賦》注引《毛》曰：溉，……本或作概，音義同。溉、摡通概。《兩漢全書》《箋》作塈，《說文》無塈，《釋詁》愍呬《說文》《方言》呬，《說文》愒又作𢝊，《蒼頡》作𢝊，《漢‧五行志》作曁，《詩切》𢝊，塈是𢝊之誤，𢝊愛古今字。曁塈通呬。愍是愒的俗體。

【詮釋】

〔1〕冂同泂迥絅 jiōng〈古〉見耕絅引，汲 jí 引，勺酌汋共勺，導引，遠距離汲引灌溉。行潦，大雨後道旁積水。挹 yì，舀取，汲取。可，能；以，用；饙（饋），米蒸初熟，再淋水沃之，蒸熟。饙（饋）fēn，半蒸飯；饎 chì，酒食。豈弟，愷悌，和易快樂。《魯》《白虎通義》2「或稱君子者何？道德之稱也。君之爲言群也。……故《詩》云：『愷悌君子，民之父母。』《論語》曰：『君子哉若人。』所謂弟子，弟子者民也。」案：把國王視爲民之父母，誠封建意識。此處詩人則取其親民。《詩童子問》：「民之所好好之。民之所惡惡之。」

韻部：茲饎子母，之部。

〔2〕濯 zhuò，洗滌。罍，祭器，儲酒器。攸，所；歸，歸附。

韻部：茲子，之部；罍歸，微部。

〔3〕溉摡通概，概 gài，有紅帶的黑漆飾酒尊。塈曁通呬，呬，息。《詩切》：塈是𢝊字之誤，𢝊，古愛字。

韻部：茲子，之部；溉（概）塈，微部。

【評論】

前 369～前 335 年，魏惠王時，惠子云：「《詩》曰：『愷悌君子，民之父母。』愷者，大也；悌者，長也。君子之德，長且大者，則爲民父母。」（《呂覽‧不屈》）晉‧摯虞《文章流別論》：「古詩之九言者《泂酌》『泂酌彼行

潦挹彼注茲』之屬是也。」《正義》：「尊者莫過上天，猶以道德降靈親饗，是王不可以無德，故戒王使修行之。」《詩切》：「諫王勿棄寒賤之士也。」《原始》14：「此等詩總是欲在上之人，當以父母斯民爲心。蓋必在上者有慈祥豈弟之念，而後在下者有親附來歸之誠。」「唯其體近乎《風》，匪獨不類《大雅》，且並不似《小雅》之發揚蹈厲、剴切直陳者，則又不知其何故耳。」

卷　阿

有卷者阿，	逶迤的鳳凰山，
飄〔票〕風自南。	回風南方吹過來，
豈弟〔愷悌〕君子！	和易快樂的周成王！
來游〔是遊〕來〔是〕歌，	來此遨遊，來此放歌，
以矢〔戻〕其音。〔1〕	所陳歌聲愉人心腸！
伴〔泮〕奐爾游矣，	國王從容優遊，
優游〔柔〕爾休矣，	優和溫厚美善的天性，
豈弟〔愷悌〕君子，	和易快樂的國王！
俾爾彌〔彌〕爾性〔生〕，	您完全本著良知天性，
似〔以嗣〕先公〔爾〕酋〔遒〕矣。〔2〕	繼承發揚先祖的功勳啊！
爾土宇昄〔版〕章，	您的邦國版圖廣大光明，
亦孔之厚矣。	也很肥腴，
豈弟〔愷悌〕君子！	和易快樂的國王！
俾爾彌〔彌〕爾性〔生〕，	您完全本著天性良知，
百神爾主矣。〔3〕	祭祀諸神是您主祭啊！
爾受命長矣，	您承受天命久長啊，
茀〔芾袚〕祿爾康矣，	福祿，而且安康啊，
豈弟〔愷悌〕君子！	和易快樂的國王！
俾爾彌〔彌〕爾性〔生〕，	您完全本著天性良知，
純〔紃〕嘏爾常矣。〔4〕	大福必定永長啊！
有馮〔憑〕有翼，	您有依憑，有輔佐，
有孝有德，	又孝順，又有大德行，
以引以翼。	敬重賢良，導其前，翼助其人，
豈弟〔愷悌〕君子，	和易快樂的國王！
四方爲則。〔5〕	您是普天下的榜樣。

顒顒〔顬〕卬卬〔昂〕，　　　您溫潤嚴正，您志氣軒昂，
如圭〔珪〕如璋，　　　　　　美德如同珪璋一樣，
令聞〔問〕令望。　　　　　　一直保持美好的聲望，
豈弟〔愷悌〕君子，　　　　　和易快樂的國王！
四方爲綱。〔6〕　　　　　　您是全神州的總綱。

鳳皇〔凰〕于飛，　　　　　　鳳凰飛來，鳴於岐山，
翽翽〔翽翽噦〕其羽，　　　鳳羽扇動嗶嗶作響，
亦集爰止。　　　　　　　　　休憩在喬木之上。
藹藹王多吉士，　　　　　　　國王賢才既多又盡力量，
維〔惟〕君子使，　　　　　諸侯們服從您的命令，
媚〔娟〕于天子。〔7〕　　　人人擁戴著國王。

鳳皇〔凰〕于飛，　　　　　　鳳凰飛來，眾鳥相隨，
翽翽〔噦翽〕其羽，　　　　眾羽扇動響嗃嗃，
亦傅〔附〕于天。　　　　　　也歸附於王庭。
藹藹王多吉人，　　　　　　　國王賢才既多又盡力，
維〔惟〕君子命，　　　　　諸侯們聽從國王的調遣，
媚〔娟〕于庶人。〔8〕　　　他們親民愛民厚民。

鳳皇〔凰〕鳴矣〔梧桐生矣〕，　鳳凰鳴唱梧桐挺立，
于彼高岡。　　　　　　　　　在那高高的山岡之上，
梧桐生矣〔鳳凰鳴矣〕，　　　鳳凰鳴唱，
于彼朝陽。　　　　　　　　　向著那噴薄而出的朝陽。
菶菶萋萋，　　　　　　　　　梧桐蓬蓬勃勃，
雝雝〔雍噰〕喈喈。〔9〕　　　鳳凰鳴聲宛轉悠揚。

君子之車，　　　　　　　　　國王的車，
既庶且多。　　　　　　　　　既眾多又華麗。
君子之馬，　　　　　　　　　國王的馬，
既閑且馳。　　　　　　　　　既嫻習又善馳。
矢詩不多，　　　　　　　　　獻詩多，
維以遂歌。〔10〕　　　　　　樂師爲之絃歌。

【詩旨】

案：前 1036 年，周成王游于卷阿（在今陝西岐山縣西北鳳凰山南麓，召康公從遊，（《竹書紀年》《詩譜》），賦此詩，作爲老成持重的元老，顧命大臣

召康公在歌頌成王的同時，戒以德如珪璋，廣用起士（賢臣），本于天性良知，愛護平民。由五、七、八三章可見全詩是頌美周成王能任用群賢的頌歌。

〔魯說〕漢・徐幹《中論・修本》：「《詩》云：『顒顒卬卬，如珪如璋，令聞令望。愷悌君子，四方為綱。』舉珪璋以喻其德，貴不變也。」

〔齊說〕《易林・觀之謙》：「高岡鳳凰，朝陽梧桐，嗹嗹喈喈，萋萋菶菶。陳辭不多，以告孔嘉。」召康公姬虎避暑卷阿之作。《易林・大過之需》：「大樹之子，百條共母。當夏六日，枝葉盛茂。鸑皇以庇，召伯避暑，翩翩偃仰，甚得其所。」

《觀之謙》：「高岡鳳凰朝陽梧桐，嗹嗹喈喈，萋萋菶菶。陳辭不多，以告孔嘉。」

〔韓說〕《韓詩外傳》6「《詩》曰：『來遊來歌。』以陳盛德之和而無為也。」

《毛序》：「《卷阿》，召康公戒成王也。言求賢用起士也。」王先謙《集疏》認為毛說誣。朱熹《詩集傳》：「〔召康公〕從成王遊歌於卷阿之上，因王之歌而作此以為戒。」《詩切》「和穆王之歌而刺造父也。」

【校勘】

〔1〕《毛》飄，本作票，《釋文》票，本亦作飄。《毛》《箋》《疏》豈弟，《魯》《列女傳・齊義母傳》《韓詩外傳》8作愷悌，豈弟、愷悌古今字。《毛》來、來，《韓詩外傳》6是、是，來讀如是。《毛》游，《列女傳》6遊，游通遊。

〔2〕《單疏》伴奐，當讀為泮奐，《箋》《毛》《唐石經》伴奐，《韓》畔援，《漢・敘傳》畔換，《玉篇》伴換，《魏都賦》叛換，《論語》鄭注畔唅，疊韻詞。《毛》優遊，《漢石經・校記》《韓》《齊》《後漢・朱浮傳》注引謂優柔。《唐石經》彌，《三家》《說文》镾同。下同。案：本字作嗣、遒，《唐石經》初刻作以，「似先公酋矣」，似通嗣，《魯》《箋》《釋詁》郭璞注朱彝尊《經義考》《詩考》：「『嗣先公爾酋矣。』《魯》《釋詁》《正義》《單疏》遒。酋是遒字之省，酋通遒。愚以為當從《魯詩》，郭璞是晉代傑出的訓詁大家，晉時四家詩俱在，《魯詩》用本字。《經義考》：「『嗣先爾公酋矣，』今作『似先公酋矣』」。《魯》《列女傳》《毛》矢，《廣雅》《釋文》戾shǐ。

〔3〕《毛》昄，朱熹：或作版。

〔4〕本字作袚，《魯》《釋詁》郭璞注作祓，《漢石經・校記》芾，《毛》芾，《方言》福祿謂之袚，芾芾袚通福。徐邈：「鄭音廢，福也。」《箋》《疏》

福，茀通祓。《毛》純，《唐石經》紃，避唐敬宗諱。《毛》性，《蔡姞彝》生，生性古今字。

〔５〕本字作憑，《單疏》馮，馮讀如憑，《釋文》馮，本亦作憑。

〔６〕本字作顒，《魯》《中論·修本》《釋訓》《韓詩章句》《唐石經》《單疏》顒，《毛》顋顋印印，避清仁宗諱，《與鍾大理書》《玄應音義》4《述成記》注引《毛》作「顒顒昂昂，如珪如璋」印昂古今字。《衡方碑》昂。印仰古今字。《毛》《唐石經》圭，《魯》《荀·正名》《中論·修本》何《校》珪，圭古字。《毛》聞，《魯》《荀·正名》《釋文》問，問聞古通。

〔７〕《單疏》《類聚》90《唐石經》小字本、相臺本皇，閩本、明監本《毛》作凰俗字。《毛》《說文》翽，《魯》《釋訓》《說苑·奉使》《玉篇》《東京賦》注引作噦，《唐石經》翽，重言擬聲詞。《毛》維，《韓詩外傳》6 惟，維讀如惟。《思玄賦》媔，隸省爲媚。下同。

〔８〕《毛》傅，《毛詩音》傅即附《傅疏》「傅」讀與「附」。

〔９〕《毛》莘莘、雝雝喈喈，《魯》《釋訓》嘽，《說苑·辨物》夆夆妻妻，雝雝喈喈，《魯》《釋訓》《易林·觀之謙》《唐石經》雝，音義同。按寫作常用技法，則當從《魯傳》《論衡·講瑞》引作「梧桐生矣，於彼南岡。鳳皇鳴矣，于彼朝陽。」《魯詩》於義爲長。然而，《呂覽·開春》高注引同《毛》，馬國翰《目耕帖》與陳奇猷《呂氏春秋新校釋》以爲高注「亦《韓》詩義」，又檢《齊》《易林·觀之謙》「高岡鳳凰，朝陽梧桐」與《魯》《說苑·辨物》同《毛》，則《毛》《齊》《魯》《韓》亦同。這大約是《詩經》中的另一種寫作技法，互文見義，每念宋、齊間江淹《恨賦》「或有孤臣危涕，孽子墜心」，《別賦》「使人意奪神駭，心折骨驚」，誠如隋、唐間李善所評「然心當云危，涕當云墜。江氏愛奇，故互文以見義。」江淹大約胎息於《卷阿》。

〔10〕《毛》多，《平議》多讀侈 chǐ。案：多、侈同在歌部，侈亦多。孫作雲《詩經的錯簡》認爲前六章爲一篇，後四章爲另一篇。案：此詩當爲一首，1～6 章敘事記遊，輔國大臣召康公從周成王遊卷阿，《竹書紀年》有記載，六章承上啓下，頌美周成王能綱紀全國，7 章寫鳳凰來儀，襯托成王是明王英主，藹藹多士，寫成王尚賢育才之功，7～9 章寫鳳凰，以神鳥襯托，又以鳳凰會集梧桐，說明成王納賢，10 章詩翁陳詩於明王，故爲一首。

【詮釋】

〔1〕《正義》：經十章，皆言求賢用吉士之事。《竹書紀年》：成王二年遊卷阿，召康公從。卷阿，山名，鳳凰山，在今陝西省寶雞市岐山縣城西北 7.5 千米鳳凰山南麓，高崗即此，618 年建周公廟，周公姬旦祠、周公廟祀周公、召公、太公呂望、姜嫄、后稷、王季、太伯、仲雍。今有姜嫄祠、周公廟、潤德泉。在今岐山縣西北鳳凰山南麓，古木參天，三面環山。有卷，卷卷，曲曲；阿，大陵。飄風，回風，《詩切》訓爲和風。南，南方，愷悌，和易快樂。案：君子爾指成王。來，語詞；遊，暢遊；歌，吟歌，吟詩，成王吟詩。以，用；矢通屎 shǐ，陳獻。《廣雅·釋訓》：屎，陳設。

韻部：阿歌，歌部；南音，侵部。

〔2〕伴奐，疊韻詞，伴奐，自縱恣，從容自得；爾，代國王；遊，暢遊。優游，《漢石經》作柔。雙聲疊韻詞，優柔，寬和溫厚，《周語下》：「布憲施舍於百姓，故謂之贏亂，所以優柔容民」。《箋》《疏》休，休息。休，當美，美善的本性。釋爲休息與上句重。案：俾 bì，通裨，益。案：彌 mí，本著，廣，極；性 xìng，《說文》「性，人之陽氣性善者也。」《齊素命鎛》「用求考命彌生（性）」《孟》《荀》《禮記》：所說的人的天性良知天理。似通嗣，繼承；先公，棄至武王等已故周人領袖；酋，遒 qiú，美，美政。《傳》酋，終（終成）也；似，嗣也。《漢書雜誌》：酋，讀如就。就，成就，功業。案：言任賢則國王優遊。

韻部：游休酋（遒），幽部。

〔3〕土宇，版圖，國家；昄，昄昄 bǎnbǎn，廣大；章，彰彰 zhāngzhāng，光明。孔，非常；厚，肥腴。爾主，您主祭，《禮記·祭法》「有天下者祭百神。」

韻部：厚主，侯部。

〔4〕受，承受；命，天命；長，久。《毛傳》：茀，小也。誤。《爾雅》祓 fú，福。茀祓弗。祓福雙聲通借，福。《魯》《箋》訓福。康，安康。純嘏 gǔ，大福；常，通長，長享。生讀如性，天性，天理良知。

韻部：長康常，陽部。

〔5〕馮通倗 péng，輔弼；馮 píng，通憑 píng，依憑。引翼，敬重賢良。朱熹：引導其前。《箋》：翼，助。案：爲 wèi，之，的，名詞性偏正結構。一說以，《荀·正名》「驗之所以爲有名。」則，法則，典型。

韻部：翼德翼子則，之部。

〔6〕《魯》《釋訓》漢・蔡邕《與群臣上壽表》：顒顒卬卬，君之德也。顒顒 yóngyóng 然，溫和嚴正貌；卬卬〔昂昂〕然，志氣軒昂貌。珪璋，古代主要禮器，以其清純溫潤比美德。聞問同，聞望，連語，名望；令，善。綱綱，綱紀，全國以明王爲榜樣。《箋》綱者能張眾目。言明王之風度，望之儼然，即之也溫柔，可綱紀全國。

韻部：卬〔昂〕9璋望綱，陽部。

〔7〕七一十章用比，比喻百鳥朝鳳，諸侯大臣們與周王如百鳥朝鳳。《魯傳》《論衡・講瑞》：「黃帝、堯、舜、周之盛時，皆致鳳凰。」《周語》內史過曰：「周之興也，鸑鷟（鳳凰）鳴於岐山。」於，語詞。翽翽、噦噦 huìhuì，眾羽聲。羽，眾鳥之羽。爰，於；集，萃止。藹藹 ǎiǎi，盛多。在今陝西《魯》《釋訓》：「藹藹、萋萋，臣盡力也。」維，唯；媚 mèi，愛，擁戴；於，對於；君子，國王。岐山縣有鳳凰山。今岐山縣政府在鳳鳴鎮。

韻部：止士使子，之部。

〔8〕傅讀如附 fù，附者，起士賢人。《魯》《九歎章句》：藹藹 ǎiǎi，盛多貌。案：媚 mèi，惠愛；庶人，庶民，平民。「媚于庶人，」誠《詩經》千古名句。《繹史》25 引《說苑》：「成王問政於尹逸曰：『吾何德之行，而民親其上？』對曰：『使之以時，而敬順之，忠而愛之，布令信而不食言。』王曰：『其度安至？』對曰：『如臨深淵，如臨薄冰。』」

韻部：天人人，眞部。

〔9〕岡，山脊。梧桐，鳳凰所棲之樹。朝陽，山之東。菶菶 běngběng然，萋萋 qīqī 然，梧桐茂盛貌。雝雝、噰噰 yōngyōng，喈喈 jiējiē。鳳凰鳴聲相和而遠聞。《魯說》：「藹藹萋萋，臣盡力也。噰噰喈喈，民協服也。」《單疏》：「以鳳皇比賢者，其鳴似賢者之政教，……以喻政教加被於民，民應之而相與和協。」案：比喻新穎，用辭藻拔而爽朗。

韻部：鳴生，耕部；岡陽，陽部；萋喈，脂部。

〔10〕庶，眾多；多佗同部，多通佗，佗麗，華麗。閒，嫻習，熟練；馳，善馳。矢，獻；詩，所吟之詩章；不，結構助詞。《箋》：不復多也。以，讓。歌，工師絃歌。

韻部：車馬魚部；多（佗）馳，多歌，歌部。

【評論】

　　《詩緝》:「康公三詩皆作於成王將涖政之初。《公劉》《泂酌》皆直述之詞;惟《卷阿》宛轉反覆,蓋其深意所寓,實在此篇。」《群經質》:「古人頌祝之詞,不忘規戒。《天保》報上,而曰『群黎百姓,遍爲爾德』。《卷阿》遂歌,而曰:『維君之命,媚于庶人。』蓋人君念念在民,則樂必不至於怠荒,此周公作《無逸》之旨。」明・姚舜牧《重訂詩經疑問》9「『鳳凰鳴矣,于彼高岡』,見賢士當出潛離隱之日。『梧桐生矣,于彼朝陽』,見賢君當明出地上之時。此言一時相值之甚偶。『菶菶萋萋』,喻賢君禮遇之殷。『雝雝喈喈』,喻賢士和鳴之感,此言一時相召之必然,但曰『君子之車』云云,而不言其所以用引言而不發,含意於無窮,此最詩之極妙處。」鍾惺《詩經》:「此詩大臣告君子之體格,非順美深婉渾大典則風雅,不涉一諫諍之氣。前四章渾然不露,五章以後本旨歸於用人,所謂以人事君,大臣之義也。」《通論》:「一章皆比意,全在空際描寫,甚奇。」第九章「鏤空之筆,不著色相。」《詩蠲》:「此詩字句雖多,要其主旨止在『彌性』一語,其工夫,亦不過『馮翼』、『孝德』、『引翼』數句,眞不多也。詩人自言不多者,亦欲王察識於此,毋眩於繁詞,而迷其宗旨耳。」《稽古編》:「首章取興卷阿,末章稱述車馬,正用賢始終之道也。二三四章三言『俾爾』,謂君德成也;五六章兩方『四方』,謂民俗正也;七八章兩言『藹藹』,謂庶僚竭力也;九章言鳳鳴之和,桐生之盛,謂致太平也;此用賢之效也。首尾二章論人君用賢之道,而中八章皆盛稱其效以爲勸,篇法章法最爲完整。」

民　勞

民〔尸〕亦勞止,	民眾已不勝勞苦,
汔〔钀汽迄氣〕可小康。	渴盼小安。
惠此中國,	施惠澤及京師,
以綏四方。	安撫萬方人民。
無縱〔毋從蹤〕詭隨〔譎遗〕,	莫聽從欺詐奸惡之人,
以謹無〔是〕良。	嚴禁用心險惡之人,
式遏寇虐,	用以阻止兇殘剛惡之人,
憯〔替憯慘摻〕不畏明。	乃不畏懼神明。
柔〔渘揉〕遠能邇,	安撫四方如同近處,
以定我王。〔1〕	以安定全國,安定王庭。

民〔𡰥〕亦勞止，
汔〔虮汽迄氣〕可小休。
惠此中國，
以爲民〔𡰥〕逑。
無縱〔毋從〕詭隨〔遺〕，
以謹惽〔紛怋惛〕怓〔讙嘵譊〕。
式遏寇虐，
無俾民〔𡰥〕憂。
無棄〔弃〕爾勞，
以爲王休。〔2〕

民眾已不勝徭役，
欲求稍作休息。
施惠澤及京師，
用來聚合百姓。
莫縱容欺詐柔惡之人，
謹防迷亂行惡之人，
用來阻止兇殘勢力，
莫使人民憂愁煩心。
莫要輕棄您功勞，
要成就國王的美政！

民〔𡰥〕亦勞止，
汔〔虮汽迄氣〕可小息。
惠此京師，
以綏四國。
無縱詭隨，
以謹罔極。
式遏寇虐，
無俾作慝〔匿忒〕。
敬愼威儀，
以近有德。〔3〕

民眾已不勝勞苦，
要求休息，
您要惠澤國都，
以安定各諸侯國。
莫要縱容欺詐柔惡之人，
謹防沒有行爲準則之人，
阻止兇殘剛惡之人，
莫使他們爲非作惡！
謹愼您的威儀，
親近有道德的仁人！

民〔𡰥〕亦勞止，
汔〔虮汽迄氣〕小愒。
惠此中國，
俾民〔𡰥〕憂〔惪嗄優〕泄〔洩呭渫泆〕。
無縱詭隨，
以謹醜厲。
式遏寇虐，
無俾正敗。
戎雖小子，
而式弘大。〔4〕

民眾已不勝勞苦，
要休憩。
將恩惠普及全國，
使民眾泄除怨氣。
莫要縱容欺詐柔惡之人，
謹防用心險惡之人，
阻止兇殘剛惡之人，
莫使正道敗壞！
您雖是年輕小夥，
您關係天下安危。

民亦勞止，
汔可小安。
惠此中國，

民眾已不勝勞苦，
要稍作休歇。
要把惠澤澤及全國，

國無有殘。　　　　　　　謹防國土殘缺！
無縱詭隨，　　　　　　　莫要縱容惡人，
以謹繾綣〔卷〕。　　　　謹防反覆無常之人，
式遏寇虐，　　　　　　　阻止兇殘剛惡之人，
無俾正反。　　　　　　　莫使政權喪失。
王！欲玉女〔汝〕，　　　王啊，想玉成您偉大功業，
是用大諫〔簡〕。〔5〕　於是通此諫言諫策！

【詩旨】

案：詩人是從人民的視角出發。當周厲王時，重用好專利的榮夷王，前875年淮夷攻洛，前867年西戎攻入犬丘，芮良夫、召伯虎等都諫周厲王，前875年邵伯虎吟成此詩，直面社會，「民亦勞止」，提出安民、恤民、安定首都，使民和樂與「無使政敗」、「無使正反」，從而對厲王、同僚加以諫正，不幸的是，召伯的諫詩諫言與芮良夫所諫俱未採納，國人暴動逐厲王，厲王出奔彘，前828年死於彘（今山西霍縣東北）。（詳《竹書紀年》《周本紀》《國語》《逸周書》）趙逵夫《周宣王中興功臣詩考論》（《中華文史論叢》55輯）。《編年史》繫於前875年。

〔魯說〕《荀·致士》：「川淵深，而魚鱉歸之；山林茂，而禽獸歸之。刑政平，而百姓歸之；禮義備，而君子歸之。故禮及身而行修，義及國而政明；能以禮挾而貴名白，天下願，令行禁止，王者之事畢矣。《詩》曰：『惠此中國，以綏四方。』此之謂也。」

〔齊說〕《鹽鐵論·論勇》：「《詩》云：『惠此中國，以綏四方。』故『自彼氐、羌，莫不來王。』非畏其威，畏其德也。故義之服無義，疾於原（騵）馬良弓；以之召遠，疾於馳傳重驛。」

《毛序》：「《民勞》，召穆公刺厲王也。」《漢石經》編次；《生民》、《既醉》《鳧鷖》《民勞》。

【校勘】

〔1〕《毛》汔，《正字通》《魯》《釋詁》㡬，《左傳·召20》《漢石經》《說文》904年抄《玉篇》引《毛》汽，《齊》《漢·元帝紀》《後漢·楊震傳》注《魏志·辛毗傳》汔，《釋詁》《汗簡》㡬，古字，汽隸省為汔，汽汔通㡬，幾，近。《毛》惠，《漢石經》叀，（毛）無縱、隨，明監本作蹤，《漢石經》遜，《廣雅》《方言》《經籍纂詁序》譎，隨讀譎。《左傳·昭20》毋從，無通毋，

縱音從，詳《疏證》。案：本字朁，《說文》朁，《唐韻正》《左傳‧昭 20》《傳》《單疏》《考文》憯，《釋文》慘，本亦作憯。案：《齊》《韓》《說文》朁，《唐石經》憯，懆慘摻憯通朁，《毛詩音》《說文》「朁，今多訛憯。」《毛》柔，《督郵班碑》渘，《考文》《釋文》揉，本亦作柔。《毛》能，《漢石經》㪍。

〔2〕《毛》隨以謹惽，《漢石經》遹以謹紛。《單疏》惽怓，《詩集傳》惽，《釋文》惛，或體。《三家》《周禮‧大司命》《疏》覍、《箋》讙譊（嘵），《毛詩音》《釋文》引《說文》怋，《考文》「惽怓猶讙譁也」作怋怓，作讙譊（嘵），師受不同。《單疏》《唐石經》弃，避唐諱。

〔3〕《漢石經》汽口可息，惠此。《毛》汽，《漢石經》《說文》汔是汽字之省。《毛》慝，《說文》有匿無慝，《三家》忒，慝古作匿，慝孳乳字。忒、慝音義同。

〔4〕《漢石經》愒，惠此中，《單疏》泄，《唐石經》洩，避唐諱，當爲泄。《漢石經》嘅〇呭。《毛》《箋》《疏》《詩集傳》正，《述聞》：政，正當讀爲政。

〔5〕《毛》繾綣，《方言箋證》緊卷，一作繾綣，《說文新附》繾綣，《字書》繾觠，《釋文》字或作卷，通作綣，繾綣、緊卷、繾卷、繾觠 qiǎn quǎn，雙聲疊韻詞。《毛》王欲玉女，古本女作汝。案：女、汝同，此句當讀成「王！欲玉女。」《漢石經》《唐石經》《傳》諫，《荀》《左傳‧成 8》簡，讀如諫。

【詮釋】

〔1〕《經典釋文》：「從此至《桑柔》五篇是厲王變大雅。」勞，徭役等勞甚；止，句末語助詞。言民眾不勝勞苦。畿 qí 汽 qì 汔 qì 氣 qì 幾 jī，近。又訓其，通祈，祈求，盼望。其祁，汽祈，雙聲通借。康，安，求可小安。惠，施惠澤，一說訓愛；前 1038 年《何尊》：「余，其宅茲中或（國）。」中國，京都王畿；《傳》中國，京師。馬其昶：中國，猶國中。四方，全國，都；綏 suī，安。無縱，毋縱，絕不可聽從；詭隨，詭隋，詭譎，違戾，疊韻詞，詭詆委隨之人，譎詐欺謾之人，如《名物抄》：柔惡之人。以謹無良，以謹防、嚴禁用心險惡之人。《新證》：謹，堇，觀，見。《傳疏》：不畏明法，即是寇虐。式，用；遏，止；寇虐，兇殘勢力，《名物抄》：剛惡之人。《傳》憯，曾也。懆慘摻憯讀如朁 cǎn，曾，乃。揉渘讀如柔，懷柔，安撫；遠，四方；能，如；邇 ěr，近。定，安。「柔遠能邇」，上古習語，《舜典》「柔遠能邇」。邇，遐邇之人歸向。

韻部：康方良明王，陽部。

〔2〕休，息。迷，聚合。《漢石經》紛恢，怋恢 mín náo，連語，紛紛然昏亂貌。《說》怋，恢也。怋怋恢恢 mín náo 昏亂不醒貌。謹譊（嘵）huān náo，謹譁 huān huá，好爭訟，好喧噪。無，毋；棄，輕棄；爾，你；勞，功勞。俾 bǐ，使；憂，憂勞。休，美政。

韻部：休迷恢憂休，幽部。

〔3〕案：汽汽，將近；四國，全國。《箋》惠，愛。罔極，無道德規範之人。忒匿慝 tè，邪惡。有德，有道德之人。

韻部：息國極匿（慝忒）德，職部。

〔4〕愒 qì，息。俾民憂泄，案：二章「無俾民憂」與上下協韻，「俾民憂泄」，為協韻，即「俾民泄憂」，泄渫 xiè，除去，泄除憂愁。以謹，以謹防；醜厲，品德惡劣之人。正，正道。一說正通政，下同。戎汝雙聲通借。雖，雖然是；小子，年輕人，周厲王於前 877 年執政，重臣召康公虎年邁，故稱其「小子」。式，用，作用；弘，宏，廣。明·顧起元《爾雅堂家藏詩說》：「『小子』，以年言。以，用；式，當；弘大，連語，廣大。以所為繫天下安危、民生休戚言，則去小人以安民者，不容已矣。」

韻部：愒泄（渫）厲敗大，月部。

〔5〕國無有殘，無，莫，戒止之詞，國土勿有殘缺，其時西戎已侵入犬丘。以謹繾綣 qiǎn quǎn，繾卷、繾眷、緊拳、緊卷、善卷，疊韻雙聲詞，反覆無常、結黨營私。朱熹：小人之固結其君者。無俾正反，勿使政權被顛覆。欲，愛，助。王欲玉女，王啊！欲玉成您的功業。阮元訓玉通畜，畜通嫵。是，於是；用，通；大，廣泛地；簡通諫。

韻部：安殘綣（卷）反諫（簡），元部。

【評論】

《左傳·昭20》引孔子云：「善哉！政寬則民慢，慢則糾之以猛。猛則民殘，殘則施之以寬。寬以濟猛，猛以濟寬，政是以和。《詩》曰：『民亦勞止，汔可小康。惠此中國，以綏四方。』施之以寬也。『毋從詭隨，以謹無良。式遏寇虐，慘不畏明。』糾之以猛也。『柔遠能邇，以定我王。』平之以和也。」《魯傳》《呂覽·當染》高誘注：「厲王，周夷王之子，名胡。虢、榮二卿士也。《傳》曰：『榮夷公好專利，而不知大難』。」《箋》：「〔厲王〕時賦斂重數，繇役繁多，人民勞苦，輕為奸宄，強凌弱，眾暴寡，作寇害，故穆公以刺之。」

《詩補傳》24「觀是詩所陳，如「綏四方」，先於惠中國。如『無縱詭隨，所以遏寇虐。卒欲王之德如玉之無瑕玷，自以爲諫爭莫大於此。愛君憂國之言，不以屬王之不能用而少解。非賢者能之乎？《民勞》之說，後世有祖其意爲《五噫之歌》者，君子有取焉。」明・姚舜牧《重訂詩經疑問》9「曰『民亦勞止，汔可小康，』詞緩而意懇。曰『惠此中國，以綏四方』，意正而詞嚴。……吃緊只在『無縱詭隨』一語，其反覆乎言之者，蓋極小人情狀之可惡，見己之諫所以爲緊切耳。」趙良澍《讀詩經》2「「變大雅」而首《民勞》，見民爲邦本，人主當求所以逸之也。無如詭隨之人，媚上竊權，躬爲寇虐，使民或困于役，或傷於財，不勝勞耳！然安民可與行義，勞民易與爲非，變文王之康田以求安定，難矣哉！」《會歸》頁1687「全詩以統夷夏之章爲總起，其下四章，一主民言，一主國言，往復兩疊，嚴整中隨手變化，變化中又不逾嚴整，蓋同廟堂之諫疏，故特爲謹嚴之篇法。詩則肅穆雍容。憂深鑒卓，忠耿懇切，宗臣謀國之高詠也。」

板（《版》）

上帝板板〔版〕，	屬王反反太反常，
下民〔尸〕卒〔瘁〕癉〔僤癉〕，	下面民眾盡病苦，
出話不然，	說的漂亮無誠信，
爲猶〔繇猷〕不遠。	圖謀不遠太糊塗。
靡聖管管〔悹悹〕，	王無聖人憂不已，
不實於〔于〕亶，	不講誠信眞荒唐，
猶〔猷〕之未遠，	謀劃不遠關係大，
是用大諫〔簡〕。〔1〕	所以進諫勸我王。
天之方難，	老天正在發難時，
無然憲憲。	莫要如此喜洋洋。
天之方蹶，	天下正在擾亂時，
無然泄泄〔呭泄詍洩〕。	莫要如是說短長。
辭〔詞〕之輯〔咠集〕矣，	政令政教尙聚和，
民〔尸民〕之洽〔協〕矣；	人民方才能協和。
辭之懌〔繹殬〕矣，	政令政教如和悅，
民〔尸民〕之莫〔瘼〕矣。〔2〕	人民才安定協和。

我雖異事，　　　　　　　　　我的職責雖不同，
及爾同寮〔僚〕，　　　　　　與您同時在爲官，
我即爾謀，　　　　　　　　　我就您謀議國是，
聽我囂囂〔嗸嗸〕。　　　　　您卻傲傲相怠慢。
我言維服〔反〕，　　　　　　我的建言唯治理之事，貴在踐行，
勿以〔用〕爲笑〔笑〕，　　勸您切莫當笑談。
先民〔昏民〕有言：　　　　　昔賢建議要博問：
「詢于芻〔蒭〕蕘！」〔3〕　「議政博訪問樵夫」。

天之方虐，　　　　　　　　　老天正在肆虐時，
無然謔謔。　　　　　　　　　切莫如此太戲侮，
老夫灌灌〔懂款〕，　　　　　詩人至誠款款來進言，
小子蹻蹻〔蟜矯憍驕〕。　　厲王驕慢竟戲侮。
匪我言耄，　　　　　　　　　非我年老說昏話，
爾用憂謔，　　　　　　　　　您當兒戲太輕狂。
多將熇熇〔嗃謞〕，　　　　您等助長讒慝已熾盛，
不可救藥〔瘵療〕。〔4〕　　不可救治國將亡。

天之方懠，　　　　　　　　　老天正在大怒時，
無爲夸毗〔骻躲毗〕，　　　莫作獻媚依附奴才相。
威儀卒迷，　　　　　　　　　君臣禮節盡喪失，
善人載尸。　　　　　　　　　善人如尸不開腔。
民〔昏〕之方殿屎〔唸吚呻殿脒〕　民眾正在內悲呻吟時，
則莫我敢葵〔葵〕。　　　　　莫有庇蔭人民的地方。
喪〔相〕亂蔑〔末〕資，　　喪亂無財去持送，
曾莫惠我師。〔5〕　　　　　何以施惠我大眾。

天之牖〔羑〕民〔昏〕，　　天則誘導老百姓，
如塤〔壎〕如篪〔箎〕，　　如吹塤、篪貴相和，
如璋如圭〔珪〕，　　　　　　如用玄圭配瑞璋，
如取如攜。　　　　　　　　　如同提攜隨從忙。
攜無曰益，　　　　　　　　　莫曰日圖安逸。
牖〔誘〕民〔昏〕孔易，　　開導人民自順當。
民〔昏〕之多辟〔僻〕，　　民間尚且多邪僻，
無自立〔位〕辟。〔6〕　　　莫自亂立法立綱。

价〔介〕人維〔惟〕藩〔蕃藩〕，　　　善人本是國屏藩，
大〔太〕師維〔惟〕垣，　　　　　　　大眾本是國垣牆，
大邦維〔惟〕屏，　　　　　　　　　　大邦乃是國屏障，
大宗維〔惟〕翰〔幹〕。　　　　　　　大宗國之棟樑。
懷德維〔惟〕寧，　　　　　　　　　　以德懷人方安寧，
宗子維〔惟〕城。　　　　　　　　　　嫡親長子是城牆。
無〔毋〕俾城懷，　　　　　　　　　　莫使城牆毀壞了，
無〔毋〕獨斯〔離〕畏。〔7〕　　　　威不可觸記心上。

敬〔畏〕天之怒，　　　　　　　　　　蒼天發怒當敬畏，
無〔不〕敢戲豫〔豫〕。　　　　　　　莫再嬉戲與安逸，
敬〔畏〕天之渝〔怒威〕，　　　　　　敬畏天的威嚴、變化，
無〔不〕敢馳驅。　　　　　　　　　　不敢恣肆與放佚。
昊天曰「明」，　　　　　　　　　　　都說老天明亮明察，
及爾出王〔往〕，　　　　　　　　　　與君出往共來往。
昊天曰「且〔神〕」，　　　　　　　　都說老天「真是神」，
及爾游衍〔羨〕。〔8〕　　　　　　　且與君恣意遊逛。

【詩旨】

案：周厲王以榮夷公爲卿士，崇尚專利，「上帝版版（反反），下民瘁癉」，「辭（詞，政令）之斁（敗）矣，民之瘼矣」，周公後裔凡伯正氣洋溢地進諫，直言「民之方殿屎（唸吚，呻吟）」，主張猷劃尚遠，政令以會聚民心爲上策，託諷同僚，諷刺厲王，取謀尚博，博問博謀，國庫尚豐，民要誘導，要體恤民瘼，善人爲藩，莫敢戲豫，誠周之直聲。與《逸周書‧芮良夫解》、召康公《民勞》爲鼎足三璧。《魯傳》《韓傳》《說苑‧政理》「『相亂蔑資，曾莫惠我師』。此傷奢侈不節以爲亂者也。」《編年史》繫於前844年。

〔魯說〕《後漢‧李固傳》李固對策：「先聖法度，所宜堅守，政教一跌，百年不復。《詩》云：『上帝板板，下民卒癉。』刺周王（李注：周厲王）變祖法度，故使下民將盡病也。」

〔齊說〕《鹽鐵論‧刺議》：「故謀及下者無失策，舉及眾者無頓（敗）功。《詩》云：『詢於芻蕘。』故布衣皆得風議，何況公卿之史（吏？）乎？」

《毛序》「《板》，凡伯（據《左傳‧僖24》《古今人表》凡伯，周公後裔）刺厲王也。」

【校勘】

〔1〕《滬博楚竹書〈緇衣〉》簡4、《齊》《毛》《後漢·李固傳》、《單疏》《唐石經》板板,案:《魯》《釋訓》《潛夫論·思賢》《說文》《文選·辯命論》注引、《五經文字》版,同。《毛》民,《單疏》民,《唐石經》㞆,避唐諱。《毛》管,《毛詩音》管即悹。《單疏》《唐石經》《魯》《後漢·李固傳》卒癉,《郭店楚簡緇衣》作卒擔,擔通癉,《釋文》僤,本又作癉,《齊》《緇衣》沈重《詩音義》悴癉。《韓詩外傳》5瘁癉,僤癉亶癉並通。案本字作猷《毛》猶,《箋》訓謀,則爲猷,《魯》《釋詁》繇,《韓詩外傳》8《列女傳·楚江乙母》猷,繇、猶通猷,下同。《毛》、小字本、相臺本作於,當從《唐石經》《白文》作于,《魯》《釋訓》痯痯,《廣雅》悹悹,管管,《詩傳》《廣韻》悹悹,管管痯痯通悹悹。《毛》諫,《詩考》《左傳·成8》簡,通諫。

〔2〕案:本字作詍,《單疏》泄,《唐石經》洩,《齊》《韓》《說文》呭、詍,904年抄《玉篇》引《毛》作詍,泄呭詍同,作泄洩避唐諱。《毛詩音》泄與詍呭同。《唐石經》辭、輯,《說文》詞、䏌,《魯》《漢石經》蔡邕《答對元式》辭之集(《左傳·襄31》作輯)矣,民之懌矣;辭之懌(《左傳》作繹)矣,民之莫矣。《釋文》繹,本亦作懌,說(悅)也。《新序·雜事》3辭集,輯䏌集音義同,辭詞古通。《單疏》民又作民,《唐石經》㞆。《唐石經》洽,《魯》《列女傳》6協,洽通佮,協洽佮聲近義同。《漢石經》《新序·雜事》《韓詩外傳》《毛》《唐石經》小字本、相臺本作懌、莫,《考文》《左傳·襄31》《釋文》《魯》《說苑·善說》《齊》《詩考》繹、莫,蔡邕《和熹鄧后諡議》瘼,《魯詩故》《列女傳》6作懌,《釋文》繹,本亦作懌,古無懌字,繹讀如懌,《考文》繹,繹、懌通懌。《唐石經》莫,荀悅《漢紀》慕,慕、瘼通莫。

〔3〕案:本字作寮,《左傳·文7》《唐石經》《考文》《正義》寮蹏,《魯》《潛夫論·明忠》僚、敖,《釋文》寮,字又作僚。古作寮。《魯》《爾雅》《九思注》《韓詩外傳》《箋》謷,《釋文》敖,本又作謷,又作嚻,同。《毛詩音》嚻讀謷,《魯》《釋訓》敖。服,讀如艮fú。《毛》勿以爲笑,《唐古經》笑,古字,《詩考》引《荀·大略》「勿用爲笑」。𥬇,正字;𥰭,俗字。

〔4〕《毛》灌灌,《魯》《爾雅》《釋文》懽,《書大傳》鄭注引作嚾,《毛詩音》灌即懽,《箋》欣欣,灌嚾懽讀如款。《毛》蹻,《魯》《新序·雜事》5蹻,《列女傳》4矯、《釋訓》憍憍,《書大傳》鄭注引作蟜,蟜蹻矯,讀如憍,驕。《毛》憂,據《箋》推知憂通優。《漢石經》《毛》熇,《說文新附》嗃,《魯》

《釋訓》譹，音義同。案：《三家》《說文》癆 liáo，療，或體。藥讀如癆，療 liáo。《毛》藥，《毛詩音》藥，古讀如癆療。

〔5〕《毛》憍，《魯》《離騷》齌，《爾雅》《釋文》作齍，《魯》《釋言》《玉篇》憍，齌 jì，上古音與憍同爲從母脂部，又作齎，字異音義同。《毛》誇毗，《字書》《廣韻》骻躾、骻骳，則是異體。《漢石經》方殿，本作唸吚，《說文》民之方唸吚，「民之方殿屎」《考文》無之。《魯》《釋訓》《漢石經》漢・蔡邕《和熹鄧后謚議》、《書鈔》94《毛》《五經文字》P3383 引《毛詩音》殿屎，《五經文字》今本《說文》唸吚 dianxi，《類編》嚘，《集韻》慇肸。案：唸吚（吚），殿屎等，擬聲詞，連語，《釋文》殿屎或作欬吷，又作慇屎，《說文》唸，吚也，殿嚘慇呻，異體；屎胅吚，異體。《台》128／122、P3383、《毛詩音》殿屎。《漢石經》葵，《毛》葵，《箋》《單疏》揆，葵通揆。《齊》《孔子家語》《毛》喪，《魯》《韓》《說苑・政理》相，案：相讀如喪，《毛》蔑，《魯》《潛夫論・敘錄》：作末，蔑、末通沒。師受各異。

〔6〕《單疏》《唐石經》牖，《三家》《樂書》《風俗通義》6《樂記》《韓詩外傳》6 誘，《毛詩音》「牖，即誘」，《說文》羑，牖羑通誘。《毛》壎，壎塤古今字。《毛》辟，《毛》篪，《唐石經》𥰭篪避唐諱，《字彙》篪，同。《魯》《後漢・張衡傳》《孔子家語・子路初見》《玉篇》《一切經音義》9《東京賦》注《釋文》《考文》僻，《左傳・昭28》《唐石經》小字本相臺本辟。《漢石經》自位辟，《毛》自立辟，位立共立，讀如立。

〔7〕《毛》價，《爾雅郭璞注》「介人維藩」。《毛》價，善也。《三家》介，介，大也。《說文》《唐石經》價人維藩，《魯》《齊》《荀・君道》《漢・諸侯王表》《釋詁注》介人維藩，《漢石經》作介，《王莽傳》介人惟蕃，介通價。《漢・諸侯王表》「介人惟藩」，「大師惟垣」。「毋俾城壞」「毋獨斯畏。」無通毋。《毛》大，《釋文》大，讀如太，《正義》太師。《毛》翰，《說文》榦（幹），《毛詩音》：翰讀榦。《毛》斯，《魯》《釋言》《單疏》斯，離。

〔8〕《單疏》豫，《唐石經》豫，避唐代宗諱。《毛》「敬天之渝。無敢馳驅」無，《毛》敬天之怒，《詩考》引《後漢・楊秉傳》「敬天之威，不敢驅馳。」《魯》《後漢・蔡邕傳》：「畏天之怒」，無作不，似當從《魯》。《毛》且，汪中《經義知新記》「『且』乃『神』字之誤。」案：本字作衍，《唐石經》《考文》《正義》小字本相臺本衍，《定本》羨，《釋文》羨，本或作衍。作羨，避梁武帝諱，羨通衍。《毛》王，《毛詩音》王，讀往。

【詮釋】

〔1〕一章情眞意切，正言諷諫。《後箋》上帝，王（周厲王）。《魯》《釋訓》：板板，僻也。《釋言·郭注》作版，版版，邪僻。板板通版版，版版、反反，邪僻。下民，百姓；卒癉、瘁癉、瘁瘒，連語，病苦。卒，一訓盡。出話，會合善言；然，應諾。無誠信，不踐行。朱熹：不合理。爲，作；繇猶通猷 yōu，謀劃；不具遠見。靡，讀如（爲）無；聖，聖賢；管管，悹悹 guànguàn，憂不已。亶 dǎn，誠信，言行相悖。簡通諫 jiǎn，諫正。「猷之不遠，是用大諫」，詩眼。《通論》「正反間雜，若無倫次，然正見意志迫切也。」

韻部：板癉（瘒）遠。管（悹）遠諫（簡），元部。

〔2〕難，發難。無，勿；然，如此，下同；憲憲（宪宪）xiǎnxiǎn 欣欣雙聲通借，喜悅貌。案：蹶，蹶蹶 guìguì，騷動貌。洩洩泄泄呭呭詍詍 yìyì，喋喋 diédié，諁諁 tàtà，多言貌。辭，政令、政教；戢輯集 ji，會聚，和。洽通佮 gé，合，和諧。繹讀如懌 yì，和悅。莫（嘆漠）mò，安定。此處或作對比句，故繹懌通斁 dù，敗。瘼通莫 mò，安定。《疏》「言政惡民困」。《新證》莫慎，勉。

韻部：難憲，元部；蹶泄（詍呭），月部；輯（戢集）洽（佮），緝部；懌（緝）莫，鐸部；（又斁，魚部；瘼，鐸部。魚、鐸通韻。）

〔3〕異事，職責不同。及，與；同寮，同僚。即，就。凡伯亦爲卿士，榮夷公亦爲卿士，榮夷公崇尚專利，被厲王重用。此處戒榮夷公等同僚。囂囂讀爲敖敖 áo áo，聱聱 àoào，不懂人言，我言，我的善言、對策；維，唯；服通反 fú，治，治理；事，治理之事。服，行。勿，莫；以爲，以之爲；笑，笑談。先民，古賢人；言，建議；詢，不恥下問；于，向；芻蕘，樵夫等基層勞動者。《魯傳》《韓傳》《說苑·尊賢》：「言博謀也。」

韻部：寮（僚）囂（聱敖）笑蕘，宵部；事謀，之部，服，職部。之、職通韻。

〔4〕此章善於運用疊韻詞。虐，暴虐。謔謔，戲侮。灌灌 guān guān、款款 kuǎn kuǎn，至誠貌。蹻蹻、矯矯 qiāo 蹻蹻 jiāojiāo 憍憍驕驕 jiāojiāo，傲慢貌。匪，非；我，老夫，詩人，凡伯；言，稱；耄 mào，老，八十曰耄。爾，你；用，不宜用；憂通優，優謔，連語，優亦調戲，《左傳·襄6》：「少相狎，長相優。」優謔，十分嚴肅鄭重的政治、國家大事竟然當作戲謔一般。《魯》

《釋訓》：「謔謔 xuèxuè、謞謞 hèhè，崇讒 chán 慝 tè 也。」熇熇、謞謞、嗃嗃 hèhè，《釋訓》：「謔謔 xuèxuè、謞謞 hèhè，崇讒慝。讒忒，讒賊，誹謗殘害良善。藥讀如瘯療 liáo，救療，連語，救治。

　　韻部：虐謔謔熇（謞）藥藥，藥部；蹻芼，宵部。藥、宵通韻。

　　〔５〕此章善用描摹。齌憒 qí，怒聲。無，勿；為，作；骄駥、誇毗，媚態可掬的獻媚狀。載，則；尸，則如尸，終不言，無所作為。方，正；殿通唸，屎通吚，吚又作呬，《字林》呬，內悲，唸吚 diànxī，呻吟，P3383 號引孫炎《毛詩注》：民愁苦呻吟之聲。葵 kuí，《詩經稗疏》：「葵，庇蔭，言上方興虐政，疾苦其民，牧民者，莫敢亢上意以庇民也。」《箋》：「葵，揆也。民方愁苦而呻吟，則忽然有揆度知其然者，其遭喪禍，又素以賦斂空虛、無財貨以共其事，窮困如此，又曾不肯惠施以貝周濟眾民，言無恩也。」于鬯《香草校書》：葵讀睽，莫我敢違。喪亂，《周語》厲王說（悅，重用）榮夷公，芮良夫曰：「王室其將卑乎！夫榮公好專利而不知大難。……今王學專利，其可乎？匹夫專利猶謂之盜，王而行之，其歸鮮矣。榮公若用，周必敗。」《單疏》「：民愁苦而呻吟，是無所告訴，無有揆度，知其然，謂君臣並不察民也。」蔑末通滅；資 zī，齎 jī，資通齎，持，持財與人，《桑柔》「國步蔑資。」曾，乃；惠，惠澤；師，眾。案：相讀如喪，《越王者旨于賜鍾》：「順余子孫，萬枼（世）亡（無）疆，用之勿相（喪）。」（《鳥蟲書字彙》上海辭書出版社，2014，696）《魯傳》《韓傳》《說苑·政理》：「『相亂蔑資，曾莫惠我師。』此傷奢侈不節以為亂者也。」《魯傳》《中論·亡國》：「今不務明其義，而徒設其祿，可以獲小人，難以得君子。雖強搏執之而不獲已，亦杜口詳愚，苟免不暇，國之安危，將何賴焉。故《詩》曰：『威儀卒迷，善人載尸。』」《新證》：蔑，末；資，濟，定。

　　韻部：憒（齌）毗迷尸屎（吚）葵（揆）資（齎），脂部。

　　〔６〕案：此章用博喻。羑牖 yǒu 讀如誘 yòu，誘導，教化，教導，《書·大誥》：「肆予大化，誘我友邦君。」壎 xūn，篪 chí 箎 chí，詳《何人斯》注。璋，半珪。珪，合二璋，或圓珪。《單疏》：「言政惡民困，此言可反之使善。言天王導民也，如壎然，如箎然，言民必應君命如壎箎之相和也。如璋如圭然，言民必同君心如圭璋之相合也。」孔易，很容易。取攜 xié，連語，跟從。無、曰，助詞。《新證》「攜無曰益，應讀作攜無曰逸。言天之牖民，既如取如攜，無曰逸自安，則其牖民固其易也。此詩為誡同官之詞。」多辟，多邪

僻。位讀如立，君臣又各自立法，政出多門，無所適從。《漢石經》《傳》《例釋》辟，辟，法。《例釋》：民多辟，是以無自立辟（法）。

韻部：簁圭（珪）攜益（隘）易辟（僻）辟，支部。

〔7〕《魯》《釋詁》介價 jiè，善。《箋》價，甲（軍人）；維惟，為；藩（蕃）垣、屏字異義同，屏衛。《新證》：介，爾，邇，近臣。大音太，太師，三公之一，三公中最尊的，輔佐周王，國王所師法。《通釋》：師，眾。《荀·君道》：「君人者受民而安，好士而榮，兩者無一焉則亡。」大邦，比較大的諸侯國。大宗，周王同宗。翰 hàn，榦（幹，主幹）。懷 huái，來，歸，以德懷人，以德團結民眾，《傳》懷和；惟寧，才安寧。宗子，國王嫡子，朱熹：同姓。無，勿；俾，使；城，都城；壞，毀。《新證》：無，勿；獨，觸；畏，威。猶言城不可壞，威不可觸。翰讀如榦，幹，棟樑。

韻部：藩（蕃）垣翰（幹），元部；寧城，耕部；懷畏，微部。

〔8〕敬、畏，敬畏。無通不；敢，敢於；戲豫，連語，安逸娛樂。《魯》《釋言》《箋》：渝，變。渝通威，《三家》《楊秉傳》威，威靈。敬畏上天。《通釋》：渝讀愉。馳驅，任意馳縱，放縱。昊天，上天；曰，讀如若；明、旦，明察。及，與；出王，王通往，出往，連語，《說文》：日，太陽之精不虧。旦，《說文》：旦，明也。《易經》對太陽多有論述，故日神、神明在早期文化中多有出現，旦，神。2001 年成都金沙村出土金質四鳥繞日飾（《文物夏商周史》P113），昊天、神與你一同出往。游衍，（羨）xiàn，恣意遊樂。

韻部：怒豫，魚部；渝驅，侯部；明王（往），陽部。旦衍（羨），元部；神，真部。真、元合韻。

【評論】

著名的曹劌論戰，是小國打敗大國的戰例，而滬博楚竹書《曹劌之陳》簡 12：「兼惡（愛）萬民，而亡又厶（無有私也）」，則從政治哲學層面論述致勝之因。《魯傳》《新書·修政語》「帝嚳曰：『德莫高於博愛，而政莫高於博利人。』故政莫大於信，治莫大於仁，吾愼此而已。」《魯傳》《荀·君道》：「故君人者，愛民而安，好士而榮，兩者無一焉而亡。《詩》曰；『介人維藩，大師維垣。』」《潛夫論·明闇》：「國之所以治者君明也，其所以亂者君闇也。君之所以明者兼聽也，其所以闇者偏信也。是故人君通必兼聽，則聖日廣矣；庸說偏信，則愚日甚矣。《詩》云：『先民有言，詢於芻蕘也。』」《齊傳》《樂記》：『上行之，則民從之，』《詩》云：『誘民孔易』，此之謂也。」《齊傳》《禮

記・曲禮上》：「毋不敬，儼若思，安定辭，安民哉！敖不可長，欲不可從，志不可滿，樂不可極。」《詩總聞》18「此老而練、少而儇（xuān，聰明）者之辭也。終始曲折勸之，無怒心，無峻語。至王仍有美辭，以聖言，以明言，以旦言，斯人其愛君憂國者也。」《通論》：「極文章變化之妙。」《會歸》P1693「全篇以反正道爲總旨，首章爲總起，二至五章爲分述，皆刺王也；後三章由反正道，轉入合正道之法，皆教王也。大諫中括此二義，乃以反正合一構篇，亦嚴整之篇法，諫章之風格也。」《原始》14：「較之上篇，意尤深切，而辭愈警策，足以動人，奈王不悟，何歟？」夏傳才《思無邪齋詩經論稿》頁 249：「全詩言詞激烈，情意懇切，既針砭時弊，又正面建議，一顆熾熱的忠誠之心，跳躍於詩行之間。」